山东省齐鲁优秀传统文化传承创新工程2016年第一批重点项目
山东理工大学齐文化研究院、山东省齐文化研究基地2014年重点项目
山东省齐文化传承与示范区建设协同创新中心（培育）2017年重点项目

管子思想研究概要

张艳丽 著

『管子通论』丛书

王京龙 等著

齊鲁書社

管仲像（郭振华 绘）

管子通论·前言

德国思想家卡尔·雅斯贝尔斯在《历史的起源与目标》一书中,第一次把公元前500年前后同时出现在中国、西方和印度等地区的人类文化突破现象称为"轴心时代"。这一时期人类社会思想文化爆炸式发展,同时形成了世界东西方思想文化中心的滥觞。在中国,这一滥觞过程的突出标志是先秦诸子的出现,管子便是其中的重要一员。管子大约生活在公元前735年—公元前645年之间,比中国儒家学派的创始人孔子(公元前551年—公元前479年)早近一个世纪,比古希腊最早的哲学学派——米利都学派(爱奥尼亚学派)的创始人泰勒斯(大约生活在公元前624年—公元前546年)早半个多世纪。

我们这里所说的管子,既指春秋时期的管仲其人,也指管仲之后形成的《管子》其书。对于管仲其人,早在春秋末期的孔子那里就有了深刻的认识与评价;对于《管子》其书,汉代刘向以后,从不同角度对其进行的研究代有新作,新浪逐高。正是在这样的社会文化背景条件下,伴随着中国传统文化研究的繁荣与发展,"管子通论"也就应运而生了。

我们对"管子通论"这个项目兴趣的确立是在2014年。当时,张灿贤教授就任齐文化研究院院长,与学校社科处研究,意欲启动几个较大的项目,以进一步发掘研究力量,明确研究方向,培育重大研究成果。在征求意见过程中,时任山东理工大学党委副书记、山东省齐文化研究基地负责人的张宇声教授提出了"管子通论"这个题目。经过反复讨论,大家一致认为这个题目很好——管子是齐文化中的杰出代表,具有巨大的研究价值。我们山东理工大学齐文化研究院作为山东省齐文化研究基地的建设单位和学术期刊《管子学刊》的主办单位,有责任承担这一任务。于是,研究院邀请山东省政协原副主席、山东师范大学原副校长、博士生导师、齐鲁文化研究院原院长王志民教授为顾问，确定张宇声教授和张灿贤教授分别担任编委会主任委员和执行主任委员，确定我为课题负责人。这样，这一课题就算是正式启动了。2016年，山东省委、省政府决定启动"齐鲁优秀传统文化传承创新工程"建设项目，确定了第一批7类31个重点项目，经申请，"管子通论"有幸被列入其中，成为"齐鲁优秀传统文化传承创新工程"第一批重点项目之一。实际上，我在齐文化研究领域虽然屈指有年，但虚度时光日多，对管子并没有进行太深入的研究，接受这一任务深感责任重大，诚惶诚恐。加之本人学力、协调能力、研究人员构成、研究经费等诸多方面的问题，开始时便有勉为其难之感，在进展过程中，每深入一步，这种感觉便会加重一番。

研究管子的先贤众多，成果丰硕，"通论"从何着手，是一个很难确定的问题。对此，我们接受了王志民教授的意见，大致从管子研究的信息梳理角度入手，立足于"通"，着眼于"论"。于是就形成了管子的认识、管子其人其书及其家族的演变、管子思想、管子版本、管子的境外研究这样五个主要研究板块。最初的想法是把这五个板块的内容融合在一起，分成上下两卷出版结项，随着研究工作的不断深入，尤其是各个板块之间的独立性不断增强，最后竟然变成了五卷本。规模的扩大既与课题研究的内容有关，更与课题组成员的研究投入密切相关。现在看来，虽然每卷的规模看起来单薄一些，但专题性更强一点，而且有助于启发读者对某一问题的再认识。

由于启动这个项目的一个重要初衷是促进研究院内部的队伍建设和研究力量的提升，所以这个项目的研究队伍一开始就确定在研究院内部人员中选定。因而，项目开始以后，随着后来项目立项级别的上升，每卷的作者也就难以改变了。这是这个项目没有聘请一些管子研究大家参与的主要原因。

在项目进行过程中，我们试图在所涉领域都能够获得新的认识，但由于学界对管子的研究成果早已非常丰富，做到这一点确实不容易，一卷当中烦言赘语不免多见，各卷之间内容也难免有所重复，好在也可以见到一些可寻味之处。我们主要在以下几个方面寻找到了一些罅隙，或者可以说是获得了一点进步。比如对管子及其家族演变的阐释，王京龙教授和战化军教授分别在《论管子》和《管子其人其书及管氏家族研究》中都有论述，虽然观点有所不同，甚至不够完美，但在以往的管子研究中尚没有发现如此系统和缜密的推演论述。又如对管子思想研究的历史梳理，对管子学史的研究并不少见，但按照两千多年的历史发展顺序，从研究信息的角度给予系统梳理的并不多见。张艳丽的研究提供了不同历史时代的管子研究信息，虽然与专题的管子学史研究不可相提并论，但这种梳理揭示出来的研究信息也是非常可贵的。郭丽教授长期以来一直致力于《管子》的版本研究，长期处在这一领域的学术前沿，她对《管子》版本研究信息的梳理，为读者呈现了这一领域的最新认识。还有管子的境外研究，全面收集和整理不同语种的管子境外研究信息是带有一定开拓性的研究。孙继成、杨纪荣的研究在着重于收集梳理面上信息的同时，尽量照顾到了点的深入，但由于涉及面的制约，其具体着眼点的学术纵深并不令人满意，但这也几乎是前所未见的研究了。这些研究或许能够为促进管子的研究提供更多的有价值的参考。

总而言之，管子其人与《管子》其书对社会发展进步产生的巨大影响是不可估量的。希望我们的这一研究能够为促进管子研究的深入发展提供一点帮助。

感谢我供职的单位山东理工大学齐文化研究院及各位领导、同仁的厚爱，让我有机会与各位学贤一同完成“管子通论”的研究任务。能够有机会为管子研究的深入发展做出一些微薄的贡献，我感到十分荣幸。

祝愿山东理工大学齐文化研究院兴旺发达！

感谢所有为“管子通论”研究工作顺利完成做出积极贡献的朋友们！

因本人学力和课题组成员对管子研究把握和再认识的能力有限，对于书中存在的不足和错误，敬请各位学贤给予指正和理解。

王京龙

2018 年 3 月 8 日

于山东理工大学博大花园寓所

目 录

管子通论·前言 …… 1

导 言 …… 1
第一章 先秦时期管子思想记载 …… 5
第一节 “春秋三传”、《国语》等对管子的记载 …… 5
第二节 先秦儒家对管子的评说 …… 12
第三节 先秦道家对管子的评说 …… 20
第四节 先秦法家对管子的评说 …… 24
第五节 先秦杂家对管子的评说 …… 29
第二章 汉晋时期管子思想评论 …… 35
第一节 《新书》《韩诗外传》等对管子的评论 …… 35
第二节 《史记》对管子思想的评论 …… 42
第三节 刘向对管子思想的评论 …… 46
第四节 魏晋典籍中管子思想评论 …… 52
第五节 魏晋时人对管子思想的评论 …… 56
第三章 隋唐五代管子思想阐述 …… 68
第一节 《管子注》《通典》等唐代类书对管子思想的辑录 …… 68
第二节 唐代国君对管子治国思想的重视 …… 75
第三节 赵蕤《长短经》对管子思想的承袭 …… 81
第四节 唐人论作对管子思想的关注 …… 87
第五节 唐人历史意识中的管子形象 …… 96
第四章 宋元时期管子思想评价 …… 102

第一节　宋元《管子》版本的出版和校勘 …… 103
第二节　“三苏”、叶适、黄震等对管子思想的评价 …… 107
第三节　陈襄、高似孙、吴海等对管子的批判 …… 117
第四节　两宋诗歌评论管子 …… 124
第五节　管子在武成王庙中陪祀地位的变化 …… 129
第五章　明清时期管子思想述论 …… 137
第一节　明人对管子的评述 …… 138
第二节　明清士大夫对管子不死子纠的评价 …… 145
第三节　清代前期学人评论管子 …… 151
第四节　清代后期学者的管子研究 …… 156
第五节　管子思想纳入科举考试范围 …… 166
第六章　近百年来管子思想研究概观 …… 174
第一节　民国时期管子研究的争论 …… 175
第二节　民国时期管子经济思想研究 …… 185
第三节　中华人民共和国成立以来部分学者对管子思想的研究 …… 192
第四节　管子思想的“古为今用” …… 205
结束语 …… 209

参考文献 …… 216
后　记 …… 221

导 言

管仲，名夷吾，春秋时期齐国政治家，后世尊称其为管子。管子的事迹、思想、治国方略等在历史上极具吸引力，两千多年来，各朝历代很多思想家和文人曾对管子予以关注和评价。这是值得深入探讨的文化现象。

作为历史发展中著名的政治家，管子的功勋和影响巨大。《论语》中孔子曰："桓公九合诸侯，不以兵车，管仲之力也，如其仁，如其仁！"又曰："微管仲，吾其被发左衽矣。"这反映出管子相齐的功绩在华夏文化发展过程中的特殊作用。司马迁《史记》记载："管仲世所谓贤臣，然孔子小之。岂以为周道衰微，桓公既贤，而不勉之至王，乃称霸哉？语曰：将顺其美，匡救其恶，故上下能相亲也。岂管仲之谓乎？"这是对管子的治国谋略的典型性点评。梁启超《管仲传》评价管子是"国史上第一流人物"，"中国最大之政治家，而亦学术思想界一巨子也"。由此足见管仲的思想和业绩所产生的深远影响。

本卷研究是山东省齐文化研究基地、山东理工大学齐文化研究院2014年重点项目，山东省齐鲁优秀传统文化传承创新工程2016年第一批重点项目"管子通论"的组成部分，名为"管子思想研究概要"，欲在前人丰富研究成果的基础之上，充分发掘各种资料，全面考察历史上不同时期管子思想的研究状况，梳理管子思想研究的时代发展变化，探究管子本身蕴含的传统文化底蕴，揭示管子思想的当代社会价值和对当代社会的借鉴启迪。

从本卷内容方面来说，管子思想的评价和研究主要分为三个方面：对管子品德和业绩的评论，对管子思想的分析，对《管子》及相关文献的整理研究。学界对《管子》及相关文献的整理研究，成果颇丰，如池万兴《〈管子〉研究》(2004)、张固也《〈管子〉研究》(2006)、郭丽《〈管子〉文献学研究》(2007)、郝继东《清代管学文献研究》(2014)、巩曰国《〈管子〉版本研究》

(2016)等，课题组成员郭丽教授《管子版本研究通论》对此有深入的研究，故本卷研究重在管子思想的后世评价分析和阐述。

后世对管子思想的述评，较早可追溯至孔子。在《论语》中，孔子明确提出对管子"器""俭""礼""仁"等方面的评价，奠定了后世学者对管子评价的基础和范畴。此后，司马迁《管晏列传》、元结《管仲论》、柳宗元《四维论》、李德裕《管仲害霸论》等，均对管子其人和思想进行过评价。围绕这一研究主题，现代学者论著中的相关章节也进行过探讨，如戴濬《管子学案》(1994)、陈书仪《管子大传》(2008)、胡新生《管子志》(2009)、耿振东《〈管子〉研究史(战国至宋代)》(2011)等。期刊论文方面，有以朝代为探讨对象的，如李方擎《西汉史学家笔下的管仲探微》(2015)；有以思想为研究范畴的，如许家星《生而利还是死而义？——从孔、孟、程、朱、王夫之的管仲之评看儒家的生死义利观》(2007)；有以古代学者视角为切入点的，如郑晨寅《依违于仁义与功利之间——论明末大儒黄道周对管仲的接受之变迁》(2012)等。总之，管子思想评述研究不断深入。

管子思想的后世述评，主要是历代文人士大夫对管子其人的历史故事与治国方略、思想方面的记述与评论。当然，典籍《管子》中的相关记载，也会体现出管子为人处世的原则与治国思想，后世在评价的时候，有时不会清晰地把管子与《管子》思想截然分开。在本卷研究中，笔者分析文本的时候，会注意这样的区别探究。

在收集资料与撰写的过程中，本卷研究力图充分体现"通"的原则，以"通"为主体，纵向体现管子思想研究的深度，横向体现管子思想研究所涵盖的广度，努力扩大研究成果的信息量。本卷的研究主要是以历史的纵向发展为线索，就管子思想的评价与研究情况进行分析和阐述。本卷按时代发展共分为六个部分，包括先秦时期、汉晋时期、隋唐五代时期、宋元时期、明清时期、民国以来等阶段，以当时文献记载中的管子资料为主，概述当时学者对管子述评的大致情况，再结合现有学界相关的研究成果，为今后的研究理清方向，提供指引。需要说明的是，课题组成员杨纪荣、孙继成的《管子境外研究通论》对港台地区的管子研究进行了分析，本卷中对此不再赘述。

管子思想评述所呈现的鲜明性文化现象，在历史阶段分析中会有突出体现。如管子在官方祭祀系统中的地位和影响变化，以及其中包含的文化蕴意，将安排在宋元时期进行分析；而管子"不死子纠"的历代评价，鉴于明清士人的高度关注和当时的现实意义，则安排在明清时期进行分析；管子事迹和思想纳入科举考试的范畴，根据其影响力的情况，也放在明清时期进行分析。这样的内容安排，是为了实现管子思想影响的文化现象出现时段与研究内容的密切结合。

管子思想评论研究，是管子文化研究的组成部分，自管子生活的春秋时期至今，历代诸多学者对此进行过多维度的关注和评价，这是管子文化的衍生内容，可以更全面地展示管子文化的内涵。中国古代典籍数量浩繁，本卷研究竭力翻阅、检索历代典籍文献，收集管子思想后世评论的资料，进行分析，而后根据各种目录索引和电子检索系统，整理出学界已有的管子后世影响研究成果，包括论著的相关内容和论文。两者相互比较参照，已有成果可以更好地补充相关的资料收集。笔者将收集的典籍资料和相关研究成果与资料所处的时代和著者的学术思想发展相结合，考证管子形象和思想在后世的定位与评价，总结管子思想的历代影响。希望此研究能对管子研究的发展有所借鉴。

第一章　先秦时期管子思想记载

第一节　"春秋三传"、《国语》等对管子的记载

管子生活在春秋时期，从现有保存春秋时期史料的文献来看，当时的人们对管子的事迹和言论已经有了比较详细的记述。其中，《春秋》当属较早的典籍。《春秋》是鲁国的编年史书，由孔子修订而成。由于《春秋》记事过于简略，后来出现了很多对《春秋》所记载历史进行补充、解释、阐发的书，被称为"传"。比较著名的《春秋》之"传"是被称为"春秋三传"的《左传》《公羊传》和《谷梁传》。

记载管子事迹最为详细的是《左传》。《左传》中分别记载了管子从庄公九年辅佐公子纠失败被囚，庄公三十二年管子封小谷城，僖公四年率齐兵出征楚国，僖公七年管子与郑国使臣讲礼节，僖公十二年管子尊王按下卿之礼接受周天子册封，僖公十七年管子去世等管子一生的事迹，还记载了管子去世后的历史影响。如僖公二十四年时，晋文公重耳经过19年的流亡，回到晋国，大臣吕甥、郤芮害怕受到威逼，要杀死晋文公。寺人披以前曾经追捕过晋文公，这时跑来求见告密，晋文公拒绝接见他。寺人披以齐桓公放弃管子的一箭之仇而封之为相的事例劝说他："齐桓公置射钩，而使管仲相。君若易之，何辱命焉？行者甚众，岂唯刑臣？"(《左传·僖公二十四年》)最终，寺人披获得晋文公的接见，这也显示了管子在当时的影响力。

再如昭公十一年时，楚灵王想任命弟弟公子弃疾为蔡公，征求大臣申无宇的意见。申无宇说：父亲了解儿子，国君了解臣下，当年郑庄公修建了栎城给公子突，结果郑国因此而兄弟相残；而"齐桓公城谷而置管仲焉，至于今

赖之”(《左传·昭公十一年》)。齐桓公把小谷城给管子,结果管子遗德一直到现在还在造福齐国。申无宇接着说,五种人不宜外派,就是太子、母弟、贵宠公子、公孙和几代正卿;五种人不适合留在朝廷,即卑贱者、年少者、疏远者、弱小者及新人。所谓亲不在外,羁不在内,申无宇反对让公子弃疾担任蔡公。

《左传》较早记载了管子的生平事迹及其思想,以及对后世产生的深远影响,资料相对来说比较全面。后世有学者[①]指出,从《左传》所记载的管子言行来看,管子为人重德与礼,正名辨分;与人作战,力求不战而屈人之兵;尊王攘夷,存亡继绝;养威蓄势,图远功而不谋近效。他辅佐齐桓公,北伐戎狄,南却强楚,建立了显赫功业,是符合儒家标准的典型仁者形象。

《公羊传》对管子的记述,主要是鲁庄公十三年冬鲁国与齐国在柯之会盟:“于是会乎桓。庄公升坛,曹子手剑而从之。管子进曰:‘君何求乎?’曹子曰:‘城坏压竟,君不图与?’管子曰:‘然则君将何求?’曹子曰:‘愿请汶阳之田。’管子顾曰:‘君许诺?’桓公曰:‘诺。’曹子请盟,桓公下与之盟。已盟,曹子摽剑而去之。要盟可犯,而桓公不欺,曹子可仇,而桓公不怨。桓公之信著乎天下,自柯之盟始焉。”管子在柯之盟中的言行,为齐桓公扬诚信英名于天下奠定了坚实的基础。

《谷梁传》对管子事迹的记载,主要是鲁僖公十二年夏楚灭黄国后管子的建议:“楚人灭黄,贯之盟。管仲曰:‘江、黄远齐而近楚,楚,为利之国也。若伐而不能救,则无以宗诸侯矣。’桓公不听,遂与之盟。管仲死,楚伐江灭黄,桓公不能救。故君子闵之也。”著者认为齐桓公不听从管子言之有理的建议,最终束手无策,失信于江、黄,天下人为之哀伤。

可见,“春秋三传”对管子的事迹都有记载。需要注意的是,在“春秋三传”中,著者对管子的称呼很不一致,《公羊传》中只称“管子”,这明显是一种尊称;《谷梁传》称“管仲”,《左传》除了“管仲”,则有“夷吾”的指称,而不见“管子”的说法。从中可以看出当时作者对管子的基本认识与评价态度。

《国语》是中国最早的一部国别体著作,记载历史上起周穆王十二年(前

---

① 李卫军:《从〈左传〉所载管仲行实看其仁者气象》,《商丘师范学院学报》2009年第8期,第40~42页。

990）西征犬戎，下至晋国智伯被灭（前453），包括各国贵族间朝聘、宴飨、讽谏、辩说、应对之辞以及部分历史事件与传说。《齐语》一卷，主要记载管子辅佐齐桓公称霸采取的内政外交措施及其主导思想，包括管子对桓公以霸术、管子佐桓公为政、桓公为政既成、管子教桓公亲邻国、管子教桓公足甲兵、桓公帅诸侯而朝天子、葵丘之会天子致胙于桓公、桓公霸诸侯等内容。《齐语》记载的内容，几乎囊括管子的生平事迹，可以看作管子辅佐齐桓公内政外交政策资料的汇集。

从记载内容方面而言，《国语·齐语》与《管子》“三匡”的记载有很多相同之处。关于两者的关系，也即孰先孰后、孰系抄袭，现代学者的观点不尽相同。罗根泽《管子探源》主张《齐语》早于《小匡》，顾颉刚则主张《小匡》较早，《齐语》是对《小匡》略作压缩修改而成。李学勤则指出[①]，《齐语》《小匡》两篇记载有很多异文，而相当数量的异文，是把《齐语》艰深冷僻的字改换成明白易晓的同义字，这种做法与《史记》引《尚书》时常常改字的情形相同。《小匡》的文字远比《齐语》浅显易懂，无疑是在《齐语》基础上加以修改的结果。与《齐语》相比较，不难发现《小匡》的内容有许多地方和《齐语》是不一样的。《齐语》《小匡》两篇最大的不同，在于对“叁国伍鄙”的说明，《小匡》形成的时代要远比《齐语》为晚。

而胡海香、刘伟认为[②]，“三匡”只是由于所述内容相似而被编在一起。“三匡”中又多有虽详略有别但属重复记录者，足证其非出自一人之手笔，但都与《齐语》有或多或少的渊源关系。“三匡”所述之事，当都是以《齐语》和《左传》等早期文献为资料来源，经过战国时人的整理加工铺陈而成。

张连伟的研究认为[③]，《齐语》和《小匡》之间并不存在因袭关系。从文本内容来看，《小匡》和《齐语》各有优缺点。《齐语》与《小匡》都涉及管子的内政、外交和军事改革，但二者的先后顺序不同，而且对话的内容也有差别。

---

① 李学勤：《〈齐语〉与〈小匡〉》，《清华大学学报（哲学社会科学版）》1986年第2期，第49～53页。

② 胡海香、刘伟：《〈国语·齐语〉与〈管子〉“三匡”》，《齐鲁文化研究》2008年第七辑，第140～145页。

③ 张连伟：《〈国语·齐语〉与〈管子·小匡〉辨析》，《安徽省管子研究会2011年年会暨全国第六届管子学术研讨会交流论文集》，第298～303页。

相比较来说,《小匡》的叙述条理清晰,《齐语》则简明扼要。《齐语》和《小匡》来源有别,在流传过程中它们又产生了差异,《齐语》偏重于"传其词",而《小匡》偏重于"传其意"。《齐语》经过史官的收集整理,较多地保留了书面语言,造成《齐语》早于《小匡》的表象。

至于《国语·齐语》记载的管子在齐国施行的政治制度,学界根据文献的记载分析,认识也多有分歧。应永深的研究[①]基本赞同李学勤的观点,认为《齐语》所记春秋时期齐国国中的民事、军事组织是可靠的;鄙中的民事组织则有可靠的和不完全可靠之别。臧知非的研究[②]则认为,管子改革没有实行整齐划一的邑—卒—乡—县—属的行政制度。《国语·齐语》所说的"三其国而伍其鄙"的制度,是战国学者的伪托。春秋战国时期的齐国地方行政和其他诸国一样,处于不断的变动之中,其共同的趋势是逐步形成县—乡—里的行政体系。战国的郡不是地方最高政府,齐国也没有实行相当于郡的都制。景庆虹、张连伟的研究[③],针对学界对《齐语》《小匡》内容真实性的争议,结合传世文献、考古发现等资料相互印证,认为二者的记载虽有夸饰的成分,但记载的"四民分居""叁国伍鄙"等符合历史发展趋势,反映了春秋时期管子改革的主要内容,具有重要的史料价值。

相比于《春秋》的文献记载,学界对于《国语》中管子思想的研究关注更多,讨论的集中点在于文献的传承以及对管子改革措施的解读等重要问题。

此外,除了重视管子生平和改革措施的记载,对管子思想的流传问题,《国语》中也有涉及。春秋时期晋公子重耳流亡时在齐国逗留,齐桓公把女儿嫁于他。重耳贪恋安逸的生活,不想回晋国夺回政权。其妻姜氏,也即齐桓公的女儿就以管子的言论劝诫他说:"昔管敬仲有言,小妾闻之,曰:'畏威如疾,民之上也。从怀如流,民之下也。见怀思威,民之中也。畏威如疾,乃能威民。威在民上,弗畏有刑。从怀如流,去威远矣,故谓之下。其在辟也,

---

① 应永深:《〈国语·齐语〉中的国、鄙组织考辨》,《管子学刊》1992 年第 1 期,第 51 ~ 56 页。

② 臧知非:《齐国行政制度考源——兼谈〈国语·齐语〉的相关问题》,《文史哲》1995 年第 4 期,第 48 ~ 53 页。

③ 景庆虹、张连伟:《〈齐语〉与〈小匡〉释疑》,《管子学刊》2012 年第 2 期,第 40 ~ 43 页。

吾从中也。《郑诗》之言，吾其从之。’此大夫管仲之所以纪纲齐国，裨辅先君，而成霸者也。”（《国语·晋语四》）在这里，姜氏总结出管子能够治理齐国、辅佐称霸的基本指导思想。姜氏对管子治国政策的评价，应是在管子去世后不长的时间，因为《齐语》中提到了“桓公卒，孝公即位，诸侯叛齐”的历史背景。

春秋后期的齐国国相晏婴，很好地继承了管子治理国家的思想。晏婴生活的年代，距离管子有百余年。《晏子春秋》中多处提到齐景公、晏婴君臣对管子的评价和看法。在齐景公、晏婴的认知中，管子是辅佐国君称霸的贤相。齐景公想要恢复霸业，晏婴想要顺利劝谏齐景公，多会以管子作为例证。

《内篇问上第三》记载，齐景公仰慕齐桓公的功绩，想要恢复先王的荣光：“昔吾先君桓公，有管仲夷吾保乂齐国，能遂武功而立文德，纠合兄弟，抚存翌州，吴越受令，荆楚惛忧，莫不宾服，勤于周室，天子加德。先君昭功，管子之力也。今寡人亦欲存齐国之政于夫子，夫子以佐佑寡人，彰先君之功烈，而继管子之业。”齐景公对齐桓公的霸业非常尊崇，把齐桓公的成就归于管子的功劳。

晏婴在肯定管子辅佐国君称霸功业的基础上，提出了更全面的认识。他指出齐桓公治理国家确实优秀，是后世国君学习的榜样：“昔吾先君桓公能任用贤，国有什伍，治遍细民，贵不凌贱，富不傲贫，功不遗罢，佞不吐愚，举事不私，听狱不阿，内妾无羡食，外臣无羡禄，鳏寡无饥色；不以饮食之辟害民之财，不以宫室之侈劳人之力；节取于民，而普施之，府无藏，仓无粟，上无骄行，下无谄德。”而国家治理得好与不好，辅佐大臣固然很重要，国君的因素更重要：“今君欲彰先君之功烈，而继管子之业，则无以多辟伤百姓，无以嗜欲玩好怨诸侯，臣孰敢不承善尽力，以顺君意？今君疏远贤人，而任谗谀；使民若不胜，藉敛若不得；厚取于民，而薄其施；多求于诸侯，而轻其礼；府藏朽蠹，而礼悖于诸侯；菽粟藏深，而怨积于百姓；君臣交恶，而政刑无常。臣恐国之危失，而公不得享也。又恶能彰先君之功烈而继管子之业乎？”（《内篇问上第三》）晏婴认为，管子为齐国的发展做出了重大贡献，关键是得到了贤明国君的支持。晏婴从国君素质的角度来认识管子治国的历史作用，这种评价更为公允。

《内篇杂上第五》记载，齐景公登上东门的堤坝，认为堤坝太高，伤害牛马的蹄子，建议降低六尺。晏子回答说："昔者吾先君桓公，明君也，而管仲贤相也。夫以贤相佐明君，而东门防全也。"先人不降低堤坝的高度，是因为前些年淄水大涨，就是从比堤坝低六尺的地方涌进去的。为了安全起见，不能降低堤坝的高度。可见，在小事方面，管子也是谨小慎微的。

赞扬归赞扬，晏婴对管子的"三归"、受土封地等问题则颇有微词。齐景公要赏赐给晏婴土地，曰："昔吾先君桓公，以管子为有力，邑狐与谷，以共宗庙之鲜，赐其忠臣，则是多忠臣者。子今忠臣也，寡人请赐子州款。"晏婴坚决推辞曰："管子有一美，婴不如也；有一恶，婴不忍为也，其宗庙之养鲜也。"(《内篇谏上第一》)晏婴认为，受封过多，生活奢侈，这可看作管子的过失，自己绝对不会效仿。在其他场合，晏婴也对管子的受封进行过不同程度的批判。

有学者对管子、晏婴两位齐相的治国思想进行对比，试图揭示两者思想的区别和联系。如邵先锋①、苏泉仁②、吴显庆③、王文素与宁方景④、张仁玺⑤等的相关研究，在对管、晏的相互比较中形成了一些新的理论认知，加深了对管子思想的认识。

先秦时期另外一部重要的典籍《战国策》，则记载了战国时人对管子的看法。《战国策》是一部国别体史书，记载了周及秦、齐、楚、赵、魏、韩、燕等各国的史事，记事年代起于战国初年，止于秦灭六国，约有240年的历史。

《战国策》中共有八处地方提到了管子，大都是对管子和齐桓公君臣关系、管子的治国方略、管子的历史功劳等的追述和评价。如周文君任用吕仓

---

① 邵先锋：《〈管子〉与〈晏子春秋〉治国思想比较研究》，齐鲁书社2008年版。

② 苏泉仁：《晏子和管子在财富观上的悖论》，《河北师范大学学报（哲学社会科学版）》2007年第2期，第126～130页。

③ 吴显庆：《〈管〉〈晏〉和谐思想与当代中国的和谐政治建设》，《广东外语外贸大学学报》2009年第2期，第64～67页。

④ 王文素、宁方景：《"管晏"社会保障思想探究》，《中央财经大学学报》2013年第10期，第15～20页。

⑤ 张仁玺：《〈管子〉与〈晏子春秋〉中的社会福利思想述论》，《山东师范大学学报（人文社会科学版）》2006年第6期，第128～131页。

为相，引起国内百姓的不满，周文君非常郁闷。有人就劝谏周文君说，国内舆论必然有所诽谤和赞誉，忠臣是把诽谤归于自己，把赞誉归于君主，并以管子的做法为例来说明这一观点："齐桓公宫中七市，女闾七百，国人非之。管仲故为三归之家，以掩桓公，非自伤于民也。"(《战国策·东周》)齐桓公在宫中广设市场、妓院，引起百姓的非议。管子故意把家分置三处，每处都广设美女，以掩饰齐桓公的过错，在百姓面前自我毁誉。现在吕仓受到百姓的排斥，对国君治理国家来说不见得是坏事情。于是周文君就没有把吕仓免职。

管子早期坎坷的人生经历，及后来取得的历史功绩，也为战国时人所感慨。有人在秦王面前诽谤姚贾，说他出身卑微，名声不好，不值得重用。姚贾用姜太公、百里奚等人的经历来证明出身和别人的评价并不能代表全部，最主要是给人以机会。他借用管子的经历曰："管仲，其鄙之贾人也，南阳之弊幽，鲁之免囚，桓公用之而伯。"这些人"皆有诟丑，大诽天下，明主用之，知其可与立功"。(《战国策·秦五》)姚贾借此劝谏秦王，贤明的国君不会只注重臣子的污点，不会随意听信别人的谗言，而应考察臣子能否为自己所用。

对于管子取得的功勋，齐人鲁仲连的评价相当之高。战国末期燕将攻克聊城，聊城有人在燕王面前说燕将的坏话，燕将害怕被诛杀，占据聊城不敢回国。齐国将领田单攻打聊城一年多，没有攻下。鲁仲连写了一封信，系在箭上射进城去给燕将。信中说：谋求小节的人不能成就荣耀的名声，以小耻为耻的人不能建立大的功业，并以管子的亲身经历来证明这一点："昔管仲射桓公中钩，篡也；遗公子纠而不能死，怯也；束缚桎梏，辱身也。此三行者，乡里不通也，世主不臣也。使管仲终穷抑，幽囚而不出，惭耻而不见，穷年没寿，不免为辱人贱行矣。然而管子并三行之过，据齐国之政，一匡天下，九合诸侯，为五伯首，名高天下，光烛邻国。"(《战国策·齐六》)鲁仲连认为，管子不因为身在牢狱感到耻辱，却以天下不能太平感到耻辱；不以未能随公子纠去死感到耻辱，却以不能在诸侯中显扬威名感到耻辱；管子虽然兼有犯上、怕死、受辱三重过失，却辅佐齐桓公成为五霸之首，他的名声比天下任何人都高，而他的光辉照耀着邻国。讲述完管子的做法，鲁仲连建议说：

“非不能行小节，死小耻也，以为杀身绝世，功名不立，非知也。故去忿恚之心，而成终身之名；除感忿之耻，而立累世之功。故业与三王争流，名与天壤相敝也。”(《战国策·齐六》)摒弃一时的愤怒，树立终身的威名；放弃一时的愤怒，奠定世世代代的功业，这些业绩和三王的功业争相流传而名声和天地共存。燕将看了鲁仲连的信，就自杀了。聊城大乱，于是田单进军聊城，最终成功收复。

战国时期的文献记载表明，管子辅佐齐桓公很好地治理齐国，取得霸业，这既需要国君的信任，也需要自身的杰出智慧。另外，管子坎坷的人生经历也证明，但凡取得不凡成就的人，必须要经历各种磨砺和考验。这在很多历史人物身上都能得到证明，也是劝谏别人的很好例证。

第二节　先秦儒家对管子的评说

孔子是儒家学派的创始人，在管子思想研究史上，孔子对其评论的影响是最大的。孔子对管子的评价，主要从《论语》中反映出来。《论语》中有三处提到对管子的看法。

《论语·八佾》记载：子曰：“管仲之器小哉！”或曰：“管仲俭乎？”曰：“管氏有三归，官事不摄，焉得俭？”“然则管仲知礼乎？”曰：“邦君树塞门，管氏亦树塞门；邦君为两君之好，有反坫，管氏亦有反坫。管氏而知礼，孰不知礼？”孔子一口气指出了管子的三个特点：器量狭小，不知节俭，不懂礼节。这是针对管子的个人性格和生活作风而言，器量狭小指的是管子好名争胜，看重排场。

《论语·宪问》记载：问管仲，曰：“人也。夺伯氏骈邑三百，饭疏食，没齿无怨言。”齐国贵族伯氏触犯国家法律而被管子处罚，夺取封田，吃糠咽菜，但没有过怨恨之情，这足以证明管子信赏必罚，让对方心服口服。孔子因此认为管子是个人才。

《论语·宪问》记载：子路曰：“桓公杀公子纠，召忽死之，管仲不死。”曰：“未仁乎？”子曰：“桓公九合诸侯，不以兵车，管仲之力也。如其仁，如其仁！”子贡曰：“管仲非仁者与？桓公杀公子纠，不能死，又相之。”子曰：“管仲相桓公，霸诸侯，一匡天下，民到于今受其赐。微管仲，吾其被发左衽矣。岂若匹夫匹妇之为谅也，自经于沟渎而莫之知也？”孔子认为，管子辅佐齐桓公称霸天下，使中原人们免受外来势力的蹂躏，使华夏文明得以延续发展，这是管子最大的仁德。不能简单用普通人的忠心品德来衡量乱世中政治家的价值和地位。

孔子评价管子的标准和结论，引起很多学者的关注，学者们纷纷对此进行了积极探讨。商松石①认为，管仲是中国古代卓越的政治家，他相齐桓公，改革内政，称霸诸侯，对齐国的富强，对维护华夏族先进的经济、文化，对统一多民族国家的逐步形成，起了促进作用。孔子对管仲加以肯定、赞颂，并吸取了他的某些思想观点。管仲的思想影响了孔子，是孔子思想中某些内容的渊源，比如尊王攘夷、与俗同好恶、富国富民、讲文修武等思想。于孔宝②认为，管仲辅佐齐桓公，继承齐国优秀的文化传统，致齐国于霸主地位凡四十年，其业绩，其为人，当其在世时就已为人称道。晚于他出生一个多世纪的孔子为建立仁学体系，弘扬周道于东方，必然要对管仲进行郑重的评价。孔子的评价生动地展现了齐鲁文化的异同，并直接影响到后世。冯浩菲的研究③也认为，管仲是中国历史上一位有争议的重要人物。孔子对管仲的评论，成为历来一个有争议的话题。肯定派学者理解为孔子称许管仲为仁人，这符合孔子本意；半肯定派理解为只谓其有仁者之功，未许为仁人，这种认识带有片面性；否定派认为孔子未曾以仁论管仲，这是完全错误的。孔子评管仲为仁人，有其理论上的根据，符合历史事实，是正确的。王世巍的研究④则提出与大多数学者相反的意见，他指出：一般认为，基于管仲助齐桓公“九合诸侯，一匡天下”的历史功绩，孔子对管仲的最终评价是肯定性的。然而，这直接与孔子所言“管氏而知礼，孰不知礼”相冲突。实际上孔子并没有直接否定子路、子贡对管仲的看法。结合孔子的施教目标和《论语》中孔子回答弟子提问的基本方式，可以推断出孔

---

① 商松石：《孔子对管仲的评价》，《管子学刊》1989 年第 4 期，第 38 ~ 43 页。

② 于孔宝：《论孔子对管仲的评价》，《社会科学辑刊》1990 年第 4 期，第 75 ~ 78 页。

③ 冯浩菲：《关于孔子论管仲的争议》，《文史哲》2006 年第 2 期，第 48 ~ 52 页。

④ 王世巍：《再论如何理解孔子对管仲的评价》，《管子学刊》2015 年第 1 期，第 45 ~ 49 页。

子并没有肯定管仲为“仁”，“如其仁”一语，与管仲并无直接关联。究其本质而言，孔子的回答旨在教化、激励弟子。而从孔子对礼制的一贯立场来看，违礼之管仲不能为仁者。

除了这些，其他一些学者的研究成果也涉及了孔子评价管子的问题，如闫春新[①]、谢柯凌[②]、沈素珍[③]、胡武生[④]、谭延庚[⑤]的研究等。这些研究认为，生活在春秋初年、辅佐国君做出“九合诸侯”贡献的管子，其拱卫周王室的贡献功不可没，其尊王攘夷的思想更容易激发立志恢复周代礼仪制度的孔子的共鸣。孔子对于管子，感情可谓丰富至深，认识深刻。

孔子对管子的评价和定位，对后世学术发展产生了深远的影响。干春松的研究[⑥]梳理了孔子对管子“器小”评价的后世影响，包括孟子、荀子围绕“王霸之别”对管子“器小”进行的分析，两汉儒生围绕大一统秩序下的王道理想对管子“器小”的分析，宋代朱熹对管子“器小”的解读，突出了士人对于儒家王道思想的重申。这揭示出儒家思想一直面临无法解决的内在矛盾，也提示出政治理想与政治现实之间的距离是造成内圣与外王脱节的根本原因。

由孔子对管子的评价产生的管子思想对孔子的影响，也有学者进行了研究。王正立的研究[⑦]认为，孔子的伟大思想，不可避免地吸取了管子的思想成分，管子和孔子对同一个问题的认识往往会有相同的看法，但孔子的理

---

① 闫春新:《从〈论语〉看孔子对管仲的评价再探》,《管子学刊》2003 年第 1 期,第 25 ~ 27 页。

② 谢柯凌:《孔子论管仲》,《中共济南市委党校、济南市行政学院、济南市社会主义学院学报》2003 年第 2 期,第 75 ~ 77 页。

③ 沈素珍:《孔子评管仲新解》,《管子学刊》2010 年第 3 期,第 10 ~ 12 页。

④ 胡武生:《“器小”的仁者——孔子眼中的“春秋第一相”管仲考论》,《濮阳职业技术学院学报》2011 年第 3 期,第 49 ~ 50 页。

⑤ 谭延庚:《论孔子称管仲以“仁”——“思想史事件”视野下的分析》,《管子学刊》2016 年第 3 期,第 20 ~ 26 页。

⑥ 干春松:《儒家王道政治秩序的构建及其遇到的困境——以“管仲之器小哉”的诠释为例》,《哲学研究》2011 年第 4 期,第 43 ~ 49 页。

⑦ 王正立:《论管子对孔子思想体系的影响》,《管子学刊》2008 年第 4 期,第 15 ~ 19 页。

解要更深，解释得更全面。吕玉霞对比了管子与孔子的思想①指出，同为上承夏商周三代文化，但由于二者各有其理论偏重、各有其不同社会环境的影响，以致形成了截然不同的思想性格：以管仲为代表的齐文化尚务实、重征伐，以孔子为代表的鲁文化则讲仁义礼信，重德教化成。王宗源的研究②则指出，孔子和管子对经济的理解杂糅着深刻的伦理思考。在求富求利、义利观、对商业的态度和面对贫富差距时，他们都表现出相似的见解，由于个体不同又表现出略微的差异。

到了战国时代，诸子百家在思想领域展开了激烈的辩驳和交锋，对于管子的评价和研究，进一步走向深入和多样化。以孟子为代表，他虽然是孔子思想的忠实传播者，但对管子的态度，并不与孔子完全一致。《孟子》一书中，孟子曾三次提到管子。

孟子提及管子，首先是对管子生平的认识。如管子出身寒微，孟子就举例说，这是成功之士必须经历的身心历练："舜发于畎亩之中，傅说举于版筑之间，胶鬲举于鱼盐之中，管夷吾举于士，孙叔敖举于海，百里奚举于市。故天将降大任于是人也，必先苦其心志，劳其筋骨，饿其体肤，空乏其身，行拂乱其所为，所以动心忍性，曾益其所不能。"(《孟子·告子下》)其次，齐桓公治理齐国时对管子十分倚重，由此而取得了不朽的功绩："汤之于伊尹，学焉而后臣之，故不劳而王；桓公之于管仲，学焉而后臣之，故不劳而霸。今天下地丑德齐，莫能相尚，无他，好臣其所教，而不好臣其所受教。汤之于伊尹，桓公之于管仲，则不敢召。管仲且犹不可召，而况不为管仲者乎？"(《孟子·公孙丑下》)孟子认为，齐桓公取得霸业，在于诚心向管子学习，重用管子。

但在孟子的整体评价体系中，对"以力假仁"的管子有很多微词和不屑。《孟子·公孙丑上》记载：公孙丑问曰："夫子当路于齐，管仲、晏子之功，可复许乎？"孟子曰："子诚齐人也，知管仲、晏子而已矣。或问乎曾西曰：'吾子与子路孰贤？'曾西蹴然曰：'吾先子之所畏也。'曰：'然则吾子与管仲孰贤？'

① 吕玉霞：《管子与孔子思想比较》，《山东省农业管理干部学院学报》2010 年第 6 期，第 129～131 页。

② 王宗源：《孔子与管子经济伦理思想之比较研究》，《理论界》2008 年第 3 期，第 168～169 页。

曾西艴然不悦，曰：'尔何曾比予于管仲！管仲得君如彼其专也，行乎国政如彼其久也，功烈如彼其卑也；尔何曾比予于是？'"曰："管仲，曾西之所不为也，而子为我愿之乎？"曰："管仲以其君霸，晏子以其君显。管仲、晏子犹不足为与？"曰："以齐王，由反手也。"

弟子公孙丑求教孟子，如果孟子在齐国当政的话，能否再创管子、晏婴的辉煌业绩呢？孟子认为，把自己和管子相提并论是一种侮辱和贬低。原因在于，孟子特地引用曾西的话，指出管子执政的条件十分优越，执政时间四十余年，时间很长；齐桓公对管子也很信任，但管子的功业却没有达到应该达到的"王道"高度。对孟子来说，他不屑于做管子那样的人，他秉志于"王道"，对于提倡"霸道"的管子则表露出轻蔑、鄙视的态度。

后世有学者对孟子对管子的评价进行了分析。万光军、高腾云的研究①指出，孟子对管仲的认识大体包括了四方面的问题，忠、不知礼、俭和霸业。忠即管仲不死君，不知礼即管仲与国君同制，俭即对物质生活的态度，霸业即对王道与霸道的不同定位。孟子对管仲四个方面的评价是不同的，并且与孔子对管仲的评价也有明显的差异。沈素珍、钱耕森的研究②特意从孟子的理论体系评价管子，认为管子作为一名历史人物，通过"霸政"实现了社会改革，功不可没。但由于其人生前后的反差，不能不引起历史的争议。孟子是"王道""仁政"的推行者，在其"王道"视阈下的管子与孔子眼中的管子不仅明显不同，而且互相矛盾。孟子追随孔子，共创儒家思想体系，但具体到对实施"霸政"的管子的评价，则又完全不同。

战国时期另一位儒家代表人物荀子，对管子的评价大体与孟子相近，认为其"未及修礼"、霸而未王，但承认管子治理齐国确实卓有成效。《荀子》书中共有九处谈及管子。

从内容方面而言，荀子对管子的了解，有对桓管君臣合作的认知。荀子指出，齐桓公有很多缺点和过失，但不败亡而能称霸诸侯，个中原因，在于齐

① 万光军、高腾云：《论孟子对管仲的评价》，《泰山学院学报》2006 年第 5 期，第 21 ~ 26 页。

② 沈素珍、钱耕森：《孟子"王道"视阈下的管子》，《管子学刊》2012 年第 4 期，第 30 ~ 32 页。

桓公能重用管子:“夫齐桓公有天下之大节焉,夫孰能亡之?倓然见管仲之能足以托国也,是天下之大知也。安忘其怒,出忘其仇,遂立为仲父,是天下之大决也。立以为仲父,而贵戚莫之敢妒也;与之高、国之位,而本朝之臣莫之敢恶也;与之书社三百,而富人莫之敢距也。贵贱长少,秩秩焉莫不从桓公而贵敬之,是天下之大节也。”(《荀子·仲尼》)在《王霸》篇中,荀子又重申了这种观点:“卑者五伯,齐桓公闺门之内,县乐、奢泰、游抏之修,于天下不见谓修,然九合诸侯,一匡天下,为五伯长,是亦无他故焉,知一政于管仲也,是君人者之要守也。”

从为臣子的角度来看,在荀子的分类标准中,把臣下分为态臣、篡臣、功臣、圣臣,管子可属于“功臣”:“齐之管仲,晋之咎犯,楚之孙叔敖,可谓功臣矣。”任用不同的臣下,国君的治国效果不同:“用圣臣者王,用功臣者强,用篡臣者危,用态臣者亡。态臣用则必死,篡臣用则必危,功臣用则必荣,圣臣用则必尊。”用“忠”的标准来分类,可分为大忠、次忠、下忠、国贼,管子属于“次忠”:“若管仲之于桓公,可谓次忠矣。”“次忠”衡量的标准为:“以德调君而辅之,次忠也。”(《荀子·臣道》)作为辅助国君治理国家的大臣,在荀子的评价体系中,管子的地位可谓很高。

具体到对管子治国策略的评价,荀子把管子和其他人进行对比,认为:“成侯、嗣公,聚敛计数之君也,未及取民也;子产,取民者也,未及为政也;管仲,为政者也,未及修礼也。故修礼者王,为政者强,取民者安,聚敛者亡。”(《荀子·王制》)荀子指出国家王、强、安、亡之间的相互关系。管子治理国家,能够做到“为政”,而没有达到“修礼”的标准。管子能够使齐国富强,称霸天下,却不能够“王天下”。管子“为政”而不“修礼”,所以只能做到“霸”而不“王”。

荀子还把管子与其他臣子进行对比:“子谓子家驹续然大夫,不如晏子;晏子,功用之臣也,不如子产;子产,惠人也,不如管仲。管仲之为人,力功不力义,力知不力仁,野人也,不可为天子大夫。”(《荀子·大略》)荀子认为,子家驹是增益君主明察的大夫,但不能兴功用,比不上晏子;晏子,虽有功用,但不如子产之恩惠;子产,虽有恩惠,但不如管子之才略;管子立身处世,致力于功效而不致力于道义,致力于智谋而不致力于仁爱,是个缺乏礼仪修养的人，不可以做天子的大夫。这里荀子把管子称为“野人”，“野”，《论语·雍也》谓“质胜文则野”。荀子的话，意指管子的实际作为超过了他的礼仪修养，依旧认为管子的行为不符合儒家的礼仪规范。

荀子的思想受到管子思想的深刻影响，后世学者对此也多有研究。于孔宝的分析①认为，荀子自称为“仲尼之门”，后人亦称其为儒家大师，但荀子之儒并没有按照孔孟之儒的路子前行。究其原因，与其居于齐国稷下，深受齐文化特别是管仲思想的影响关系密切。稷下学宫的客观环境是导致荀子思想与孔孟儒学偏离而接受管仲思想影响的温床。荀子对管仲思想有吸收、有继承，荀子的自然天道观，是在吸取了管仲自然观的唯物主义因素基础上逐步形成的，荀子的“制天命而用之”的思想，是对管仲“人君天地”思想的继承与发展，管子与荀子二者都提倡礼法并重。荀子之儒是被齐学化了的儒家。胡广文的研究②指出，作为先秦儒家学派的集大成者，荀子思想的形成受到了管子思想多方面影响。荀子的自然天道观是在吸收了管仲自然观中的唯物主义因素基础上逐步形成的，荀子的勘天思想是对管子“人君天地”思想的进一步深化。关于礼法并举，管子、荀子都言礼与法，管仲是法家的先驱，其法不像三晋那样强调法的绝对至上，而是主张礼法并举。荀子继承并发展了管子礼法并举的思想，在阐发礼的起源时，将礼赋予了法的规范功能，给礼打上了法的烙印，从而与孔孟之单纯强调道德教化功能的“礼”区别开来。正是由于荀子汲取了管仲思想的精华，荀子之儒才形成了有别于孔孟及其他儒家派别的独立支派。

在阐述内容方面，荀子也受到管子文献记载的启迪。张连伟的研究③认为，《管子》和《荀子》是先秦时期两部重要典籍，具有丰富的思想内容和很高的学术价值。从《管子》和《荀子》的天论、王霸、礼法、君臣、心术和富国等方面的比较来看，二者既有联系，也有区别。以《管子》为代表的管子学派对荀子有着深刻的影响，《荀子》包含着对《管子》思想的吸收和扬弃。樊波

---

① 于孔宝:《管仲对荀子的影响》,《齐鲁学刊》1991 年第 5 期,第 33 ~ 38 页。

② 胡广文:《谈管仲对荀子思想的影响》,《邯郸师专学报》2002 年第 1 期,第 11 ~ 14 页。

③ 张连伟:《〈管子〉与〈荀子〉思想之比较》,《管子学刊》2001 年第 4 期,第 11 ~ 16 页。

成的研究[1]指出,《荀子·王制》有《序官》一章,专门论述了职官制度,通过对“乘白”“乡师”“州里”“治市”“治田”等条目的详细考证,发现《序官》中的官制带有明显的齐国色彩。《序官》以及《王制》可能是荀子在齐国游学时所写。由于《王制》在齐国成书,当能为齐国学者所看到,《管子·立政》的作者为解决“国之贫”“五事”,所以《省官》一章有选择性地摘抄了《序官》“五官”。可知,荀子在写作《序官》一章或者《王制》篇的时候受到了齐国的影响,但又反过来影响《管子·立政》这样的齐国文献的写作。张铮的研究[2]分析了《荀子》与《管子》的密切联系,认为荀子是先秦时期集大成的儒家大师,《荀子》一书近年来已经被认作荀子思想的实录,而《管子》等书向来被学者们认为是比较复杂的作品。《管子》等书尽管成书比较复杂,却包含有诸多先秦时期的思想内容。《荀子》与《管子》在内容方面相通相近的情况很多。

从以上分析可以看出,先秦儒家代表人物孔子、孟子、荀子都曾对管子进行评论和分析,学者对此也进行了一些深入的研究。耿振东[3]认为,春秋时的管仲佐桓公尊王攘夷、“九合”“一匡”,建立了千秋功业,就儒家学者孔、孟、荀来看,孔子赞之“如其仁,如其仁”,孟子认为管仲佐桓公乃“三王之罪人”,荀子从“隆礼尊贤而王,重法爱民而霸”的角度肯定了管仲的事功。孔、孟、荀在品评管仲中表现出的不同,反映了三家在学说体系上各有取舍。孔子、孟子、荀子是儒学一系的三位代表。孔子作为儒学的创始人,其思想博大精深。孟子、荀子作为孔子的后学,取舍不同。“孟子继承了孔子的仁义学说,荀子则继承了孔子的礼乐学说……孟子重义轻利,荀子重义不轻利;孟子专法先王,荀子兼法后王;孟子专尚王道,荀子兼尚霸道。”[4]从他们对管仲的评说中,可以看出孔子通达,孟子理想,而荀子倾向于现实。巴文

---

① 樊波成:《论〈荀子·王制篇·序官〉官制多采齐制——兼论〈荀子·王制〉与〈管子·立政〉的关系》,《管子学刊》2011 年第 3 期,第 40～44 页。

② 张铮:《〈荀子〉与〈管子〉〈晏子春秋〉的关系考论》,《黑龙江社会科学》2008 年第 6 期,第 122～124 页。

③ 耿振东:《论孔、孟、荀对管仲的评说》,《重庆文理学院学报(社会科学版)》2008 年第 3 期,第 76～79 页。

④ 袁行霈主编:《中国文学史》(第一卷),高等教育出版社 2003 年版,第 129 页。

泽、雷瑜新的研究①指出,管子是春秋时期著名的历史人物,先秦儒家代表孔子、孟子和荀子都对他有不同看法。孔子认为他“如其仁”而又非其无礼,孟子对他不屑一顾而又不得不承认其经世之才,荀子认为管子是贤者良臣而又称其为“野人”。这既反映了儒家的基本立场,又显示了三人学术立场的差异,同时也从不同的层面反映了管子的多维形象和历史功绩。

也有学者就管子某一方面的特点进行了分析。徐文涛的研究②认为,孔子称管仲“如其仁”,之后的孟、荀又给出了不同的评价,后代儒者由此而面临诠释管仲“仁”与“未仁”的两难选择。孔子有深刻的历史文化传承意识,以仁为标准,盛赞管仲功绩,在评论中展现了执中圆融的气象;孟子发展了孔子思想的内在性一面,以内在于心的仁义为出发点,对管仲持不屑态度,在评论中以内在仁义统贯理想与现实,走向道德心性之学;荀子发展了孔子礼的思想,以礼的客观准则和内在道德修养为双重标准,给予管仲比较客观的评价,在评论中展示了理想与现实相结合的客观意识。三者虽对管仲有不同评价,但均以济世救民、应对时代问题为念,坚持了自三代以来仁与礼的民族文化传统,形成了贯通的思想体系。

第三节　先秦道家对管子的评说

相比较而言,先秦时期道家文献对管子思想的反映不及儒家丰富,这或许与道家的思想志趣有关。

战国初年的《列子》一书,是较早记载管子的道家典籍,其中共有四处资料。列子是战国初期道家的重要代表人物之一,曾师从关尹子、壶丘子等,不求名利,清静修道,终生致力于道德学问,主张循名责实,无为而治。表面看来,管子的功名霸业与道家的清静无为是矛盾的,但列子在讲述、分析管子故事的时候,恰当地把道家的理念融合进去,成功把管子塑造成了道家文

① 巴文泽、雷瑜新:《孔子、孟子与荀子对管子评价之比较辨析》,《理论月刊》2008 年第 12 期,第 55 ~ 58 页。

② 徐文涛:《“仁”与“未仁”的两难选择——孔、孟、荀评管仲解读》,《管子学刊》2006 年第 2 期,第 12 ~ 17 页。

化的代言人。

《列子》第六篇《力命》借管子的生活经历，来分析道家文化中“命”的含义及对待它的态度。列子首先讲述了管子的生平：管夷吾、鲍叔牙二人相交甚笃，分别侍奉公子纠和公子小白。在争夺君位继承权的过程中公子小白胜利，鲍叔牙劝谏齐桓公接受管子。在管子等大臣辅佐下，桓公遂得以称霸诸侯。这与世人了解的管子前期的人生经历大体一致。

接着，列子描述了管子和鲍叔牙之间的情谊：管仲尝叹曰：“吾少穷困时，尝与鲍叔贾，分财多自与，鲍叔不以我为贪，知我贫也。吾尝为鲍叔谋事而大穷困，鲍叔不以我为愚，知时有利不利也。吾尝三仕三见逐于君，鲍叔不以我为不肖，知我不遭时也。吾尝三战三北，鲍叔不以我为怯，知我有老母也。公子纠败，召忽死之，吾幽囚受辱，鲍叔不以我为无耻，知我不羞小节，而耻名不显于天下也。生我者父母，知我者鲍叔也！”此世称管鲍善交者，小白善用能者。了解这段史实的人们，一般认为在朋友交往方面，鲍叔牙非常大度，竭力推荐管子。而在列子看来，根本不是那么回事，是当时形势下必须这样做：“然实无善交，实无用能也。实无善交、实无用能者，非更有善交，更有善用能也。召忽非能死，不得不死；鲍叔非能举贤，不得不举；小白非能用仇，不得不用。”（《列子·力命》）

等到了管子病危之际，齐桓公让管子推荐相国人选，对有知遇之恩的鲍叔牙，管子并没有竭力推荐，而是推荐了隰朋：及管夷吾有病，小白问之曰：“仲父之病病矣，可不讳，云至于大病，则寡人恶乎属国而可？”夷吾曰：“公谁欲欤？”小白曰：“鲍叔牙可。”曰：“不可。其为人也，洁廉善士也，其于不己若者，不比之人，一闻人之过，终身不忘。使之理国，上且钩乎君，下且逆乎民。其得罪于君也，将弗久矣。”小白曰：“然则孰可？”对曰：“勿已，则隰朋可。其为人也，上忘而下不叛，愧其不若黄帝，而哀不己若者。以德分人，谓之圣人；以财分人，谓之贤人。以贤临人，未有得人者也；以贤下人者，未有不得人者也。其于国，有不闻也；其于家，有不见也。勿已，则隰朋可。”因为隰朋身上富有为相的品质，所以只能推荐隰朋。

列子借用管子病重论相的故事，意在阐述管子之所以推荐隰朋而没有推荐鲍叔牙，不是内心重视前者而轻视后者，而是情势所致不得不重视前者而轻视后者:“管夷吾非薄鲍叔也,不得不薄;非厚隰朋也,不得不厚。厚之于始,或薄之于终;薄之于始,或厚之于终。厚薄之去来,弗由我也。”(《列子·力命》)管子并不是要轻视鲍叔,而是不得不轻视他;并不是要重视隰朋,而是不得不重视他。开始时重视,有可能后来要轻视;开始时轻视,有可能后来要重视。重视与轻视的变化,并不由自己决定,而是当时的情势使然。

除了忠于史实描述的故事,列子还假借管子的名字编造了一些故事,来阐述自己的道家思想。如为了阐述道家的养生、送死理念,列子安排管子去世几十年后才出生的晏婴与管子一同来探讨这个问题:

> 晏平仲问养生于管夷吾。管夷吾曰:“肆之而已,勿壅勿阏。”晏平仲曰:“其目奈何?”夷吾曰:“恣耳之所欲听,恣目之所欲视,恣鼻之所欲向,恣口之所欲言,恣体之所欲安,恣意之所欲行。夫耳之所欲闻者音声,而不得听,谓之阏聪;目之所欲见者美色,而不得视,谓之阏明;鼻之所欲向者椒兰,而不得嗅,谓之阏颤;口之所欲道者是非,而不得言,谓之阏智;体之所欲安者美厚,而不得从,谓之阏适;意之所欲为者放逸,而不得行,谓之阏性。凡此诸阏,废虐之主。去废虐之主,熙熙然以俟死,一日、一月、一年、十年,吾所谓养。拘此废虐之主,录而不舍,戚戚然以至久生,百年、千年、万年,非吾所谓养。”管夷吾曰:“吾既告子养生矣,送死奈何?”晏平仲曰:“送死略矣,将何以告焉?”管夷吾曰:“吾固欲闻之。”平仲曰:“既死,岂在我哉?焚之亦可,沈之亦可,瘗之亦可,露之亦可,衣薪而弃诸沟壑亦可,衮衣绣裳而纳诸石椁亦可,唯所遇焉。”管夷吾顾谓鲍叔、黄子曰:“生死之道,吾二人进之矣。”(《列子·杨朱》)

列子借管子之口,说出自己的养生理念,认为养生的要点在于“放纵”,全身心地“恣”“肆”,耳朵、眼睛、鼻子、嘴巴等身体的各个器官想做什么就做什么,不受约束和阻碍。列子又借晏婴之口,说出送死的理念,认为死后已经由不得自身,任别人高贵或低贱地处置均可,不用太多的关注。对于生养死葬,率性而为,不必考虑太多的牵绊。

至于理想的社会状态,列子也杜撰出一些故事来进行分析。话说大禹在治水时迷了路,偶然闯进一个名叫终北的国家,那是个神奇的地方,土气中和,环境优美;人性柔弱,顺其自然;不早夭,不生病;没有国君,没有臣下;人民繁衍无数,有喜有乐,没有衰老、悲哀和痛苦。管子知道这个国度后,曾劝齐桓公前去体验一下,遭到了隰朋的劝阻。隰朋的理由是,齐国土地广阔,人民众多,物产丰富,礼仪隆盛,穿戴华丽,文武忠良充满朝廷,妖艳嫔妃充满后宫,为什么要羡慕别的野蛮落后国家而抛弃齐国的祖宗和土地呢?桓公于是停止了出游的准备,把隰朋的话告诉了管子。管子说:“此固非朋之所及也。臣恐彼国之不可知之也。齐国之富奚恋?隰朋之言奚顾?”(《列子·汤问》)列子以管子的口吻说,终北这个国家的优胜之处,不是隰朋这样的人所能明白体会到的。相比较而言,齐国的富饶没什么值得留恋的。这表明管子希望过一种无忧无虑的生活,明显是道家文化的代言者。

在列子的心目中,管子有着很高的知名度和巨大的社会影响力,是可以很好地宣扬道家文化理念的代言人。一些符合历史真实的关于管子的故事,在列子看来,能够很好地论证道家理论;一些虚构的管子故事,也能够有一定的说服力,使人们信服道家的理论学说。

在另一位道家人物庄子的文化体系里,管子也占据着很重要的位置。《庄子》里共有四处提及管子,其中有些是事实的描述,有些则是管子思想的演绎。《庄子·达生》篇曰:桓公田于泽,管仲御,见鬼焉。公抚管仲之手曰:“仲父何见?”对曰:“臣无所见。”齐桓公出去打猎,管子给他驾驭马车,突然见到了鬼,但管子说自己没有看到奇怪的东西。作为重要辅臣,给国君赶马车是有可能的。这是事实的讲述。

在《庄子·至乐》篇中,提及颜渊要去齐国,孔子很担心。子贡询问为什么担心,孔子就借用管子的话加以说明:“昔者管子有言,丘甚善之,曰‘褚小者不可以怀大,绠短者不可以汲深’。”意思是说,口袋小就不能用来装大东西,井绳短就取不到深井里的水,比喻见识浅陋就无法理解高深的道理。孔子担心颜渊的能力不足以说服齐国国君,反而引来杀身之祸。至于这句话出自《管子》何处,历代学者没有言明。如清代学者郭庆藩辑纂《庄子集释》

时说“此言出《管子》之书”,清代学者王先谦也说,道家学者成玄英认为:“此言出《管子》之书。”这段文献显然是在演绎管子的思想。

庄子也吸纳了管子临终推荐相任的故事,记载在《庄子·徐无鬼》中。记载曰:管仲有病,桓公问之,曰:“仲父之病病矣,可不讳云。至于大病,则寡人恶乎属国而可?”管仲曰:“公谁欲与?”公曰:“鲍叔牙。”曰:“不可。其为人洁廉,善士也,其于不己若者不比之,又一闻人之过,终身不忘。使之治国,上且钩乎君,下且逆乎民。其得罪于君也,将弗久矣!”公曰:“然则孰可?”对曰:“勿已,则隰朋可。其为人也,上忘而下不畔,愧不若黄帝而哀不己若者。以德分人谓之圣,以财分人谓之贤。以贤临人,未有得人者也;以贤下人,未有不得人者也。其于国有不闻也,其于家有不见也。勿已,则隰朋可。”“徐无鬼”是开篇的人名,以人名作为《庄子·杂篇》的篇名。全篇内容繁杂,夹带少量的议论,由十余个各不相关的故事组成,中心议题并不明朗,但多数是倡导“无为”思想的。这个管子病中荐相的故事,详细描述了鲍叔牙和隰朋个性的特点对比,最终借管子推荐隰朋进而阐述了其无为而治的思想主张。

庄子认为,单从个人品德而言,鲍叔牙算得上是清白廉正的好人。但在为人处世方面,处理事情太过苛刻和偏激。如果鲍叔牙治理国家的话,对上会约束国君,对下会忤逆百姓。一旦得罪了国君,执政也就不会长久。与之相反的是,隰朋为人,对上不显示位尊,对下不分别卑微,自愧不如黄帝又能怜悯不如自己的人。总之,隰朋对于国事一定不会事事听闻,对于家庭也一定不事事看顾。鲍叔牙和隰朋两相对比,管子选择了隰朋,也反映出管子赞同隰朋的无为而治的做法。这一点与庄子形成了共鸣。

在道家的思想认识中,列子与庄子不约而同地把管子临终论相这一史实的故事辑录进来,来说明无为而治的理论。这无形中反映出管子做事和言论中的道家文化因素。

第四节 先秦法家对管子的评说

先秦时期的法家对管子的关注度很高,尤其在战国时期的法家代表人物的思想当中，多见有对管子的记载。战国诸子中，集法家大成的韩非子对管子的研究可谓相当深入。韩非子生活在战国末期，这使得他有条件对之前的法家思想进行综合，形成集法、术、势于一体的法家理论。韩非子对管子言论和举措的认识，反映出管子丰富的法治思想。《韩非子·五蠹》篇曰："今境内之民皆言治，藏商管之法者家有之。"这一记载告诉人们，战国后期，管子思想已形成气候，具备了极大的社会影响力。

《韩非子》较早记载了《管子》的流传情况，这一点证明《管子》这部书的部分篇章早已在社会上广泛传播了。《韩非子》中有三处提到了"管子"一词，其中后两处内容相同，它们以"管子曰"或"管子犹曰"的形式出现，"曰"后面的话都能在今本《管子》中找到相对应的文字。原文记载如下：

> 管子曰："见其可，说之有证；见其不可，恶之有形。赏罚信于所见，虽所不见，其敢为之乎？见其可，说之无证；见其不可，恶之无形。赏罚不信于所见，而求所不见之外，不可得也。"
>
> 管子曰："言于室，满于室；言于堂，满于堂：是谓天下王。"
>
> 管子犹曰："言于室满室，言于堂满堂。"

据此可以推测，这里的"管子"可能是《管子》一书的某些单篇文章。这三处"管子"均出现在《难三》篇中，就涉及的文字来看，韩非显然是把此当作了管子思想。第一则材料出自《管子·权修》篇，第二、三则材料则出自《管子·牧民》篇。韩非子引用管子这两则材料，都是从法、术的角度展开论述的。

第一则材料是说，管子认为，君主对于臣下的行为，喜欢的就赏赐，厌恶的就惩罚，这样一来，臣下就不敢在国君背后违法乱纪了。韩非子指出，这种做法有很大的局限性，一般的人在众人面前都是正派、严肃的，独处的时候则会随便放纵。如果仅仅根据国君看到的情况来做评判，施以赏罚，那臣下就会蒙蔽国君。反之，国君依法刑赏，循名责实，臣下就会趋善避恶，唯法是依，君主就不会受蒙蔽。也就是说，管理臣下，除了需要明确的法律规定，国君掌握"术"也是非常必要的。法令要有公开性，"术"则必须隐藏不露。

第二、三则材料相同，“言于室满室，言于堂满堂”，指的是在室内讲话，就要让全屋的人知道；在堂上讲话，就要让满堂的人知道。法律制定后，要开诚布公，让国家的人都知道。这并不是说，国君说的每句话都必须公开，而应讲求一定的“术”。韩非子引用《管子》的言论，主要是针对管子法治思想中重法轻术的倾向提出批评，并进行全面的补充。从中也可以看出，尽管管子的法治思想在齐国的治国实践中有所体现，但还没上升到理论的高度。韩非子是在分析管子依法治理齐国的政治实践中，来阐述、分析、确立自己的法家思想体系的，管子的法治经验是其重要的理论依托和支撑。

在韩非子集法、术、势于一体的法家理论体系中，既有对管子推行法治治理齐国、富国强兵的认可，也有对管子的一些不符合法治精神和君主专制原则的言论和措施的批评。

韩非子认为，君臣掌握了“法术赏罚”这种法家治国之术，大可以王天下，中可以霸天下，小可以强一国。管子辅佐齐桓公依法治国，称霸天下，功劳有目共睹：“桓公得管仲，立为五霸主，九合诸侯，一匡天下。”韩非子对管子在治国过程中的一些措施和做法非常赞同，将其当作法家理论的代言人。

《韩非子·外储说左下·说四》记载了这样一个故事：桓公谓管仲曰：“官少而索者众，寡人忧之。”管仲曰：“君无听左右之请，因能而受禄，录功而与官，则莫敢索官。君何患焉！”这则故事中韩非子是把管子当作正面论据来用的，可见韩非子对管子“因能而受禄，录功而与官”做法的肯定。这要求国君根据一个人能力的高低、功劳的大小，授予相应的官职，给予适当的奖赏。韩非子的这种法治思想与管子的思想是相当吻合的。

在《韩非子》中，有更多的事例体现出韩非子对管子法治思想不成熟、不完备方面的批判和指正。这些批判集中出现在《难一》《难二》《难三》篇章中，甚至带有管子专论的性质，贯穿了要求法、术、势相结合的思想。

《难一》篇中，韩非子重新解析了管子临终荐相的故事。“难”，辩难，是韩非子对前人成说的一种反驳，所驳观点都是基于对具体历史故事的评价。先引一段已有定论的历史故事，然后由“或曰”引出自己的议论和观点。在描述完管子论相的故事后，韩非子认为，管子临终前劝诫齐桓公的言论是不符合法度的。并针对管仲对齐桓公的劝谏，逐条进行严词反驳。管子认为竖刁、易牙“不爱其身,安能爱君”？但臣子当中确实“有尽死力以为其主者”。若用管子“不爱其身,度其不爱其君”的原则来推断,那由管子不能为公子纠而死来推断管子不能为桓公而死,这样管子本人也在应当除去的范围之内了。

这属于儒家推己及人的思维方式,是不可取的。圣明的君主会根据百姓的欲望来设置爵禄让其立功,会根据百姓的厌恶来建立刑罚威慑他们。“臣有功者举用之,自然奸不见用也。”君臣之间即为“计数之所出也”:“君计臣力,臣计君禄。”君主在治理国家当中,能够做到“有赏者君见其功,有罚者君知其罪。见知不悖于前,赏罚不弊于后”,就不用担心自己有死后不葬的祸患。管子不明了“庆赏信而刑罚必”的法律措施,也就不能阻止出现重臣擅主的可悲结局。

《难一》篇中,韩非子还对管子无功求富、求贵、求尊的做法进行了批判,指责他“暗不知术”:桓公解管仲之束缚而相之。管仲曰:“臣有宠矣,然而臣卑。”公曰:“使子立高、国之上。”管仲曰:“臣贵矣,然而臣贫。”公曰:“使子有三归之家。”管仲曰:“臣富矣,然而臣疏。”于是立以为仲父。霄略曰:“管仲以贱为不可以治国,故请高、国之上;以贫为不可以治富,故请三归;以疏为不可以治亲,故处仲父。管仲非贪,以便治也。”讲述完这个故事后,韩非子指出,管子的这种做法不尊重国君、不遵循法律规定:“今管仲不务尊主明法,而事增宠益爵,是非管仲贪欲富贵,必暗而不知术也。故曰:管仲有失行,霄略有过誉。”

当然,《韩非子》其他篇章也有对管子做法的指斥。如《韩非子·外储说左上》记载:齐桓公好服紫,一国尽服紫。当是时也,五素不得一紫。桓公患之,谓管仲曰:“寡人好服紫,紫贵甚,一国百姓好服紫不已,寡人奈何?”管仲曰:“君欲止之,何不试勿衣紫也？谓左右曰:‘吾甚恶紫之臭。’于是左右适有衣紫而进者,公必曰:‘少却,吾恶紫臭。’”公曰:“诺。”于是日,郎中莫衣紫;其明日,国中莫衣紫;三日,境内莫衣紫也。

这个故事韩非子是作为反面论据来运用的,意在说明,君主遇到事情不必亲身去做,而只需要用法令去督责臣下完成即可。面对出现的问题,管子的解决办法是以君主躬亲示范“勿衣紫”,来勉励国人“莫衣紫”。臣下需要执行法律，民众必须遵守法律，君主凭借自己的威严发布政令，推行全国，民众只要遵守法令，国君根本不需要出面去示范如何做。在处理这件事情时，显然管子不明了君臣间的分别，不明确用法令的刑赏功能来约束民众的行为。

除了对管子的法治理论进行批判和补充，韩非子对管子本人的功劳和定位的评价还是比较高的。比如，韩非子把管子列为与周文王、比干、傅说、孙膑等同样有曲折遭遇的“世之仁贤忠良有道术之士”。（《韩非子·难言》）另外，在韩非子看来，管子是与伊尹、商鞅并列的“足贵之臣”：“伊尹得之，汤以王；管仲得之，齐以霸；商君得之，秦以强。此三人者，皆明于霸王之术，察于治强之数，而不以牵于世俗之言。”（《韩非子·奸劫弑臣》）

再则，在韩非子对历史人物的评价体系中，管子与后稷、皋陶、伊尹、周公旦、太公望等同为“霸王之佐”：“若夫后稷、皋陶、伊尹、周公旦、太公望、管仲、隰朋、百里奚、蹇叔、舅犯、赵衰、范蠡、大夫种、逢同、华登，此十五人者为其臣也，皆夙兴夜寐，卑身贱体，竦心白意。明刑辟、治官职以事其君，进善言，通道法而不敢矜其善，有成功立事，而不敢伐其劳。不难破家以便国，杀身以安主。以其主为高天泰山之尊，而以其身为壑谷鬴洧之卑；主有明名广誉于国，而身不难受壑谷鬴洧之卑。如此臣者，虽当昏乱之主，尚可致功，况于显明之主乎？此谓霸王之佐也。”（《韩非子·说疑》）

法制思想方面，《韩非子》对管子思想的承袭也多有学者关注。黄文娟的研究①认为，中国的“法治”思想源远流长，从春秋时期的管仲提出“以法治国”的主张，到战国时期商鞅治国重“法”，再到韩非“法术势”相结合的法治理论的构建，先秦法家的法治思想经历了一个从萌芽到发展再到成熟的衍变过程。法家的法治思想，始终没有摆脱君主专制下“以法治国”的窠臼。周炽成的研究②指出，在先秦法家中，管子和韩非子对道、理的说法最多。管子的君道论和天道公理论、韩非子的分理论和道、理、物三相结构论都很有意义。管子对道的论说主要包括虚道、天道、君道三方面，与管子相比，韩非子对

---

① 黄文娟：《先秦法家法治思想的衍变——以〈管子〉〈商君书〉和〈韩非子〉为中心》，《管子学刊》2008 年第 3 期，第 23～27 页。

② 周炽成：《法家的道理之论：从管子到韩非子》，《华南师范大学学报（社会科学版）》2007 年第 6 期，第 3～8 页。

道和理做出了更明确、更有理论和实际意义的区分。管子的君道包含富民的内容,而韩非子的君道表面上不含之,实际上含之。另外,韩非子的君道包含值得批评的内容:有功归君,有过归臣,而管子的君道则无这样的内容。总的来说,韩非子比管子目光敏锐,察事深刻;但前者不如后者温厚。

《韩非子》与《管子》记载内容的分析,后世学者也有所关注。杨玲的研究①认为,《管子》和《韩非子》君臣观念的相同之处在于二者均主张君臣要明别、有分。其不同表现在,《管子》同时主张君臣之间应该讲诚信,认为和谐是君臣关系的最高境界,在要求臣忠君的同时,主张君要以仁义待臣;而《韩非子》则认为君臣之间利益相反,没有感情可言,彼此仅是一种商品交易的关系。这些不同产生的原因,首先在于《管子》和《韩非子》中不同的"道"论,其次在于受齐文化和晋文化中固有君臣观念的影响。金敏的研究②指出,"以法治国"的提法起源于《管子·明法》与《韩非子·有度》篇,前者约500字,后者字数约为前者的3倍,而二者在内容方面相类似。作者推断说《明法》在前,《有度》在后,《有度》在内容记载方面有许多是对《明法》的阐述,修正了《明法》的一些漏误,文字方面比《明法》更讲究修辞。这都表明《明法》与《有度》有无法割断的内在联系。史少博的研究③申明,《管子·心术》与《韩非子·心度》在思想方面两者有相同点,都强调获得"民心"的重要性,都以治国为宗旨;其思想的不同点是《心术》与《心度》对"圣人"的理解不同、《心术》与《心度》对"心""性"诠释的不同、《心术》侧重"德"而《心度》侧重刑。通过比较发现,《管子·心术》提倡以"静"治心,《韩非子·心度》主张以"法"约束"心",强调"刑胜,治之首也"的理念。

第五节　先秦杂家对管子的评说

战国后期另一部典籍《吕氏春秋》,被认为是杂家的代表,里面一些篇章

① 杨玲:《〈管子〉和〈韩非子〉君臣观比较》,《兰州学刊》2006年第4期,第33~35页。

② 金敏:《〈管子·明法〉与〈韩非子·有度〉比较》,《中外法学》1997年第6期,第111~113页。

③ 史少博:《〈管子·心术〉与〈韩非子·心度〉思想之比较》,《管子学刊》2015年第1期,第5~8页。

涉及管子,并对管子的一些言论和思想进行了阐释。《吕氏春秋》是战国末期秦相国吕不韦组织门客编写的著作,其写作目的是为了综合各家学说之长,指导秦国统治者兼并六国,建立大一统的封建王朝,并实现长治久安。它对各家学说都有所吸收,有所扬弃。《吕氏春秋》一书中关于管子的内容记载,显然不是出自一个著者之手,也不止出于一家一派之中。鉴于《吕氏春秋》提及管子的篇章和故事较多,大致有近20条目,在此不一一列述。

著名学者陈奇猷曾对《吕氏春秋》每一篇章的学派归属做了详细考证,其中涉及管子言行和思想的有12个篇次。至少包括有道家、墨家、阴阳家、名家、法家、兵家、方技家等七种学派属性倾向。管子的思想言行被众多学派的思想家解读阐发,说明其思想内容某种程度上与这些思想契合。

《吕氏春秋·精谕》篇中,记载了管子善推测的故事。齐桓公和管仲准备攻伐卫国,卫姬代卫国向齐桓公请罪。次日管子即断定齐桓公不再伐卫,理由是“君之揖朝也恭,而言也徐,见臣而有惭色,臣是以知之”。管子单凭齐桓公的面色、语速和态度,即可推断出齐桓公所想之事,确实是聪慧之人。著者指出“圣人相谕不待言,有先言言者也”,管子可谓“圣人”也。这一故事也被西汉刘向的《列女传》收录其中。

《吕氏春秋》对管子“临终论相”的故事再次进行采编。前文提到,《列子》《庄子》《韩非子》都曾对这个故事进行转述,来阐析道家、法家学派的理论。《吕氏春秋》不仅再次采编了这个故事,而且还引载了两处。第一处是在《吕氏春秋·孟春纪·贵公》中:

> 管仲有病,桓公往问之,曰:“仲父之病矣,渍甚,国人弗讳,寡人将谁属国?”管仲对曰:“昔者臣尽力竭智,犹未足以知之也;今病在于朝夕之中,臣奚能言?”桓公曰:“此大事也,愿仲父之教寡人也。”管仲敬诺,曰:“公谁欲相?”公曰:“鲍叔牙可乎?”管仲对曰:“不可。夷吾善鲍叔牙,鲍叔牙之为人也,清廉洁直,视不己若者,不比于人;一闻人之过,终身不忘。”“勿已,则隰朋其可乎?”“隰朋之为人也,上志而下求,丑不若黄帝,而哀不己若者;其于国也,有不闻也;其于物也,有不

知也；其于人也，有不见也。勿已乎，则隰朋可也。”夫相，大官也。处大官者，不欲小察，不欲小智，故曰：大匠不斫，大庖不豆，大勇不斗，大兵不寇。桓公行公去私恶，用管子而为五伯长；行私阿所爱，用竖刀而虫出于户。

此处管子论相的故事，作者意在表明，因为“相”是一个国家的高级官员，人员的选择直接影响到国家的前途和命运，个人不能囿于自己的偏私而影响整个国家。所以管子秉持“公”心，没有举荐与自己私人关系比较密切的鲍叔牙，而把隰朋作为继任者的人选。

第二处出现在《吕氏春秋·先识览·知接》中，作者对这个故事的结局进行了很多的理论发挥：

管仲有疾，桓公往问之曰：“仲父之疾病矣，将何以教寡人？”管仲曰：“齐鄙人有谚曰：‘居者无载，行者无埋。’今臣将有远行，胡可以问？”桓公曰：“愿仲父之无让也。”管仲对曰：“愿君之远易牙、竖刀、常之巫、卫公子启方。”公曰：“易牙烹其子以慊寡人，犹尚可疑邪？”管仲对曰：“人之情非不爱其子也，其子之忍，又将何有于君？”公又曰：“竖刀自宫以近寡人，犹尚可疑邪？”管仲对曰：“人之情非不爱其身也，其身之忍，又将何有于君？”公又曰：“常之巫审于死生，能去苛病，犹尚可疑邪？”管仲对曰：“死生命也，苛病失也。君不任其命、守其本，而恃常之巫，彼将以此无不为也。”公又曰：“卫公子启方事寡人十五年矣，其父死而不敢归哭，犹尚可疑邪？”管仲对曰：“人之情非不爱其父也，其父之忍，又将何有于君？”公曰：“诺。”

管仲死，尽逐之。食不甘，宫不治，苛病起，朝不肃。居三年，公曰：“仲父不亦过乎？孰谓仲父尽之乎？”于是皆复召而反。明年，公有病，常之巫从中出曰：“公将以某日薨。”易牙、竖刀、常之巫相与作乱，塞宫门，筑高墙，不通人，矫以公令。有一妇人逾垣入，至公所。公曰：“我欲食。”妇人曰：“吾无所得。”公又曰：“我欲饮。”妇人曰：“吾无所得。”公曰：“何故？”对曰：“常之巫从中出曰：‘公将以某日薨。’

易牙、竖刀、常之巫相与作乱，塞宫门，筑高墙，不通人，故无所得。卫公子启方以书社四十下卫。”公慨焉叹涕出曰：“嗟乎！圣人之所见岂不远哉？若死者有知，我将何面目以见仲父乎？”蒙衣袂而绝乎寿宫。虫流出于户，上盖以杨门之扇，三月不葬。此不卒听管仲之言也。桓公非轻难而恶管子也，无由接见也。无由接，固却其忠言，而爱其所尊贵也。

通过引用管子临终建议驱逐佞臣的故事，文体详细描述了齐桓公没有接受管子的意见而导致死后的悲剧。这是统治者所应该引以为戒的事情。在这个故事中，齐桓公不是轻视灾难，也不是厌恶管子本人，而是他的智力无法达到预见事物将来的发展变化的程度；智力无法达到预见事物发展变化的程度，齐桓公当然就不会真心实意接受管子的忠谏之言，而只会去亲近自己所宠信私爱的那些奸佞小人，最终落得身死国败的不堪下场。

各家学派对管子论相故事进行记录并参与讨论，可见这个故事的流传之广，影响之大。后世学者研习管子的思想和故事，多是抓住管子思想的某一方面，无限制地加以夸大演绎，这种理论化的结果使管子思想直接隶属于某家某派，这与真实的管子思想便有了差距。这也正可以说明，无论是在礼崩乐坏的春秋战国时代，还是在大一统的和平时期，管子的故事都蕴含着比较丰富的思想内容，能够吸引思想家们从各个角度把其作为论证自己观点的材料和依据，进行分析阐述。

至于《吕氏春秋》与《管子》思想的对比，学术界的研究并不多见。王沙力的研究①认为，《吕氏春秋》和《管子》是先秦时期百科全书式的著作，其中包含了各具特色的农学思想。两书中对于主观目的、农业科学、农业管理及农业经济四个方面都有阐述。《管子》的农学思想，更多体现的是“进取”，甚至被上升到“农战”的高度，直接为富国强兵、霸天下的目的服务。《吕氏春秋》的农学特点是守成，农学思想更多是服务于统一天下之后秦帝国的长

① 王沙力：《〈吕氏春秋〉与〈管子〉农学思想比较研究》，《中国市场》2013年第41期，第187～188页。

治久安，目的是为了增产、安民，使民众奉公守法，安于农耕。李成渝则研究①了《管子》《吕氏春秋》音乐思想的对比，指出两者都用三分损益律。前者先益后损，只取五声；后者先损后益，十二律齐备。

综上所述，管子生活于春秋时期，较早的、相对可靠的历史文献《左传》《国语》等，对管子的事迹有所记载，其中详细记载了管子辅佐齐桓公改革的各项内容及历史影响。这些记载和后来的《管子》记载内容可以相互印证，互为补充。因为在齐国的贡献突出，管子的事迹和其思想在其生前及死后得到广泛传播。管子的言行举止，被世人津津乐道，从而以遗闻轶事的特殊方式在民间流传。学者们在辩论和论著中，凭借史料的记载，兼及对管子的遗闻轶事进行点评，来阐述自身的观念和理论，《论语》《孟子》《荀子》《晏子春秋》《庄子》《韩非子》《吕氏春秋》等书中所载的管子事迹和思想，多是这种方式传播的结果。儒、道、法、杂等各派学者以这些遗闻轶事作为研究管子思想的依据，又可从另一个方面反映出管子思想的主要内容及历史影响。

先秦诸子距离管子生活的时代不算太远，其对管子评价所依赖的史实，应具有相当的准确性。但同时也应看到，管子直至诸子崛起的时代，由于传播条件的制约，口耳相传仍是一种重要的传播方式，传播过程中夹杂有失真的成分有极大可能。对诸子所津津乐道的管子故事，更不宜一概盲从。

先秦诸子对管子的评价，皆是言之成理，持之有据，他们从自己的思想主张出发来品评议论，往往众说纷纭，个别地方甚至出入甚大。但先秦诸子对管子的这些评价，代表了一定时代管子思想的传承，实可谓自成一说，弥足珍贵。这一时期管子研究的突出特征主要有两点，一是以记述或传播管子行为和思想为主体，在记述或追述过程中融入著者个人的观点；二是对于管子行为和思想的认识，同一事实开始出现了多元的解释或尖锐的争论。

先秦时期对“三王五伯”倍加关注的诸子，都曾将注意力倾注到管子身上。先秦诸子流传于世的著述中，或多或少都对管子进行过品评褒贬，而这

---

① 李成渝：《〈管子〉〈吕氏春秋〉生律法之异同》，《黄钟》1999 年第 4 期，第 72 ~ 75 页。

也就成为他们申述自己政治观点和思想主张的重要素材。对此,赵东玉曾进行过比较系统的整理[①],认为先秦诸子虽则思想主张各异其趣,但对管子都给以充分肯定或盛情赞誉,对其为建立霸业而采取的一系列措施和最终建立起的不朽功勋,给予了称许或颂扬。作为政治家的管子,其为人处世的方法、态度与政治活动的功效有着密不可分的关系。诸子在品评管子之为人时,基本上都重点从齐桓公和管子的君臣关系、管子与其他群臣的关系、管子的器量和品味等方面进行了评价。

① 赵东玉:《先秦诸子管仲论述略》,《管子学刊》1994 年第 4 期,第 7 ~ 11 页。

第二章　汉晋时期管子思想评论

秦汉时期是中国历史上第一个大一统时期,也是统一多民族国家的奠基时期。这一时期是中国古代经济向前发展并达到空前繁荣的时期,社会思潮逐渐定归于儒家独尊。而随后的三国两晋南北朝时期,是中国历史上政权更迭频繁的时期。由于长期的政权割据和连绵不断的战争,这一时期中国思想文化的发展不可避免地受到影响,玄学兴起,道教和佛教渗入,管子思想的发展和研究也趋于丰富化和复杂化。

第一节　《新书》《韩诗外传》等对管子的评论

西汉初年,天下甫定,统治者推行“与民休息”的政策,安定社会,发展经济。在这种社会背景下,汉初学者继承先秦诸子遗风,以极大的热情投入到新政权的建设和发展中。贾谊即为其中的佼佼者。贾谊的思想主要体现在其论著《新书》中。贾谊的政论散文逻辑严密,感情充沛,气势非凡,体现了汉初知识分子在汉帝国大一统创始期的积极进取,及力图建功立业的豪情壮志。

《史记》中记载说,贾谊“颇通诸子百家之书”,学者徐复观进而指出,贾谊思想中通诸子百家的绾带当是《管子》一书。[①]《管子》一书汇集折中儒道法思想,广罗战国时期的许多理念,具有“政治丛书”的性质。徐复观进一步指出,贾谊以《管子》为绾带进而影响到汉文帝也是有可能的。

在《新书》中,至少有八处涉及对管子思想的关注,其中最明显的,是对

① 徐复观:《两汉思想史》(第二卷),华东师范大学出版社 2001 年版,第 75 页。

《管子》典籍的引用。《新书·俗激》篇指出,结合秦代灭亡的教训与汉初社会的现实情况,统治者必须改变存在的恶劣社会风俗习惯,这是实现汉王朝长治久安的基本保证。贾谊原文如下:

> 夫邪俗日长,民相然席于无廉丑,行义非循也。岂且为人子背其父,为人臣因忠于主哉?岂为人弟欺其兄,为人下因信其上哉?陛下虽有权柄事业,将何寄之?管子曰:"四维:一曰礼,二曰义,三曰廉,四曰耻。""四维不张,国乃灭亡。"云使管子愚无识人也则可,使管子而少知治体,则是岂不可为寒心?今世以侈靡相竞,而上无制度,弃礼义、捐廉丑,日甚,可谓月异而岁不同矣。逐利乎不耳,虑非顾行也。今其甚者,到大父矣,贼大母矣,踝妪矣,刺兄矣。盗者虑探柱下之金,掇寝户之帘,攘两庙之器,白昼大都之中剽吏而夺之金,矫伪者出几十万石粟,赋六百余万钱,乘传而行诸侯,此其无行义之尤至者已。其余猖蹶而趋之者,乃豕羊驱而往。是类管子谓"四维不张"者与!

贾谊对汉初社会存在的各种弊端痛心疾首,认为必须以《管子》提出的"四维论"来纠正不良社会风气,教化天下百姓。

除了对百姓进行思想教化,还要保证民众过上饱食足衣的日子,让人们衣食无忧,注重节俭。贾谊从历史发展的经验和当时社会背本逐末的情况出发,感慨侈靡的社会风气。为改变这一现状,贾谊依旧立足于《管子》的观点,曰:"管子曰:'仓廪实,知礼节;衣食足,知荣辱。'民非足也,而可治之者,自古及今,未之尝闻。古人曰:'一夫不耕,或为之饥;一妇不织,或为之寒。'生之有时而用之无节,则物力必屈。古之为天下者至悉也,故其蓄积足恃。"(《新书·无蓄》)建议统治者要依时积蓄,以备不时之需,以图将来之发展。

贾谊认为,在施政过程中,统治者的引导是非常重要的。对于统治者自身来说,也有一定的要求,要达到贤主、明君的要求,要亲近忠正而远离邪佞,不要因沉迷于玩物而危害到百姓的利益:"故贤主者,不以草木禽兽妨害人民,进忠正而远邪伪,故民顺附而臣下为用。今释人民而爱鸟兽,远忠道而贵优笑,反甚矣。人主之为人主也,举错而不偾者,杖贤也。今背其所主而弃其所杖，其债仆也，不亦宜乎？语曰：‘祸出者祸反，恶人者人亦恶之。’管子曰：‘不行其野，不违其马。’”（《新书·春秋》）“不行其野，不违其马”这句话出自《管子·形势》篇，《管子·形势解》分析说：“马者，所乘以行野也。故虽不行于野，其养食马也，未尝解惰也。民者，所以守战也。故虽不守战，其治养民也，未尝解惰也。故曰：不行其野，不违其马。”意在提醒国君要注重民意。

贾谊认为，如果有远见，能够根据周围的环境仔细辨别，很多祸患是可以避免的。他说：“彼人也，登高则望，临深则窥。人之性非窥且望也，势使然也。夫事有逐奸，势有召祸。老聃曰：‘为之于未有，治之于未乱。’管仲曰：‘备患于未形。’上也。”（《新书·审微》）“备患于未形”出自《管子·牧民》篇，完整的表述是：“惟有道者，能备患于未形也，故祸不萌。”意思是说，只有有远见的人，才能够在祸患没有形成的时候就预防它，才可以避免灾难。

在《新书》中，贾谊引用的管子这些言辞，都是管子思想的精华部分，从中可以看出贾谊对管子思想的精深理解与学习吸纳。此外，《新书》中还援引了管子的部分历史故事。如《新书·春秋》记载了管子辅佐齐桓公在诸侯中立仁义的故事：“齐桓公之始伯也，翟人伐燕，桓公为燕北伐翟，乃至于孤竹，反，而使燕君复召公之职。桓公归，燕君送桓公入齐地百六十六里。桓公问于管仲曰：‘礼，诸侯相送，固出境乎？’管仲曰：‘非天子不出境。’桓公曰：‘然则燕君畏而失礼也，寡人恐后世之以寡人能存燕而朝之也！’乃下车而令燕君还车，乃剖燕君所至而与之，遂沟以为境而后去。诸侯闻桓公之义，口不言而心皆服矣。故九合诸侯，莫不乐听；扶兴天子，莫不劝从。诚退让，人孰弗戴也。”此故事在《韩诗外传》《新序》中也有记载，可见其影响之深。

再则，贾谊对君臣关系也比较关注，期望能够给统治者提供有益的借鉴作用。这其中，管子与齐桓公的关系自然就不得不提。贾谊指出，有学者把君主分为三类：“有上主者，有中主者，有下主者。”至于齐桓公，应属于中主之资：“所谓中主者，齐桓公是也。得管仲、隰朋则九合诸侯，任竖貂、易牙则饿死胡宫，虫流而不得葬。”在贾谊看来，“上主”自然会吸引贤者的辅佐，国家大治,不必担忧;“下主”则会导致贤能之人远离,坐等灭亡而已;只有“中主”,最值得忧虑:“故其可忧者,唯中主尔,又似练丝,染之蓝则青,染之缁则黑,得善佐则存,无善佐则亡,此其不可不忧者耳。”(《新书·连语》)这应该引起当权者的关注和思考。

重用贤臣,远离奸佞之臣,是每个王朝统治者都需践行的原则,施行此法则国富民强;反之,则会身死国败。齐桓公即为鲜明的例证:“齐桓公得管仲,九合诸侯,一匡天下,称为义主;失管仲,任竖刁,而身死不葬,为天下笑。一人之身荣辱具施焉者,在所任也。”痛心疾首之后,贾谊真切地告诫统治者,一定要得民心,务必获取贤者的辅佐:“由此观之,无贤佐俊士,能成功立名、安危继绝者,未之有也。是以国不务大而务得民心,佐不务多而务得贤者;得民心而民往之,得贤者而贤者归之。”(《新书·胎教》)

贾谊进而认为,若能得到贤者的真心辅佐,其他有此志向的贤能之士也会奔赴而来,为国君效力,比如管子和鲍叔牙之间就是这种关系:“故同声则处异而相应,意合则未见而相亲,贤者立于本朝,而天下之士相率而趋之。何以知其然也?管仲者,桓公之雠也。鲍叔以为贤于己而进之桓公,七十言说乃听,遂使桓公除仇雠之心,而委之国政焉。桓公垂拱无事而朝诸侯,鲍叔之力也。管仲之所以趋桓公而无自危之心者,同声于鲍叔也。”(《新书·胎教》)这些都是贾谊对管子思想的认知和发挥。

贾谊对管子思想和史实的观点和评价,有些被西汉后期刘向编辑的典籍转载,从而进一步扩大了管子思想的影响和传播。耿振东认为①,汉初贾谊“颇通诸子百家之书”,鉴于当时社会潜伏的种种政治危机,向文帝提出了许多长治久安之策。分析其思想中的“礼义廉耻”教化论、本礼治不弃法治及民本等政治主张,恰与《管子》一书声息相通。可以说,贾谊政治思想中的许多方面是对《管子》研习的结果。

西汉初年文帝时期的博士韩婴撰写的《韩诗外传》,对管子的思想多有关注。《韩诗外传》共有十卷,计有十四处涉及对管子的评价和史实描述。《韩诗外传》是一部由360条轶事、道德说教、伦理规范以及实际忠告等不同

---

① 耿振东:《谈谈贾谊对〈管子〉的研习》,《齐鲁文化研究》2008年第七辑,第161~165页。

内容汇集而成的杂编，一般每条都以一句恰当的《诗经》引文作为结论，用以支持政事或论辩中的观点。

韩婴本源儒家一派，其思想直接承袭荀子，但又尊信孟子，以“法先王”代替“法后王”，以“人性善”代替“人性恶”，使儒家内部斗争最激烈的两派观点实现了统一。《韩诗外传》中对管子的评价，一些直接引自荀子的观点，如：“成侯、嗣公，聚敛计数之君也，未及取民也；子产，取民者也，未及为政也；管仲，为政者也，未及修礼也。故修礼者王，为政者强，取民者安，聚敛者亡。”认为管子治理齐国没有达到“修礼”，取得的治国成效是强大、强盛。臣下辅佐国君，可以分为四类：大忠、次忠、下忠和国贼。“以德调君而辅之，是谓次忠也。”“管仲之于桓公，可谓次忠也。”这些观点，与荀子的观点如出一辙。

当然，对于管子，韩婴也有自己的看法。在提及国君对良臣的重用时，韩婴曰：“人主欲强固安乐，则莫若与其人为之。巨用之则天下为一，诸侯为臣。小用之则威行邻国，莫之能御。若殷之用伊尹，周之遇太公，可谓巨用之矣。齐之用管仲，楚之用孙叔敖，可谓小用之矣。巨用之者如彼，小用之者如此也。故曰：粹而王，驳而霸，无一而亡。”齐桓公任用管子，属于“小用”的范畴，获得的结果是国家“小治”。秦汉学者们一再强调管子辅佐齐桓公的功劳，韩婴曰：“齐桓公困于长勺，疾据管仲、宁戚、隰朋而匡天下。此皆困而知疾据贤人者也。夫困而不知疾据贤人而不亡者，未尝有之也。”

在阐述荐贤举能的思想时，韩婴更看重有举荐管子之功的鲍叔牙。《韩诗外传》记载：子贡问大臣。子曰：“齐有鲍叔，郑有子皮。”子贡曰：“否！齐有管仲，郑有东里子产。”孔子曰：“产，荐也。”子贡曰：“然则荐贤贤于贤？”曰：“知贤，智也。推贤，仁也。引贤，义也。有此三者，又何加焉？”韩婴借助孔子之口，所表达的含义是：能够了解贤人的人，是有智慧的；能够尊崇贤人的人，是仁爱的；能够推荐贤人的人，是正义的。只要具有这三种品质，那就足够了。

《淮南子》是西汉皇族淮南王刘安及其门客编写的一部著作，属于杂家作品。该书以道家思想为指导，糅合了阴阳、墨、法和一部分儒家思想，吸收诸子百家学说，融会贯通而成，是战国至汉初黄老之学理论体系的代表作。

由于《淮南子》作者人数较多，对于管子的称呼并不统一，有时称“管仲”，有时称“管子”，有时则称“夷吾”，只是称为“管子”时，并无特别尊重之意。《淮南子》中，共有十余处提到管子此人或相关事迹及其评价。《淮南子》对管子的功业评价甚高。《泰族训》篇指出：“圣主者举贤以立功，不肖主举其所与同。文王举太公望、召公奭而王，桓公任管仲、隰朋而霸，此举贤以立功也。”除了辅佐国君治国大有成效，管子的另一重大贡献在于攘夷之功：“管子忧周室之卑，诸侯之力征，夷狄伐中国，民不得宁处，故蒙耻辱而不死，将欲以忧夷狄之患，平夷狄之乱也。”

管子还是忍辱负重、终有成就的历史人物的典型。《说林训》篇曰：“管子以小辱成大荣，苏秦以百诞成一诚。”《修务训》篇则曰：“是以地无不任，时无不应，官无隐事，国无遗利。所以衣寒食饥，养老弱而息劳倦也。若以布衣徒步之人观之，则伊尹负鼎而干汤，吕望鼓刀而入周，百里奚转鬻，管仲束缚，孔子无黔突，墨子无暖席。”

《淮南子》作者已注意到了世人对管子的非议，《泛论训》篇曰：“管仲辅公子纠而不能遂，不可谓智；遁逃奔走，不死其难，不可谓勇；束缚桎梏，不讳其耻，不可谓贞。当此三行者，布衣弗友，人君弗臣。然而管仲免于累绁之中，立齐国之政，九合诸侯，一匡天下。使管仲出死捐躯，不顾后图，岂有此霸功哉？”另《缪称训》篇曰：“故管子文锦也，虽丑登庙；子产练染也，美而不尊。”从生平所为而论，管子不为公子纠殉身，不以身陷囹圄为耻，且为相后曾因生活僭奢，引起众多批评，被视为大节小疵，但其安民兴齐的才能仍受到了肯定和褒扬。

关于《淮南子》对管子思想的整体认知问题，高旭的研究①认为，作为秦汉时的重要论著，《淮南子》对管子有着多方面的思想认识，表达出由衷的尊崇之情，将其看作春秋时期的政治伟人之一。虽然《淮南子》对管子生平所言不多，但极为推重、赞赏其忍辱进取、兴国为民的政治精神，称扬其尊王攘夷、佐桓兴齐的政治功业，视之为“贤相”楷模。《淮南子》立足黄老思想，论管与儒、法家有异，彰显出鲜明的道家精神，并试图借鉴管子兴齐的政治经

① 高旭：《论〈淮南子〉的管子观》，《管子学刊》2013 年第 4 期，第 22 ~ 26 页。高旭：《〈淮南子〉论管仲及其思想内蕴》，《江汉学术》2013 年第 6 期，第 126 ~ 130 页。

验,探求西汉王朝的长盛之谋。

《淮南子》的最后一篇《要略》,解释了《管子》的成书背景,为世人所熟知。原文记载如下:"齐桓公之时,天子卑弱,诸侯力征,南夷北狄,交伐中国,中国之不绝如线。齐国之地,东负海而北障河,地狭田少,而民多智巧。桓公忧中国之患,苦夷狄之乱,欲以存亡继绝,崇天子之位,广文、武之业,故《管子》之书生焉。"齐桓称霸是在春秋前期,此时的周王室已呈衰微之势,逐渐丧失了对诸侯国的约束能力。诸侯国之间篡杀、征伐层出不穷。《淮南子》认为,《管子》就是在这样的历史背景下成书的。这样的时代背景使齐桓称霸具有了存亡继绝、尊王攘夷的历史意义。《淮南子》指出,桓公、管子不但有辉煌的政治业绩,且欲将其政治实践的理论及经验以文字的形式付之竹帛,这就是《管子》的写作缘起。《淮南子》的这种解释,不但阐述了《管子》的写作动机,实际上还指出《管子》一书具有忧时救世的性质;而"广文、武之业"的赞语,则暗示《管子》中有与西周政治思想相契合之处,也就是说,《管子》在治国方面具有尚德、尚礼的思想特点。

另外,后世学者也有把管子思想对《淮南子》思想的影响作为研究对象者。巩曰国的研究①认为,《管子》对《淮南子》的影响,体现在文本和思想两个方面,《淮南子》中既有对《管子》文本的袭用,也有对《管子》思想的继承,其中思想方面的承袭非常复杂,主要包括黄老思想与阴阳五行思想两个方面。这与汉初的社会思潮和该书的编撰意图有关,也与淮南王刘安门下聚集了一部分来自齐地的学者有直接关系。

就哲学思想的继承而言,丁原明指出②,《淮南子》与代表先秦齐稷下道家哲学思想的《管子》书中的《心术》上下、《白心》、《内业》四篇之间有密切的关联性。这其中包括《淮南子》对《管子》四篇中道论、规律论、修养论的继承和发展。它们的这种继承与发展关系,既体现了道家哲学思想从战国到秦汉间的演化,又昭示了齐哲学文化对汉初哲学文化的影响。

---

① 巩曰国:《〈管子〉对〈淮南子〉的影响》,《管子学刊》2012 年第 4 期,第 19 ~ 23 页。

② 丁原明:《〈淮南子〉对〈管子〉四篇哲学思想的继承和发展》,《管子学刊》1995 年第 3 期,第 7 ~ 13 页。

对于政治思想的承袭，李耀的研究[①]认为，在人才观、民本思想、法律思想等方面，《管子》与《淮南子》二者之间有大量相同与类似的论述与构想，可以看出管仲学派对刘安门客的重大影响。由于《淮南子》杂家学派的定位，相关的很大部分内容由《淮南子》直接从《管子》中吸收过来，当然其中不乏雷同的地方。这是二者共同从诸子百家思想中汲取的思想营养，客观反映了从战国到汉初，学术思想逐渐走向汇通、融合的必然趋势。

另外，也有人关注《管子》与《淮南子》相关思想的对比，陈宏光的研究[②]指出，《管子》与《淮南子》虽然所处的时代不同，但是大道同理。在宏观方面，以探讨社会治理之道为着眼点，存在着诸多共同之处。在微观方面，两者在认识法治、立法与执法等方面存在有较大的差异。如对于法的定位，《管子》的要旨在于以法作为安天下的手段，《淮南子》以法家思想为本源和理论依据，并对其进行改革，强调了法在治理国家、维护社会秩序方面具有不可忽视的工具作用，提出了一些契合时代需要的治国方略。《管子》的立法思想与《淮南子》相比较，更加偏重于法的实效，其重要原因是《管子》有很大一部分是对管子相齐时法令政策的总结。

第二节 《史记》对管子思想的评论

西汉历史学家司马迁在《史记·管晏列传》中系统记述了管子的生平和治国方略，以及《管子》书的内容和流传情况。其中，用不足千字的篇幅，描述了管子对内实施法治、富国强兵，对外尊王攘夷的霸术倾向，并对这两个方面进行评价。

内政方面，司马迁介绍说："管仲既任政相齐，以区区之齐在海滨，通货积财，富国强兵，与俗同好恶。故其称曰：'仓廪实而知礼节，衣食足而知荣辱，上服度则六亲固。四维不张，国乃灭亡。下令如流水之原，令顺民心。'

① 李耀：《略谈〈管子〉政治思想对〈淮南子〉的影响》，《管子和谐治国理念与当代科学发展观战略研讨会交流论文集》，第 72 ~ 77 页。

② 陈宏光：《〈管子〉与〈淮南子〉的法治思想比较研究》，《安徽省管子研究会 2011 年年会暨全国第六届管子学术研讨会交流论文集》，第 138 ~ 140 页。

故论卑而易行。俗之所欲，因而予之；俗之所否，因而去之。”司马迁认为，“通货积财，富国强兵，与俗同好恶”是管子治理齐国、改革内政的主要措施和原则。

对外方面，司马迁评述说：“其为政也，善因祸而为福，转败而为功。贵轻重，慎权衡。桓公实怒少姬，南袭蔡，管仲因而伐楚，责包茅不入贡于周室。桓公实北征山戎，而管仲因而令燕修召公之政。于柯之会，桓公欲背曹沫之约，管仲因而信之，诸侯由是归齐。故曰：‘知与之为取，政之宝也。’”司马迁指出，管子外交政策的重心在于“知与之为取，政之宝”，特点则是“善因祸而为福，转败而为功。贵轻重，慎权衡”。管桓时期的重要外交事件，如桓公袭蔡伐楚、北征山戎令燕修召公之政、守曹沫之约取信诸侯等，都鲜明地体现了这种外交思想。

在《管晏列传》中，司马迁对《管子》书的流传情况进行了描述，他说：“吾读管氏《牧民》《山高》《乘马》《轻重》《九府》，及《晏子春秋》，详哉其言之也。既见其著书，欲观其行事，故次其传。至其书，世多有之，是以不论，论其轶事。”司马迁明确指出，在他生活的西汉时期，《管子》流传已经很广，世间民众多能看到，并了解熟悉，以至于不需要自己再多做介绍，自己感兴趣的是“管鲍之交”这样的逸闻趣事。司马迁对于《管子》一书，印象比较深刻的是《牧民》《山高》《乘马》《轻重》《九府》等篇章，这些篇章在现有的《管子》版本中多数依旧能够见到。

司马迁还谈到了对管子的整体评价：“管仲世所谓贤臣，然孔子小之。岂以为周道衰微，桓公既贤，而不勉之至王，乃称霸哉？语曰：‘将顺其美，匡救其恶，故上下能相亲也。’岂管仲之谓乎？”在《论语》中，孔子曾对管子做出“器小”的评价结论，司马迁揣测说，是因为“周道衰微，桓公既贤，而不勉之至王，乃称霸哉”！此处，司马迁把“王”和“霸”作为两个治国目标的等次来看待。司马迁综评管子，不是贬低，而是称颂，依旧引用孔子的言论来佐证：“将顺其美，匡救其恶，故上下能相亲也。”（《史记·管晏列传》）这句话引自《孝经·事君》篇，意思是说，孔子认为，君子侍奉国君，在朝廷上，要想着怎样为国君竭尽忠心；退朝回家，要想着怎样补救君王的过失。对于君王正确有益的政令，要坚决服从；对于君王的过失行为，要加以匡正补救，这样君臣才能够相互亲敬。

司马迁为管子所立之传,后世学者多有分析。沈素珍的研究[①]指出,司马迁根据《管子》一书撰写的管仲传记,主要是管仲的“轶事”,首先述评了管仲与鲍叔牙终生的莫逆之交,管仲体认到“鲍叔知其贤”;其次述评了齐桓公称霸,用了“管仲之谋也”,对此而概括为:一是发展生产,繁荣经济,加强道德建设;二是“以民为本”,“俗之所欲,因而予之;俗之所否,因而去之”;又述评了管仲善于化祸为福、转败为胜的“轶事”。司马迁对管仲是高度评价的:“管仲世所谓贤臣。”

至于司马迁所受管子思想的影响,于艳秋的研究[②]分析说,司马迁与管仲都是行大义不羞小节之人;司马迁继承了管仲及《管子》以富为荣、以利为重的经济思想,并认为“平准”在经济学上的意义源自《管子》;管仲重利,所以他善于以利益诱导百姓,促使他们创造更多的财富,进而达到国家的富强。司马迁重利,更多地体现在希望百姓富裕起来,摆脱那种“不厌糟糠”的生活。在重民、爱民思想上,司马迁吸收借鉴了管仲及《管子》思想。可见,司马迁在生死观、利义观及对百姓的态度等方面明显地受到管仲、《管子》思想的影响。池万兴的研究[③]指出,司马迁不仅在《史记》中创作了《管晏列传》,而且对管仲充满敬仰与赞颂之情。司马迁的人生观、生死观与义利观显然受到管仲的深刻影响。他们二人分别走的是“立功”“立言”的道路,但都具有“不羞小节而耻功名不显于天下”的个性特征和奋发有为、建功立业的时代精神。

在《史记》中,司马迁除了专门为管子立传,在其他的篇章中也对管子的事迹和思想进行介绍和评述,这些是《管晏列传》部分必要的和充分的补充。如《太史公自序》中提及为管子作传的主要内容和原因是:“晏子俭矣,夷吾则奢;齐桓以霸,景公以治。作《管晏列传》第二。”如提到管子治理齐国的重要经济政策“轻重”时,在《平准书》中,司马迁曰:“齐桓公用管仲之谋,通轻

---

① 沈素珍:《司马迁论管仲之解读》,《阜阳师范学院学报(社会科学版)》2012 年第 5 期,第 22 ~ 24 页。

② 于艳秋:《试析管仲、〈管子〉对司马迁的思想影响》,《牡丹江教育学院学报》2006 年第 2 期,第 6 ~ 7 页。

③ 池万兴:《论管仲对司马迁的影响》,《管子学刊》2009 年第 2 期,第 18 ~ 22 页。

重之权,徼山海之业,以朝诸侯,用区区之齐显成霸名。”在《货殖列传》中,司马迁也曰:“其后齐中衰,管子修之,设轻重九府,则桓公以霸,九合诸侯,一匡天下;而管氏亦有三归,位在陪臣,富于列国之君。是以齐富强至于威、宣也。”

对于管子以周王室为尊的政策,司马迁在《周本纪》中记载曰:“齐桓公使管仲平戎于周,使隰朋平戎于晋。王以上卿礼管仲。管仲辞曰:‘臣贱有司也,有天子之二守国、高在。若节春秋来承王命,何以礼焉。陪臣敢辞。’王曰:‘舅氏,余嘉乃勋,毋逆朕命。’管仲卒受下卿之礼而还。”

齐国与鲁国邻近,齐桓公时齐国与鲁国多有接触,这涉及管子的曲折经历。《鲁周公世家》记载,管子辅佐公子纠失败,被齐国施计从鲁国救走:“(庄公)八年,齐公子纠来奔。九年,鲁欲内子纠于齐,后桓公,桓公发兵击鲁,鲁急,杀子纠。召忽死。齐告鲁生致管仲。鲁人施伯曰:‘齐欲得管仲,非杀之也,将用之,用之则为鲁患。不如杀,以其尸与之。’庄公不听,遂囚管仲与齐。齐人相管仲。”自此之后,管子辅佐齐桓公在齐国大刀阔斧地进行改革。

柯之盟是齐、鲁交往史上的重要事件,也是齐桓公树立威信的关键事件。《鲁周公世家》记载曰:“十三年,鲁庄公与曹沫会齐桓公于柯,曹沫劫齐桓公,求鲁侵地,已盟而释桓公。桓公欲背约,管仲谏,卒归鲁侵地。十五年,齐桓公始霸。”《刺客列传》中司马迁再次对此事件进行详细的描述:“齐桓公许与鲁会于柯而盟。桓公与庄公既盟于坛上,曹沫执匕首劫齐桓公,桓公左右莫敢动,而问曰:‘子将何欲?”曹沫曰:‘齐强鲁弱,而大国侵鲁亦甚矣。今鲁城坏即压齐境,君其图之。’桓公乃许尽归鲁之侵地。既已言,曹沫投其匕首,下坛,北面就群臣之位,颜色不变,辞令如故。桓公怒,欲倍其约。管仲曰:‘不可。夫贪小利以自快,弃信于诸侯,失天下之援,不如与之。’于是桓公乃遂割鲁侵地,曹沫三战所亡地尽复予鲁。”在这次事件中,管子的劝谏发挥了至关重要的作用,为齐桓公称霸诸侯提供了重要的前提条件。

而在记载春秋时期齐国历史的《齐太公世家》中,管子作为齐国一位重要的政治家、思想家,其事迹有更多的记述。关涉的字数近2000字,比《管晏列传》中记载管子生平的字数多一倍有余。其中以齐国历史发展为经,以关键性的历史人物为纬，把管子的人生经历、所作所为与齐国跌宕起伏的国家发展密切联系起来。里面涉及管子辅佐公子纠，管子对公子小白的一箭之仇，管子在齐国的改革，管子辅佐齐桓公伐蔡、伐楚，葵丘会盟中尊王，拥护周王室攘夷，临终前对齐桓公的谆谆劝谏等。管子虽然不是国君的身份，但在司马迁的笔触下，管子的形象塑造着力远多于其国君齐桓公。

对管子的其他评价和影响，司马迁也屡有提到，这为后世学者全面定位管子提供了资料，开启了思路。如提到管子的“三归”，《礼书》曰：“周衰，礼废乐坏，大小相逾，管仲之家，兼备三归。循法守正者见侮于世，奢溢僭差者谓之显荣。”《平津侯主父列传》中记载，有人认为宰相公孙弘以用度穷困欺诈皇帝，公孙弘则以管子、晏婴事例进行辩解说：“臣闻管仲相齐，有三归，侈拟于君，桓公以霸，亦上僭于君。晏婴相景公，食不重肉，妾不衣丝，齐国亦治，此下比于民。”当时的太皇太后崇尚节俭，在诏令中也评价管子说：“昔者管仲相齐桓，霸诸侯，有九合一匡之功，而仲尼谓之不知礼，以其奢泰侈拟于君故也。”

此外，管子还是历经艰辛终获成就的典范，《游侠列传》中记载：“太史公曰：昔者虞舜窘于井廪，伊尹负于鼎俎，傅说匿于傅险，吕尚困于棘津，夷吾桎梏，百里饭牛，仲尼畏匡，菜色陈、蔡。此皆学士所谓有道仁人也，犹然遭此灾，况以中材而涉乱世之末流乎？其遇害何可胜道哉！”

要之，在司马迁的《史记》中，管子的形象鲜活而生动，令人读后印象深刻。司马迁对管子一生的勾勒，对管子治理齐国取得重大贡献的肯定，对管子尊王攘夷策略的颂扬，对管子富有“三归”僭礼的指责，等等，都为后世研究管子思想的深入发展奠定了基础。司马迁对管子的记载，在管子思想研究史上具有标杆性的作用。

第三节　刘向对管子思想的评论

刘向是西汉末年著名经学家、目录学家、文学家，曾奉命领校群籍，对社会上流传的各种书籍编辑校定，所撰《别录》是我国最早的图书类目录，另编辑校订《新序》《说苑》《列女传》等书。

据《韩非子》记载，《管子》部分篇章在战国末期就已于社会上广泛传播，西汉贾谊、晁错、《淮南子》的作者、桑弘羊、司马迁等都曾阅读过，只是他们看到的都不是足本。直到刘向奉诏领校群籍，广泛收集《管子》众本，删复存异，86篇的《管子》才得以最终定型。这一做法在《管子》思想传播史上意义重大，它标志着《管子》散篇传播时代的结束，《管子》定本传播时代的开始。从此以后，后人看到的不再是散乱无序的《管子》，而是一个相对完整且固定的《管子》文本。

在《管子叙录》中，刘向描述了编校《管子》时的情形："所校雠中管子书三百八十九篇，大中大夫卜圭书二十七篇，臣富参书四十一篇，射声校尉立书十一篇，太史书九十六篇，凡中外书五百六十四篇，以校除复重四百八十四篇，定著八十六篇，杀青而书，可缮写也。"刘向把取自各处藏书的《管子》篇章数都记录了下来，共计参考相关书目564篇，剔除重复的484篇，最后定为86篇，可见当时社会上流传、收藏的《管子》版本之多。吕扬的研究[1]介绍了刘向所参考的相关《管子》版本，指出"中管子书"是刘向奉命校订《管子》时对皇家书库所收藏的管子书的统称，刘向说的中管子书389篇，其书不是一部，而是多部；其篇目，应是多部管子书篇目的总和。这个结论是从中管子书篇目大量重复的现象中推导出来的。

在保存于《管子》明刻本的《管子叙录》中，刘向大篇幅引用司马迁《管晏列传》中的记载，由此可知他赞同司马迁对《管子》的观点和评价。最后刘向曰："《九府》书民间无有，《山高》一名《形势》。凡《管子》书务富国安民，道约言要，可以晓合经义。"刘向对《管子》书的定位是内容要"富国安民"，言辞锋芒要"道约言要"，说理方面要"晓合经义"。

对于刘向的《管子叙录》，张瑋的研究[2]指出，研究《管子》古代版本，不可忽略刘向所写的《管子叙录》。刘向、刘歆父子奉命领校先秦遗留下来的文献典籍，有一套形成规范的方法、步骤和体例，可概括为兼备众本、比勘文字、审定篇第、确立书名、厘定部居、叙述源流等六点。《管子叙录》的校订基本符合这些特点。张瑋特别提及刘向所说的"管子书"，认为"管子书"一词

---

① 吕扬：《关于"中管子书"的版本》，《管子学刊》1992年第2期，第28～29页。

② 张瑋：《从刘向校书看〈管子叙录〉》，《管子学刊》1989年第3期，第31～35页。

是广义的，如今遗存的《管子》76 篇统统在其内。而扩编本定著 86 篇的书名，仍沿用战国中期编成的《管子》原本之书名。刘向等人用“管子书”一词，正表明全书的文献来源出于古齐国。齐国管子辅佐桓公“九合诸侯，一匡天下”，影响深远。田齐时威王、宣王复以承继桓、管霸业为标榜，而稷下之学推崇管子，写作常用桓、管对话，蔚然成风。因此传之汉代便难辨真伪，以致对此类古籍笼统称之为“管子书”。

有学者对司马迁和刘向记述中的管子进行了对比，李方擎的研究①认为，司马迁《史记·管晏列传》和刘向《管子叙录》对管仲的记述虽有差异，但更多的是对管子事迹的折中书写。通过对管仲思想、行为的分析，司马迁和刘向对管仲作为“贤臣”的一面与“智谋”之士的一面的肯定，体现了西汉史家的识见。管仲的顺民、不拘于小节而成大义思想，以及他“因祸为福，转败为功”的睿智，在两个文本中都有实在的体现。两位西汉史家先后记录同一位春秋人物，非简单的抄录，而是西汉学者援引管子的事迹和思想，意在发挥读书人治世之用。通过分析《史记》和《七略》中对管仲的记述，可以有限还原管仲在西汉学者心中的形象与地位。

除了《管子叙录》，在刘向编订的其他典籍中，也有对管子的评说。《新序》是刘向编撰的一部以讽谏为政治目的的历史故事类编，是现存刘向所编撰的最早的一部作品。《新序》采集舜、禹时代至汉代的史事和传说，分类编纂，书中材料的主体都来自其他典籍，所记史事与《左传》《战国策》《史记》等颇有出入。《新序》中的许多章节故事完整，情节曲折生动，人物形象丰富多彩，特色鲜明，特别是有了虚构的成分。这说明，《新序》已经具备了小说的某些因素。尽管《新序》中的许多故事采自诸子史传，就其材料取舍、思想内容来看，无疑体现了刘向本人的社会政治思想。这主要可以归纳为德治仁政思想、贤人治国思想、民本思想、从善纳谏思想等各个方面。该书的思想基础是儒家学说，书中强调统治者必须为人正直，要多听民众意见，留心贤能和有德之士的建议，而这些贤能之士不应忽视自己告诫和谴责残暴或愚蠢国君的职责。

---

① 李方擎：《西汉史学家笔下的管仲探微》，《哈尔滨职业技术学院学报》2015 年第 2 期，第 162～163 页。

《新序》中提到管子，没有“管子”的称呼，关涉管子的故事有七个，涉及管子事迹和评价的有四处。如《杂事第四》篇中，刘向强调任用人才的重要性，举例说，管子推荐宁戚做田官，隰朋为大行，东郭牙任谏臣，弦宁做大理，王子成甫任大司马，这些人的治国优势，足以使得齐国强盛起来。刘向评价说：“夫管仲能知人，桓公能任贤，所以九合诸侯，一匡天下，不用兵车，管仲之功也。”《诗经》中说：“济济多士，文王以宁。”齐桓公就是这样的国君。

《杂事第五》篇中刘向则建议国君应具有宽容之心，摒弃前嫌，重用真才实学之士，并以管子与齐桓公的关系为例证：“管仲傅齐公子纠，鲍叔傅公子小白。齐公孙无知杀襄公，公子纠奔鲁，小白奔莒。齐人诛无知，迎公子纠于鲁。公子纠与小白争入，管仲射小白，中其带钩，小白佯死，遂先入，是为齐桓公。公子纠死，管仲奔鲁。桓公立，国定，使人迎管仲于鲁，遂立以为仲父，委国而听之；九合诸侯，一匡天下，为五伯长。”

至于对管子功绩和影响的评价，刘向重在褒扬。如《杂事第二》篇中，刘向指出：“齐桓公得管仲有霸诸侯之荣，失管仲而有危乱之辱。”在《节士》篇中，晋国理官李离，因为误听属下的话错杀了人，想以死抵罪。晋文公认为责任在他的属下，而不在他，并劝慰他说：“子独不闻管仲之为人臣邪？身辱而君肆，行污而霸成。”但李离自认为自己比不上管子，曰：“臣无管仲之贤，而有辱污之名；无霸王之功，而有射钩之累。夫无能以临官，籍污以治人，君虽不忍加之于法，臣亦不敢污官乱治以生。臣闻命矣。”最后伏剑自杀。

在编辑《新序》时，对于管子本人，刘向评价甚高，选取的故事大都是管子辅佐齐桓公治理齐国，取得霸诸侯、匡天下的功绩，或赞扬他治国有术，或赞誉他较有远见，或褒奖他善于谋略等。其他历史人物提及管子时，也把管子的为人处世作为学习的典范，根本没有批判或指责的言辞。

刘向编著的另一部古代杂史小说集《说苑》，分类记述了春秋战国至汉代的遗闻轶事，每类之前列总说，事后加按语，并夹有作者的议论。其中以记述诸子言行为主，不少篇章中有关于治国安民、家国兴亡的哲理格言，借题发挥儒家的哲学思想、政治理想以及伦理观念。其中，引用关涉管子的故事有十九则，涉及管子的事迹和评价的有十二处，包括对《管子》典籍的引用、其他历史人物评说管子等。

《说苑》中有许多故事讲述的是齐桓公和管子之间的对话，借以阐明管子的治国方略。如《建本》篇记载说：齐桓公问管仲曰："王者何贵？"曰："贵天。"桓公仰而视天。管仲曰："所谓天者，非谓苍苍莽莽之天也，君人者以百姓为天。百姓与之则安，辅之则强，非之则危，背之则亡。《诗》云：'人而无良，相怨一方。'民怨其上，不遂亡者，未之有也。"这里介绍了管子以民为本的治国思想。而《政理》篇中，借助管子与齐桓公的对话，阐明国君治理国家，要警惕身边的奸臣：齐桓公问管仲曰："国何患？"管仲对曰："患夫社鼠。"桓公曰："何谓也？"管仲对曰："夫社束木而涂之，鼠因往托焉，熏之则恐烧其木，灌之则恐败其涂，此鼠所以不可得杀者，以社故也。夫国亦有社鼠，人主左右是也；内则蔽善恶于君上，外则卖权重于百姓，不诛之则为乱，诛之则为人主所察，据腹而有之，此亦国之社鼠也。"

对于《说苑》中记载的管子功业，邢培顺的研究[①]分析说，在《说苑》中，齐桓公与管仲的功业和事迹被作为可供模仿和借鉴的史实屡次被引述。据统计，《说苑》中提到桓、管事迹的地方就有三十处，是该书引用最多的史迹之一。先秦时期齐桓公与管仲建立的霸业，经过儒家的阐扬，逐渐变为一种政治理念和政治模式。进入秦汉，随着大一统专制帝国的建立，社会历史文化语境发生了根本的改变，适应着文化记忆的选择性原则，桓、管霸业衍变成为一种政治伦理典范和政治道德寓言，这种转变典型地体现在刘向的《说苑》中。

除了辑录反映管子优秀治国思想的故事，在《说苑》中，刘向一方面继续赞扬管子的治国之才，一方面对管子形象的塑造更加多元化，使其更加有信服力。《尊贤》篇中，刘向指明："人君之欲平治天下而垂荣名者，必尊贤而下士。"并举例说："管夷吾、百里奚任，而天下知齐、秦之必霸也。"管子在春秋时期历史发展中作用可谓重大："春秋之时，天子微弱，诸侯力政，皆叛不朝，众暴寡，强劫弱，南夷与北狄交侵，中国之不绝若线。桓公于是用管仲、鲍叔、隰朋、宾胥无、宁戚，三存亡国，一继绝世，救中国，攘戎狄，卒胁荆蛮，以尊周室，霸诸侯。"

---

① 邢培顺：《千秋霸业任评说——论刘向〈说苑〉对齐桓公管仲功业的记载》，《邢台学院学报》2011 年第 4 期，第 31 ~ 34 页。

值得注意的是,《说苑》中也出现了对管子个人品德评价的讨论。在《善说》篇中,子路和孔子讨论管子的为人,孔子对管子的定位是“大人也”。子路不赞同,反驳说:“昔者管子说襄公,襄公不说,是不辩也;欲立公子纠而不能,是无能也;家残于齐而无忧色,是不慈也;桎梏而居槛车中无惭色,是无愧也;事所射之君,是不贞也;召忽死之,管仲不死,是无仁也。”在子路看来,管仲是不辩、无能、不慈、无愧、不贞、无仁的人,孔子逐一分析说:“管仲说襄公,襄公不说,管仲非不辩也,襄公不知说也;欲立公子纠而不能,非无能也,不遇时也;家残于齐而无忧色,非不慈也,知命也;桎梏居槛车而无惭色,非无愧也,自裁也;事所射之君,非不贞也,知权也;召忽死之,管仲不死,非无仁也,召忽者,人臣之材也,不死则三军之虏也,死之则名闻天下,夫何为不死哉?”孔子指出,管子所做的事情,都有自己的考虑,都顾及当时的社会情势,是合理的做法。最后,孔子定位管子曰:“管仲者,天子之佐、诸侯之相也,死之则不免为沟中之瘠,不死则功复用于天下,夫何为死之哉?”

此外,《说苑》中也有对《管子》典籍的引用。《建本》篇记载:河间献王曰:“《管子》称:‘仓廪实,知礼节;衣食足,知荣辱。’夫谷者,国家所以昌炽,士女所以姣好,礼义所以行,而人心所以安也。”这显然是据当时流传的《管子》所引用的。

《列女传》是刘向编订的一部介绍中国古代妇女行为的书,分为七卷,包括母仪传、贤明传、仁智传、贞顺传、节义传、辩通传和孽嬖传,共记叙了105名妇女的故事。

《列女传》中涉及管子的故事共有二则。《贤明传》中记载有“齐桓卫姬”的故事,体现了卫姬和管子两人的聪明才智。齐桓公和管子商量要讨伐卫国。齐桓公夫人卫姬通过齐桓公的神情推测到这件事,特意为卫国求情,齐桓公同意了。管子再见到齐桓公时,也从他的神情推断出已放弃征伐卫国的计划。齐桓公认定二人是非常之人:“乃立卫姬为夫人,号管仲为仲父。曰:‘夫人治内,管仲治外。寡人虽愚,足以立于世矣。’”在这里,刘向本意是赞扬卫姬的贤明聪慧,也重申了管子在世人心目中聪明的形象。这则故事也记载在《吕氏春秋》中。

而《辩通传》中记载的“齐管妾婧”的故事,则说明管子身边不乏贤能之人,管子的功业需要众人的辅助。宁戚落魄时,对迎接他的管子说:“浩浩乎白水!”管子想了很长时间还是想不明白。婧是管子的妾室,愿意为管子排忧解难。听说管子的疑虑后,婧笑着说:“古有《白水》之诗。诗不云乎:‘浩浩白水,倏倏之鱼。君来召我,我将安居?国家未定,从我焉如?’此宁戚之欲得仕国家也。”管子听后大为惊喜,上报给齐桓公,宁戚因而受到重用,齐国大治。于是作者作诗曰:“桓遇宁戚,命管迎之。宁称《白水》,管仲忧疑。妾进问焉,为说其诗。管嘉报公,齐得以治。”婧知识渊博,可谓管子的得力助手。

《列女传》中提到的关于管子的两则故事,是对管子治国思想和人物形象塑造的有力补充。在世人心目中,管子聪慧有谋略,在适当的时候需要别人的提醒和帮助,这无损于管子英明形象的塑造,反而让人感觉合情合理。

要之,在刘向编订的一系列典籍中,包括《别录》《新序》《说苑》《列女传》等书,对《管子》一书的编纂情况进行了介绍,对管子故事进行多方面收集整理,极大地扩延了管子思想的宣传力度,让士人对管子有更集中的了解和研究。

第四节　魏晋典籍中管子思想评论

汉末魏初是社会思潮的转变时期,由于儒家思想的衰落,出现了儒、道、名、法竞起与合流的趋势。又因为把持政权的曹操比较注重刑名,进一步促进了名家和法家思想的流行,使得人物品评活动如“月旦评”等闻名遐迩,盛极一时。“月旦评”的活动,包括对具体人物的评论,及人物才性高下标准问题的讨论。刘劭编著的《人物志》,反映了这一思想特点,对评论人物才性的原则和标准进行了比较广泛深入的讨论。

刘劭的《人物志》,探讨了人才选拔的标准原则问题。他认为,识人不仅要听其言,还应看其行为;不仅要看其外貌,而且要看其内在气质。在品评历史人物的时候,刘劭不可避免地提到管子。《人物志》自序中,刘昞为刘劭作注曰:“忠臣竭力而效能,明君得贤而高枕,上下忠爱,谤毁何从生哉。是以尧以克明俊德为称;舜以登庸二八为功;汤以拔有莘之贤为名;文王以举渭滨之叟为贵。由此论之，圣人兴德，孰不劳聪明于求人，获安逸于任使者哉。采士饭牛，秦穆所以霸西戎，一则仲父，齐桓所以成九合。”刘劭认为明君、忠臣是比较理想的人才使用模式，而管子辅佐齐桓公“九合诸侯，一匡天下”就是这方面的典型事例。

在根据人物思想派别与其所擅长之业进行分类时，刘劭认为可以分为十二大类：“盖人流之业，十有二焉：有清节家，有法家，有术家，有国体，有器能，有臧否，有伎俩，有智意，有文章，有儒学，有口辨，有雄杰。”按照这种分类标准，管子应该属于第二类“法家”：“建法立制，强国富人，是谓法家，管仲、商鞅是也。”（《人物志·流业》）建立法令制度，善于强国富民，这类人物可谓擅长法令之家。在刘劭的人才评价体系中，看重的是管子以法治国、强国富民的方法和实效。

刘劭指出，在鉴定人物时有七种常见的谬误，之所以出现这些谬误，原因之一就在于，一般人受自己的思想、视野的限制，无法了解有特殊才能的人或超过自己的人才。刘劭认为，天下的人才，历代都有优劣之分，而杰出的人不是世代相传的：“英人不世继，是以伊、召、管、齐，应运乃出。是故众人之所贵，各贵其出己之尤，智材胜己，则以为贵。而不贵尤之所尤。尤之尤者，非众人之所识。”（《人物志·七缪》）所以像伊尹、召公、管子、晏婴等人才，是应时代需求、命运呼唤而出现的。多数人之所以重视人才，是看重那些人才超过自己的特殊才能，却不看重优异者之所以优异的原因。优异人才的优异原因，不是一般人所能认识的。

可见，在刘劭的《人物志》中，管子是辅佐国君依靠法律取得很大治国成效的大臣，是具有历史影响力的人。

《金楼子》是南北朝时期的一部重要著作，梁元帝萧绎著述。《金楼子》采用札记、随感的形式，或前引名言成句，后加自己的看法；或借题发挥，以阐发自己的思想；或记述史实，以劝诫子女；或追叙往事，聊以自慰，等等。《金楼子》涉猎广泛，内容博杂，真切反映了当时的社会状况以及萧绎的思想感情，为研究梁代社会提供了重要的原始资料。

以《金楼子》为载体，萧绎也关注到管子的思想和治国方略。《金楼子》一书中，共有十处涉及对管子的看法。在《序言》中，萧绎提到对管子的直接印象："窃重管夷吾之雅谈，诸葛孔明之宏论，足以言人世，足以陈政术，窃有慕焉。"也就是说，在萧绎的内心深处，对春秋时期政治家管子的谈吐、政论等方面，带有追慕之情。

对管子思想的记载，出现在《金楼子》的一些篇章中。首先萧绎转录了关于管子的一些史实性故事。如《志怪》篇记载曰：齐桓公北征孤竹，未至卑耳之溪，见人长一尺，形具焉，右祛衣而走马前，左右皆不见。桓公曰："吾事之不济也，岂有人若此乎？"管仲曰："臣闻山神有俞儿，状长一尺而人形，见此霸王之君兴，则山神见也。走马，前导之也；祛衣，前有水也；右祛衣，从右方可涉也。"至卑耳之溪，有赞水者，公乃从右方而涉。既济水，公拜管仲于马前曰："仲父，圣人也。"管仲曰："圣人先知无形，今已有形，臣非圣人也，善承教尔。"这个故事说明了管子的知识渊博，及不迷信鬼神的态度。这个故事在《管子》典籍中也有记载，由此可见萧绎的选编原则。

《杂记》篇中，萧绎把管子善于劝谏的故事记载其中：齐桓公饮酒醉，遗其冠，耻之，三日不朝。管仲曰："此非有国之耻，胡不雪之以政？"公曰："善。"因发仓粟赐贫穷，论囹圄，出薄罪。处三日，而民歌之曰："公胡不复遗其冠乎？"这个故事在管子的治国生涯中比较知名，此前的一些典籍都有记载。萧绎在《金楼子》中又转载了这个故事，说明其对管子善于抓住机会有效劝谏国君做法的欣赏。

在熟读前人史料的基础上，萧绎对管子的人生经历和历史功绩形成了总体的认知。《说蕃》篇中对管子进行了全面介绍："齐桓公小白，雍林人，袭杀齐君无知。桓公之立，发兵攻鲁，心欲杀管仲。鲍叔谏，桓公从之，乃佯为召管仲欲甘心，实用之。管仲知之，故往见桓公。桓公序礼，以为大夫任政。桓公既得管仲、鲍叔、隰朋、高傒，修政齐国，连五家之兵伐鲁。鲁庄公请献遂邑，以平诸侯。会桓公于甄，而桓公始霸焉。"可见，在萧绎看来，齐桓公任用管子治理齐国，取得举世瞩目的功劳，令后人钦佩。

以点评管子为切入点，萧绎认为，解决问题有各自的方法，有些做法表面上看起来相同，但因所处环境比较复杂多变，影响的因素繁多，结果并不见得相同，因此必须根据实际情况具体分析："晋乐见杀，士会奔秦；子纠见诛，管夷吾方霸，时乎时乎，事不同也。吉凶在天，犹影之在形，响之应声也。

形动则影动，声出则响应，此分数乃有所系，非身口之进退也。”（《金楼子·杂记》）对于管子品性奢侈的评价，萧绎为管子辩解说：“富贵不可以傲贫，贤明不可以轻暗。夷吾侈而鲍叔廉，其性不同也；张竦洁而陈遵污，其行不齐也。然而终能相善者，盖无弃人之谓也。”（《金楼子·立言》）管子日常生活奢侈，而鲍叔牙清廉，在于二人品性的不同。两人虽然品性不同，却能够互为好友，互相善待，这说明二者看人不是那么狭隘，不轻易或随便放弃自己的好友，最终成就一段友情佳话。

还有对管子事迹的再次转引。《立言》篇记载曰：尧问舜：“紫舌之民，不可与语，若何？”舜曰：“君若远鉴，必知通塞，紫舌之民，何难合同？”余以为善对。故管仲曰：“放老马得迷道，随蚁壤，得水穴也。”纵观《管子》全书，没有“放老马得迷道，随蚁壤得水穴”的言论，只因人们熟知“老马识途”的故事，故而有这种说法。

作为一位有文学才华的皇帝，梁元帝萧绎著有《金楼子》一书，在中国文论史上可谓占据一席之地。萧绎在论著中充满对先秦政治家管子的追慕敬仰之情，以管子的史事来论证自身的观点结论，转引管子的言论，为管子被世人诟病的缺点辩解。这一方面体现出萧绎对管子评价之高，另一方面说明萧绎积极努力地把管子的思想传承下去，以资世用。

《世说新语》是由南朝刘宋宗室临川王刘义庆组织一批文人编写的一部记录魏晋风流的故事集。原书八卷，今余三卷，分为德行、言语、政事、文学、方正、雅量等三十六门，全书共一千多则，记述自汉末到刘宋时名士贵族的逸闻轶事，主要为有关人物评论、清谈玄言和机智应对的故事。

《世说新语》中关涉评说管子的故事共有三则，都体现出当时世人对管子的高度评价，也对后世的俗称有所影响。如在《言语》篇中记载曰：“温峤初为刘琨使来过江。于时，江左营建始尔，纲纪未举。温新至，深有诸虑。既诣王丞相，陈主上幽越、社稷焚灭、山陵夷毁之酷，有《黍离》之痛。温忠慨深烈，言与泗俱；丞相亦与之对泣。叙情既毕，便深自陈结，丞相亦厚相酬纳。既出，欢然言曰：‘江左自有管夷吾，此复何忧！’”温峤对东晋新政权充满忧虑之情，到丞相王导那里诉说亡国之痛，王导对温峤真诚接纳，温峤高兴地说：“江南有了管仲这样的贤人，还有什么可担心的！”此故事后来衍生出典故“江左夷吾”，指的是振兴国家的栋梁之材。这里特指丞相王导，意谓政权强盛的希望可寄托在王导这样的治国之才身上。这一典故在后世中经常提起。

《品藻》篇中，王珣向桓温探讨对历史人物的看法，问曰：“箕子、比干迹异心同，不审明公孰是孰非？”箕子、比干同是商纣王的叔叔，具有贤能之才，箕子看不惯商纣王的暴虐，便逃离出去，远走朝鲜，建立新国。而比干对商纣王屡谏不止，最终被戮杀剖心而亡。王珣认为，箕子、比干二人的做法虽有不同，但用意一致，咨询桓温认为谁对谁错。桓温的回答是：“仁称不异，宁为管仲。”人们对“仁人”的说法不同，如果可以选择的话，桓温宁可做管子一样的人，建一番功业，为国立功。

在《赏誉》篇中，世人把殷浩比作管子，以示对其评价之高。殷浩，字渊源，年轻时就有美名，善谈玄理。曾出任官职，后称病，隐居在祖坟的陵园中，将近十年。殷浩素有盛名，“于时朝野以拟管、葛”，朝野把他比作古代名相管子和诸葛亮。江左士人认为他有宰相之才，他的出仕与否，关系着东晋的兴亡。故而在他守陵园期间，朝廷内外的人士看他出仕还是退隐，用来预测东晋政权的兴衰存亡。

《世说新语》展现了魏晋士人对历史人物的评价及对当朝时事的看法，在谈到管子时，对其评价很高，看重他治国安邦、攘夷御敌的功绩。人们追慕其功劳，立志向其看齐，把有名望的时人与之类比，体现出乱世之时人们对治国贤能人才的呼唤和渴望。

第五节　魏晋时人对管子思想的评论

东汉后期，军阀割据混战，魏方曹操挟持汉献帝占据北方，吴方孙权继业江东，蜀方刘备在诸葛亮的谋略下占有益州，形成了魏蜀吴三国鼎立之势。三个不同的统治集团虽各据一方，但他们有着相同的政治目标，都试图建立以自己为中心的大一统新王朝。为此，他们在自己的势力范围内进行了一系列的政治、经济建设。两汉的儒家经学显然无助于当时的社会现实，寻求一种富国强民、尽快结束战乱分裂以使社会恢复正常秩序的实用之学，成为此时政治文化的主流。从各统治集团的施政策略来看,法家之学颇受欢迎,这其中就包括管子的治国方略。

经历过西晋短暂的统一之后,北方地区基本处于各少数民族的争夺战乱之中,自北魏开始的整个北朝与管子思想的传承关系不大。南方政权则先后经历了宋、齐、梁、陈的更替,称为南朝。在整个南朝期间,儒家思想受到来自西土的佛教与生自本土的道教的冲击。由于统治者信奉和提倡佛教,兴建大量的寺庙,上起王公贵族、下至黎民百姓表现出对佛教崇拜与皈依的浓厚兴趣,佛教对儒家正统地位的威胁最大。当然儒学的思想传承并未因此而中断。正是在这样的社会和思想背景下,管子本人及其功业评价等文献记载,也出现于各种典籍中,借此可以看出管子思想在三国两晋南北朝时的影响。现仅以《全三国文》《全晋文》《全梁文》等典籍为中心,分析管子思想在当时的传播。

对于管子本人的经历,三国两晋南北朝时的统治者和士人在史书流传的基础上,认识大致详致,并创造了一种新的方式来进行吟咏,即为诗赋。诗赋的文学体裁简短凝练,能够很好地表达作者的观点和看法。如西晋文学家孙楚作《管仲赞》曰:"管生弯弓,与桓是仇。骏奔从纠,块为累囚。沐浴西郊,鸾飞詹丘。"(《全晋文》卷六〇)这是史实性的描述,记述了管子前半生的经历,包括辅佐公子纠,与齐桓公的一箭之仇,及得到齐桓公的重用等。而夏侯湛的《管仲像赞》,可说是司马迁《史记·管晏列传》中管子形象的诗体表述:"堂堂管生,忘存兴仁。仁道在已,唯患无身。包辱远害,思济彝伦。心寄鲍子,动成生民。"夏侯湛也写了《鲍叔像赞》:"鲍子愔愔,戒昭德音。绸缪敬叔,二人同心。厥芳犹兰,其坚如金。遥遥景迹,君子攸钦。"(《全晋文》卷六九)颂扬管子和鲍叔牙之间的义结金兰之情。

东晋文人伏滔,在讨论历史人物的时候,较早注意到了地域的划分。其所撰《论青楚人物》曰:"滔以春秋时鲍叔、管仲、隰朋、召忽、轮扁、宁戚、麦丘人、逢丑父、晏婴、涓子,战国时公羊高、孟轲、邹衍、田单、荀卿、邹奭、莒大夫、田子方、檀子、鲁连、淳于髡、盼子、田光、颜歜、黔子、於陵仲子、王叔、即墨大夫,前汉时伏徵君、终军、东郭先生、叔孙通、万石君、东方朔、安期先生,后汉时大司徒、伏三老、江革、逢萌、禽庆、承幼子、徐防、薛方、郑康成、周孟玉、刘祖荣、临孝存、侍其元矩、孙宾硕、刘仲谋、刘公山、王仪伯、郎宗、祢正平、刘成国，魏时管幼安、邴根矩、华子鱼、徐伟长、任昭先、伏高阳，此皆青士有才德者也。”伏滔在列举青州地区有影响力的历史人物时，特意把鲍叔牙、管子放在首位，可见对他们的重视，并把他们归之为有才有德之人。相对于青州人物而言，伏滔认为楚地的人物则较逊一些，例如他说：“《汉广》之风，不同《鸡鸣》之篇；子文叔敖，羞与管晏比德。”(《全晋文》卷一三三)

同前人一样，魏晋士人对管子的功绩大加赞扬。西晋思想家傅玄在《举贤》中曰：“舜兴而五臣显，武王兴而九贤进；齐桓之霸，管仲为之谋；秦孝之强，商君佐之以法。”(《全晋文》卷四七)明确指出齐桓公的霸业离不开管子的辅佐和谋划。北齐文学家邢劭在《广平王碑文》中，借高度赞扬广平王，吟诵管子的功绩：“公年方弱冠，而位居寮右，道被生民，惠渐万物，郁为雅俗之表，峨成社稷之镇。公孙声动天下，已非其伦；管子光照邻国，孰云能拟。”(《全北齐文》卷三)

也有文人对管子攘夷的功绩相当看重，并结合春秋时期的历史背景加以分析，这尤其以西晋江统《徙戎论》最具代表性。江统分析说：“及至周室失统，诸侯专征，以大兼小，转相残灭，封疆不固，而利害异心。戎狄乘间，得入中国。或招诱安抚，以为己用。故申缯之祸，颠覆宗周；襄公要秦，遽兴羌戎。当春秋时，义渠、大荔居秦晋之域，陆浑阴戎处伊洛之间，鄋瞒之属害及济东，侵入齐宋，陵虐邢卫，南夷与北狄交侵中国，不绝若线。齐桓攘之，存亡继绝，北伐山戎，以开燕路。故仲尼称管仲之力，嘉左衽之功。”(《全晋文》卷一〇六)此中江统主要描述了春秋时期中原地区与少数民族政权的互动关系。其中春秋时期齐桓公、管子君臣的攘夷之功被孔子盛赞，江统又重申了这种功劳。

鉴于统治者和政治家对人才治国、人才兴国认识的接受，齐桓公与管子君臣之间关系的相处、管子的具体人才思想等，在当时都受到重视，屡次被人提及，这尤以帝王认知为突出表现。

如魏武帝曹操颁布《举贤勿拘品行令》，指明但凡有优势和长处的，都可以举荐出来，不必拘泥于一时或一方的缺失：“今天下得无有至德之人放在民间，及果勇不顾，临敌力战；若文俗之吏，高才异质，或堪为将守；负污辱之名，见笑之行，或不仁不孝而有治国用兵之术。其各举所知，勿有所遗。”并特意举了管子和齐桓公的例证，曰：“昔伊挚、傅说出于贱人，管仲，桓公贼也，皆用之以兴。”(《全三国文》卷二)

吴孙权对于管子辅佐齐桓公的功业相当仰慕，他在《诏责诸葛瑾、步骘、朱然、吕岱等》中诏告群臣时说：“齐桓诸侯之霸者耳，有善管子未尝不叹，有过未尝不谏，谏而不得，终谏不止。今孤自省无桓公之德，而诸君谏诤未出于口，乃执嫌难。以此言之，孤于齐桓良优，未知诸君于管子何如耳？久不相见，因事当陈。共定大业，整齐天下，当复有谁？凡百事要，所当损益，乐闻异计，匡所不逮。”(《全三国文》卷六三)孙权希望臣下能够各抒己见，劝谏国君，以更好地治理国家。

三国魏陈王曹植强调君臣相处时二者之间的相互信任，他在《上书请免发取诸国士息》中说：“古者圣君，与日月齐其明，四时等其信，是以戮凶无重，赏善无轻，怒若惊霆，喜若时雨，恩不中绝，教无二可，以此临朝，则臣下知所死矣。受任在万里之外，审主之所以授官，必己之所以投命，虽有构会之徒，泊然不以为惧者，盖君臣相信之明效也。”国君信任臣下，赏罚分明，放手授权于臣下，使得臣下能够明确自身的责任，千方百计完成国君交付的任务，不为外界困扰所惧怕，终能取得成效。臣下信任国君的事例，曹植特意列举管子从鲁国奔齐的故事：“昔管仲亲射桓公，后幽囚从鲁槛车载，使少年挽而送齐。管仲知桓公之必用己，惧鲁之悔，谓少年曰：‘吾为汝唱，汝为和，声和声，宜走。’于是管仲唱之，少年走而和之，日行数百里，宿昔而至。至则相齐，此臣之信君也。”(《全三国文》卷一六)

而三国魏官吏杜恕对于管子和齐桓公的君臣相处之道印象深刻，他在所撰写的《体论》中，谈到《君》篇时，指出国君应该具备以下特点，方能吸引重用人才：“夫赏贤使能，则民知其方；赏罚明必，则民不偷；兼聪齐明，则天下归之。然后明分职，序事业，公道开而私门塞矣。如此，则忠公者进，而佞悦者止；虚伪者退，而贞实者起。自群臣以下，至乎庶人，莫不修己而后敢安其职业，变心易虑，反其端悫。此之谓政化之极。”并特意举例齐桓公任用管子的事例：“近观齐桓，中才之主耳，犹知劳于索人，逸于任之，不疑子纠之亲，不忘射钩之怨，荡然而委政焉，不已明乎？九合诸侯，壹匡天下，不已荣乎？一曰仲父，二曰仲父，不已优乎？”如果能够做到以上的要求，就可以达到明君的标准了。

与之相对应的，是臣下应该做到的事项。杜恕在《臣》篇中指出，臣子可以分为四种：“有贤主之臣，有明主之臣，有中主之臣，有庸主之臣。”如若处在辅佐国君的重要位置，应该做到的是：“若夫处大位、任大事、荷重权于万乘之国，必无后患者，其上莫如推贤让能，而安随其后，不为管仲，即为鲍叔耳。其次莫如广树而并进之，不为魏成子，即为翟璜耳。安有壅君蔽主专权之害哉？”（《全三国文》卷四二）要么如同管子一样有真才实学辅佐国君，要么像鲍叔牙一样举贤推能，为国君所用，而不是横加阻挠，暗中施害于人才。这是侍奉国君的原则，也是臣下所应遵守的规范。

在使用人才发挥治国作用的过程中，国君实际上起着主导性的作用，对此，很多臣子希望国君能够认识到这一点。西晋士人袁准在《王子主失》中说：“故有管仲之贤，有鲍叔之友，必遇桓公而后达；有陈平之智，有无知之友，必遇高祖而后听。桓公、高祖不可遇，虽有三子之才，夫奚得用哉？”（《全晋文》卷五五）管子有才能，鲍叔牙有情谊，陈平有智谋，这三位臣下是得到齐桓公、汉高祖的重用后才发挥出治国的才能，否则未必如此。

国君任用人才，应不计前嫌，凸显臣下之长处。晋代刘弘《与东海王越书》提到：“昔齐桓赦射钩之仇而相管仲，晋文忘斩袪之怨而亲勃鞮，方之于今，当何有哉！”（《全晋文》卷七三）后魏苏绰《奏行六条诏书》也说：“要任之以事业，责之以成务，方与彼庸流较然不同。昔吕望之屠钓，百里奚之饭牛，宁生之扣角，管夷吾之三败，当此之时，悠悠之徒，岂谓其贤。及升王朝，登霸国，积数十年，功成事立，始识其奇士也。于是后世称之，不容于口。”（《全后魏文》卷五五）在普通人看来，管子箭射齐桓公，在战场上“三战三走”，这都是无法容忍的缺点。而对于国君来说，重在看到臣下的优点和长处，这样方能发挥臣下治国之功用。

重用贤臣、远离奸佞是人才使用的基本原则，重用贤臣则国泰民安，小人得势则家国并丧，这应该引起统治者的重视和借鉴。西晋官员段灼在给皇帝《上表陈五事》时特地强调，历史发展过程中，明王霸主、亡国暗君、忠蹇贤相、佞谄奸臣的事例不可胜数。管子的事例很具代表性：“周室既衰，诸侯并争,天王微弱,政遂陵迟。齐桓公,淫乱之主耳;然所以能九合一匡之功,有尊周之名,诚管夷吾之力。及其死也,虫流出门,岂非任竖貂之过乎!且一桓公之身,得管仲,其功如彼;用竖貂,其乱如此。夫荣辱存亡,实在所任,可不审哉!”(《全晋文》卷六六)齐桓公和管子的经历,后世国君必须审慎看待。

除了关注齐桓公的人才任用,管子的治国方略也为魏晋南北朝时人所重视,他们寄希望于历史的经验,期冀这些经验在当世发挥功用。南朝宋何承天《安边论》曰:“管子治齐,寄令在民;商君为秦,设以耕战。终能申威定霸,行其志业,非苟任强,实由有数。”(《全宋文》卷二四)在何承天看来,管子辅佐齐桓公治理齐国,之所以取得瞩目成就,主要在于采取了“作内政而寄军令”的措施,使得兵农合一,极大提高了生产力和战斗力。

西晋时封抽在《上疏陶侃府请封慕容廆为燕王》中,建议给慕容廆提高封赏,一方面是因为慕容廆劳苦功高,另一方面是便于更好地提高慕容廆权威,以治理辖区。封抽特意以管子治理齐国的方式作为建议的事例:“今羯寇滔天,怙其丑类,树基赵魏,跨略燕齐,廆虽率义众,诛讨大逆,然管仲相齐,犹曰宠不足以御下,况廆辅翼王室,有匡霸之功,而位卑爵轻,九命未加,非所以宠异藩翰,敦奖殊勋者也。”(《全晋文》卷一四九)熟读典籍的文人都知道《韩非子》中记载的管子求富、求贵、求尊的故事,管子认为,仅有国君的宠爱是不可以御下的,还必须经济富有、地位高贵。

军阀混战之时,为在战争中获取主动权,作战双方有时会把对方的至亲抓住以进行要挟。处于亲情与战局的两难之中,战将应何去何从呢?三国初年的范县县令靳允,就曾面临这种两难境地。为了让靳允屈从于自己,吕布抓走了靳允的母亲、弟弟、妻子和儿女,并以杀害他们相威胁。文人徐众在《靳允母为吕布所执而守范不去》中劝告靳允说,母亲是孩子的至亲,从孝道方面考虑,应该救出母亲而顺从吕布。从对上级的忠心来说,也应该拯救母亲,此处特以管子的说法为佐证:“卫公子开方仕齐,积年不归,管仲以为不怀其亲,安能爱君,不可以为相。是以求忠臣必于孝子之门,允宜先救至亲。”(《全晋文》卷一三一)徐众竭力劝告靳允先救母亲,因为以管子的观点来看,不孝敬父母,就不会真心实意地忠心国君,孝子、忠臣一定程度上是合二为一的。

南朝梁时官员贺琛在《条奏时务封事》中则认为，国家若要强盛，休养生息、予民时日是重要的条件，这也是管子治齐称霸成功的主要原因："夫国敝则省其事而息其费，事省则养民，费息则财聚，止五年之中，尚于无事，必能使国丰民阜。若积以岁月，斯乃范蠡灭吴之术，管仲霸齐之由。"有鉴于此，贺琛上书统治者，建议"息费休民"。这是为以后国家积累财富和役使民众奠定基础："不息费，则无以聚财，不休民，则无以聚力。故蓄其财者，所以大用之也；息其民者，所以大役之也。"（《全梁文》卷四八）

可见，魏晋时人钦慕管子的治国功绩，不遗余力总结、借鉴管子的治国方法，力图能够更好地解决自身面临的难题。管子如同智慧锦囊一般，为后人提供帮助和指引。

在魏晋时人的心目中，管子功业卓著，彪炳后世。但作为一个凡人，管子在一些方面也受到人们的指责批评，甚至有人认为管子做得还不够好。西晋泰始年间，晋武帝下诏策问。《泰始七年举贤良对策》中记载皇帝发问曰："盖太上以德抚时，易简无文。至于三代，礼乐大备，制度弥繁。文质之变，其理何由？虞夏之际，圣明系踵，而损益不同。周道既衰，仲尼犹曰从周。因革之宜，又何殊也？圣王既没，遗制犹存，霸者迭兴而翼辅之，王道之缺，其无补乎？何陵迟之不反也？岂霸德之浅欤？期运不可致欤？且夷吾之智，而功止于霸，何哉？"策问的重点在于，春秋时期周王室衰微，各诸侯国相继称霸，以管子的智慧，成就仅止于使齐国称霸诸侯，原因何在？

针对这一提问，士人郄诜回答如下："臣闻上古推贤让位，教同德一，故易简而人化；三代世及，季末相承，故文繁而后整。虞夏之相因，而损益不同，非帝王之道异，救弊之路殊也。周当二代之流，承雕伪之极，尽礼乐之致，穷制度之理，其文详备，仲尼因时宜而曰从周，非殊论也。臣闻圣王之化先礼乐，五霸之兴勤政刑。礼乐之化深，政刑之用浅。勤之则可以小安，堕之则遂陵迟。所由之路本近，故所补之功不侔也。而齐桓失之葵丘，夷吾沦于小器，功止于霸，不亦宜乎！"（《全晋文》卷六）郄诜认为，王道治国在于礼乐，霸道治国在于政刑，礼乐的影响深远，政刑的效应浅薄。本来政刑是礼乐的补充，但功能并不等同，恰当使用政刑，能够带来小安，而滥用之则会使国家走向衰微。这是管子被孔子论为“器小”，未能实现“王道”的原因。

太学博士范弘之在《卫将军谢石谥议》中，借议谢石的谥号鞭挞了管子奢靡的生活方式。谢石曾率兵在淝水之战中战胜前秦，战功卓著，曾大力提倡兴办学校，功不可没。但其极其贪婪奢华，备受人们指责。范弘之指出，治理百姓，重在倡导节俭：“先王所以正风俗，理人伦者，莫尚乎节俭，故夷吾受谤乎三归，平仲流美于约己。自顷风轨陵迟，奢僭无度，廉耻不兴，利竞交驰，不可不深防原本，以绝其流。”（《全晋文》卷一二五）谢石死后，结合谢石的军功及贪婪的恶行，范弘之建议给其定谥号为“襄墨公”，最终朝廷只取彰显功勋的“襄”为其谥号，谥为“襄公”。

管子富有三归，生活奢侈，这是他为魏晋士人诟病的主要方面。王敦在《上疏言王导》中说：“霸王之主，何尝不任贤使能，共相终始！管仲有三归、反坫之讥，子犯有临河要君之责，萧何、周勃得罪囹圄，然终为良佐。”（《全晋文》卷一八）文人张辅在《名士优劣论》中也说：“管仲不若鲍叔，知所奉，知所投。管仲奉主而不能济，所奔又非济事之国，三归反坫，皆鲍不为。”（《全晋文》卷一〇五）

魏晋时人在评判管子时，还不约而同地把诸葛亮与管子相提并论，或相对比。管子与诸葛亮生活时代差距约千年之久，但二人都是历史上有名的贤相，在治国方略上也有相同之处，史书记载曰：（诸葛亮）“身长八尺，每自比于管仲、乐毅”（《三国志·蜀书·诸葛亮传》）。史学家陈寿在《表上诸葛氏集目录》中则指出，诸葛亮的功绩不如管子：“然亮才，于治戎为长，奇谋为短，理民之干，优于将略。而所与对敌，或值人杰，加众寡不侔，攻守异体，故虽连年动众，未能有克。昔萧何荐韩信，管仲举王子城父，皆忖己之长，未能兼有故也。亮之器能政理，抑亦管、萧之亚匹也，而时之名将无城父、韩信，故使功业陵迟，大义不及邪？盖天命有归，不可以智力争也。”（《全晋文》卷七一）在陈寿看来，诸葛亮在政治方面的才能也可以说和管子、萧何差不多，但当时并没有城父、韩信那样的名将，大概是因此才使得他的功业衰败，即使拥有大义也是不能与管仲相比的吧？

此外，南朝梁张缵在《南征赋》中曰：“招卧龙于当世，配管仲而称英。收散亡之余弱，结与国而连横。延五纪乎岷汉，绍四百于炎精。”（《全梁文》卷六四）南朝陈文人徐陵在《梁贞阳侯重与王太尉书》曰："若夫伊尹庖厨贱宰，霍光阶闼小臣，诸葛亮无应变之才，管夷吾非王者之相，论其世业，较彼勤劳，书契已来，罕有明德。"（《全陈文》卷八）后周文人庾信在《周柱国大将军拓跋俭神道碑》中也曰："诸葛亮之西归，玉垒成三分之业；管夷吾之入仕，葵丘有一匡之功。"（《全后周文》卷一三）可见在当时文人的印象中，诸葛亮是能够与春秋贤相管子相媲美的人物，二者的功绩和影响相当，合在一起论说更具有说服力。

据悉，诸葛亮还曾亲自为《管子》一书进行编注。蜀帝刘备在《遗诏敕后主》中就曾提及此事："闻丞相为写《申》《韩》《管子》《六韬》一通已毕，未送，道亡，可自更求闻达。"（《全三国文》卷五七）而宋代学者唐庚编写的《三国杂事》也认为诸葛亮以《管子》的韬略来辅佐后主："学者责孔明不以经术辅导少主，乃用《六韬》《管子》《申》《韩》之书。吾谓不然。人君不论拨乱守文，要以知略为先。后主宽厚仁义，襟量有余而权略智调是其所短，当时识者咸以为忧。《六韬》述兵权奇计，《管子》贵轻重权衡，《申子》核名实，《韩子》引绳墨，切事情施之，后主正中其病矣。药无善恶，要以对病为妙，万金良药与病不相值，亦复何有补哉！"（《三国杂事·诸葛丞相为后主写申韩管子六韬各一道》）并指出《管子》的核心内容在于"轻重权衡"，诸葛亮以此能够很好地辅佐后主，解决"权略智调"短缺的憾失。

此外，管子与鲍叔牙的友情也令魏晋时人感慨。东晋文人陶潜在《与子俨等书》中告诫诸位儿子时曰："然汝等虽不同生，当思四海皆兄弟之义。鲍叔、管仲，分财无猜；归生、伍举，班荆道旧，遂能以败为成，因丧立功。他人尚尔，况同父之人哉！"（《全晋文》卷一一一）叮嘱儿子们要互敬互爱，互相帮助。后魏文人游雅在《论高允》中也感叹说："知人固不易，人亦不易知。吾既失之于心内，崔亦漏之于形外。钟期止听于伯牙，夷吾见明于鲍叔，良有以也。"（《全后魏文》卷二九）像管子与鲍叔牙、钟子期与俞伯牙这种相知相交的朋友，世间罕见，应该好好珍惜。

再则，魏晋时人对管子思想的认知和传承，还体现在对管子言论和《管子》典籍记载文辞的征引中。魏武帝曹操在《论吏士行能令》中引用管子言论说："管仲曰：'使贤者食于能则上尊，斗士食于功则卒轻死，二者设于国则天下治。'未闻无能之人、不斗之士,并受禄赏,而可以立功兴国者也。故明君不官无功之臣,不赏不战之士;治平尚德行,有事赏功能。"(《全三国文》卷二)管子此话出自《管子·法法》,曹操在此引用这句话,意在推行奖励军功的措施。

吴景帝孙休在《务农桑诏》中也征引《管子》典籍的记载:"推此之道,当由士民之赡,必须农桑。《管子》有言:'仓廪实,知礼节;衣食足,知荣辱。'夫一夫不耕,有受其饥;一妇不织,有受其寒。饥寒并至,而民不为非者,未之有也。"(《全三国文》卷六四)从治理国家、安定社会的角度出发,孙休认为应大力发展农桑经济,让百姓衣食无忧。

三国魏曾以遵守礼义著名的大臣司马芝,在《奏请崇本抑末》中说:"王者之治,崇本抑末,务农重谷。《王制》:'无三年之储,国非其国也。'《管子·区言》以积谷为急。"(《全三国文》卷二六)这里袭用了《管子》中治国以粟为要之意,强调治理国家要重在发展农业。

三国魏文人嵇康在《释私论》中引用《管子》章句,阐析其秉持的哲学思想:"是故伊尹不惜贤于殷汤,故世济而名显;周旦不顾嫌而隐行,故假摄而化隆;夷吾不匿情于齐桓,故国霸而主尊。其用心岂为身而系乎私哉!故《管子》曰:'君子行道,忘其为身。'斯言是矣!君子之行贤也,不察于有度而后行也;任心无邪,不议于善而后正也;显情无措,不论于是而后为也。"(《全三国文》卷五〇)"君子行道,忘其为身"这句话在今本《管子》并未见到,大概在亡佚的篇章之内。

北齐史学家魏收在《枕中篇》中曰:"吾曾览管子之书,其言曰:'任之重者莫如身,途之畏者莫如口,期之远者莫如年,以重任,行畏途,至远期,惟君子为能及矣。'追而味之,喟然长息。"(《全北齐文》卷四)此句话出自《管子·戒》篇,意思是说,承担重任的莫过于身体,历经千险的莫过于口舌,时间长久的莫过于年代。身兼重任,历经艰难,长久坚持,只有君子才能办到。魏收的《枕中篇》本来就是告诫子侄少年的人生箴言,此处以管子名言作为引语,可见对管子言辞含义的体会之深切。

后世流传比较广泛、比较具有专业性的典籍中,也有对管子论说的征引。著名文学理论家刘勰《文心雕龙》对《管子》就多有征引,如其言"昔管仲称轩辕有明台之议”(《文心雕龙·议对》),“管仲下命如流水”(《文心雕龙·书记》),“管仲有言:无翼而飞者声也,无根而固者情也”(《文心雕龙·指瑕》),等等。著名农学家贾思勰在《齐民要术》序言中曰:“盖神农为耒耜,以利天下。尧命四子,敬授民时。舜命后稷,食为政首。禹制土田,万国作乂。殷周之盛,《诗》《书》所述,要在安民,富而教之。《管子》曰:‘一农不耕,民有饥者;一女不织,民有寒者。’‘仓廪实,知礼节;衣食足,知荣辱。’”这里指出农业发展的重要性。

有学者指出,管子的农学思想,对贾思勰的《齐民要术》有重要的影响。如宣兆琦、孟明宪的研究①认为,《管子》与《齐民要术》表面上有巨大差异,实质上则有相同之处。二书在“重农思想”“民本思想”“大农业观”“农时观”等方面,有着密切的关联性和相通性;然而由于成书年代的不同,在“商业思想”方面有很大差异,《管子》有浓厚的重商思想,《齐民要术》把商业置于农业框架中,将其视为物物交换行为,把其看作末业。

康传勇的研究②认为,《管子》《齐民要术》都主张发展生态农业,走可持续发展之路。两书都强调农业生产必须尊重自然规律,对农业自然资源要做到“取之有度”“以时禁发”,但由于时代背景的差异,两书的生态农业思想也各具特色。《管子》的生态农业思想重在强调对自然资源的保护,而《齐民要术》则强调在尊重自然规律的基础上,充分发挥人的主观能动性,对自然资源进行充分而合理的开发利用;《管子》强调维护已有的生态系统,《齐民要术》强调利用生态系统内部关系促进农业的发展。

总之,在秦汉至南北朝时期八百余年的时间里,管子思想受到重视,无论是对《管子》一书的编著,还是对管子思想的继承和发扬,都在先秦时期的基础上有了进一步的发展。

秦汉时期,可以看作管子思想的承续时期。贾谊的《新书》、韩婴的《韩诗外传》、刘安的《淮南子》等对管子的思想进行总结,极力赞颂管子的治国

---

① 宣兆琦、孟明宪:《〈管子〉与〈齐民要术〉对读偶得》,《管子学刊》2007 年第 2 期,第 9～12 页。

② 康传勇:《〈管子〉与〈齐民要术〉生态农业思想比较》,《青岛农业大学学报(社会科学版)》2013 年第 2 期,第 76～78 页。

成效，对齐桓公与管子良好的君臣关系也予以肯定。其中，史学家司马迁在《史记》中为管子立传，在其他篇章也关注管子的事迹和思想。司马迁赞扬管子治理齐国取得的重大成就，对管子尊王攘夷策略的颂扬，对管子富有“三归”僭越的指责等，为后世学者深入研究管子带来了很大的启发，开辟了深入研究的方向。刘向作为西汉末年知名的史学家，利用领校群籍之优势，编辑校订《别录》《新序》《说苑》《列女传》等书，其中都有对管子行为处事和思想谋略的记载。值得一提的是，刘向广泛收集《管子》众本，删复存异，86篇的《管子》才得以最终定型。刘向的辑录之功，对管子思想的研究和传播而言功不可没。

魏晋南北朝时期，各个政权分裂割据，为提高竞争实力，统治者纷纷重视富国强民之术，力求尽快结束战乱分裂以使社会恢复正常秩序。而道教的兴起，佛教的引入，使得儒家思想受到极大冲击，在对管子的评价和思想宣扬中，出现更为丰富而复杂的趋向。《人物志》《金楼子》《世说新语》等典籍中，都有对管子地位和影响的记载与评价。学界也出现一种新的文学方式即诗赋来进行吟咏，对管子的治国方略、人才思想进行点评。时人在评判管子时，还不约而同地把诸葛亮与管子相提并论，或相类比，认为二者在思想的传承方面有相似之处，此可看作管子思想在当时的时代价值。《文心雕龙》《齐民要术》等优秀典籍，对《管子》言论有所征引，是后代校对《管子》的必要参考。

第三章　隋唐五代管子思想阐述

公元589年,隋文帝杨坚灭陈,结束了自东汉末年以来近400年的分裂局面,全国重新获得统一。隋朝统治时间短暂,但期间创立的许多政治制度,如制定中央官制、废除九品中正制、实行科举考试制、修改刑律、制定《开皇律》等,都对后世产生了重要影响。经济方面,统治者注重经济的复苏和社会的发展,为后来的唐朝盛世奠定了基础。

唐朝是国人引以为豪的一个朝代,这段时间经济繁荣,社会秩序安定,对外交往频繁,儒释道三教并立,文化环境比较自由开放。尤其值得注意的是,唐代是史学的繁荣时期。唐初正式设立史馆修史,使得官方修史制度化,也是古代从私人修史转向政府修史的转折点。唐代编撰了《梁书》《陈书》《北齐书》《周书》《隋书》《晋书》等前代史书,而尹知章著《管子注》,魏征编《群书治要》,马总纂《意林》,杜佑撰《通典》等,这些关注管子思想流传和研究的著作,都是在这种重视史学的文化背景下出现的。

第一节　《管子注》《通典》等唐代类书对管子思想的辑录

古代典籍在流传的过程中,由于年代久远的缘故,文字的读音和写法、所记录的史事和名物典章,与后世有所差异和区别是很正常的。为了让更多人能了解典籍的含义和原貌,对原始典籍解释、注疏也就显得十分必要。

《管子》在唐代以前没有注本,前朝的很多政治家、思想家如贾谊、桑弘羊、诸葛亮等,对管子的治国思想非常关注,而刘安《淮南子》、司马迁《史记》、刘勰《文心雕龙》等对《管子》的成书、文辞、辨伪等方面进行了阐述。

最早以注释的形式研究《管子》的，应是唐代尹知章的《管子注》。

《管子》一书，西汉末期刘向曾编订为86篇，最晚在南朝梁时《管子》86篇分为18卷，梁代学者庚仲容曾摘录诸子要语成《子钞》30卷，其中《管子》为18卷。之后，又有19卷本出现。《隋书·经籍志》著录曰："法家《管子》十九卷，齐相管夷吾撰。"《管子》原为86篇，但唐代初期已有散佚。原19卷无注本《管子》，经尹知章作注后增至30卷。《新唐书·艺文志》记载曰："《管子》十九卷，管仲。……尹知章注《管子》三十卷。"此后不久，30卷中就有11卷亡佚了。生活于同一时代的文人吴兢在其《西斋书目》中云："凡书三十卷，今存十九卷，自《形势解》篇而下十一卷已亡。"

尹知章注《管子》一书，在史书中多有记载，但后世也有不同的说法。唐代学者杜佑在《管子指略序》中说："唐房玄龄注。"宋代学者晁公武《郡斋读书志》转引了这种说法，宋代郑樵《通志》则两种说法兼有，除了介绍《管子》"十九卷，唐尹知章注，旧有三十卷"，还有《管子》"二十四卷，唐房玄龄撰"的著录。对于房玄龄注解《管子》的说法，后人曾以此为研究对象进行注解，如陈庆照、李障天的《管子房注释解》[①]即这方面的代表。作者依据史料记载，认为注者应是尹知章，而非房玄龄。只是历代《管子》刻本屡经翻刻时大都标明"唐司空房玄龄注"，此书将"房注"依旧用小字随文排出，而将刘绩和赵用贤的考证释文和按语以"注释"形式全部收录其中，连同本书作者对"房注"的释解置于段末或篇后。陈书仪在书评《〈管子房注释解〉问世》[②]中对此书进行了详细介绍。

从内容方面来看，《管子注》对文本的注释包括的内容很宽泛，标注字音、解释词义、串通文意、篇名解题、内容辨伪，等等，都包含在内。尹知章的这些注释，秉持尊重原始文本的客观严谨态度，为进一步研究《管子》思想和版本提供参考。尤其是《管子》自问世后历经传抄和刻印，可见文本与原始文本存在较大差别。尹知章的《管子注》为后世学者校勘原文、推测古本提供了可靠的依据。

---

① 陈庆照、李障天：《管子房注释解》，齐鲁书社2001年版。

② 陈书仪：《〈管子房注释解〉问世》，《管子学刊》2001年第4期，第95~96页。

对于尹知章与《管子注》的关系，现代学者多有研究成果。巩曰国的研究[①]指出，《管子》尹知章注是现存《管子》的最早注本。作者用详实的资料、充分的推理来证明这一注本出自唐睿宗时期的国子博士尹知章之手，后人为抬高其身价，改题为“房玄龄注”；《通典》在引用时袭用了尹知章注。尹知章的注本《形势解》以下亡佚后，人们根据《通典》的相关引用加以补充，故而这一注本原本早已残缺不全。

郭丽的研究[②]认为，《管子注》或以为是房玄龄作，或以为尹知章作，历代都有争议。事实上，《管子注》为尹知章所作。《崇文总目》最早著录尹知章注释《管子》，《新唐书·艺文志》《旧唐书·尹知章传》也有记载；尹知章注释的《孝经》《老子》《庄子》《韩非子》《鬼谷子》等先秦古籍与《管子》的思想和内容相关，这是尹知章注《管子》的必要条件；南宋绍兴年间科举取士，从《管子》及注疏内出题，《管子注》盛行，书商为了提高书籍的销售量，将尹注《管子》改为位高名重的初唐良相临淄人房玄龄注。

耿振东的研究[③]指出，《管子注》是《管子》研究领域的一部重要著作。作者在文中对与《管子注》有关的作者、卷数及“轻重”篇注解问题进行讨论，其次简述了《管子注》的内容及特点，最后对其在《管子》研究史上的地位做出尝试性评价。该作者也赞同《管子注》的作者为尹知章，对其在管子思想和文本发展史上的贡献给予充分肯定。

汪晓丽的研究[④]则论述了尹知章《管子注》的训诂内容，包含解释字词、申明句义、疏解篇章、阐明语法现象、揭示修辞现象兼具考证名物、典制等方面。尹知章注的训诂方法，主要包括因声求义、以形索义、因文求义三个方面。其分别从释义、注音和校勘三个方面梳理了尹知章《管子注》的训诂术语，分析其训诂特点等。

杜佑是唐代著名的政治家、史学家，曾任唐德宗、唐顺宗、唐宪宗三朝宰

---

① 巩曰国:《〈管子〉尹知章注二考》,《图书馆杂志》2004 年第 4 期,第 77 ~ 78 页。

② 郭丽:《房玄龄还是尹知章注释了〈管子〉》,《西南交通大学学报(社会科学版)》2006 年第 3 期,第 32 ~ 34 页。

③ 耿振东:《〈管子注〉三论》,《南华大学学报(社会科学版)》2008 年第 6 期,第 85 ~ 88 页。

④ 汪晓丽:《〈管子〉尹知章注训诂研究》,华中师范大学 2012 届硕士论文。

相,多年掌管国家的财政职权。杜佑曾用36年撰成200卷《通典》,记述了远古黄帝时期至唐朝天宝末年的制度沿革,分为食货、选举、职官、礼、乐、兵、刑、州郡、边防九典,是中国历史上第一部记述历代典章制度的典志体史书。

杜佑的《通典》是对前代制度沿革的记述,其中有许多对《管子》的辑录和转引。从现有掌握的资料来看,《通典》对《管子》的辑录,主要包括食货、选举、职官、礼、兵和刑六个门类,涉及《管子》中的《国蓄》《禁藏》《小匡》《权修》《轻重乙》《山国轨》《八观》《海王》《轻重甲》《揆度》《地数》《山至数》《山权数》《轻重戊》《重令》《七法》《九变》《霸言》《法法》《封禅》《地图》等二十余篇章。

《通典》对《管子》的辑录,遵循的原则是以类相从,即把辑录的内容按性质分别列入食货、选举、职官、礼、兵和刑等六个门类的不同科目之下。当然,为了更好地说明某项制度的"历代沿革废置",《通典》同一科目下的内容可能源于《管子》的不同篇章。杜佑对这些源于不同篇章的材料进行了重新整合,以使支离的内容能表达完整、明确的意思。

编辑的典籍能够体现出编著者各自的治学理念和政治观点。《通典》共分为食货、选举、职官、礼、乐、兵、刑、州郡、边防九个方面,从中可以看出杜佑认为国家的经济措施、选举制度、政府机构在国家治理和建设中最为重要。食货位于首位,表明杜佑把经济列为国家管理的重中之重。《通典》中《食货》篇对《管子》经济思想的征引大多篇幅较长,特别是对"轻重"各篇的辑录更是这样。而《国蓄》篇在几次被征引后,全文几乎散见于《食货》中。此外,《通典》对《管子》中讲述战略战术较集中的篇章,如《七法》《九变》《小匡》《霸言》《地图》等也多有辑录,说明其对《管子》的军事思想相当重视。

从《通典》对《管子》的编录、征引情况来看,杜佑研治《管子》十分深入。另外,《新唐书·艺文志》记载:"杜佑《管氏指略》二卷。"南宋王应麟《玉海》也曰:"唐杜佑抄管氏书为《指略》。"可见杜佑研究《管子》,不仅多方位接受其思想熏陶,更是采其精要,征引为书,可惜《管氏指略》早已亡佚。

杜佑《通典》对管子思想的重视,由此可见一斑,后代学者对此进行了深入的研究。赵伟的研究[①]指出,杜佑在《通典》中广泛征引《管子》一书的微言大义,多方面继承了《管子》的精神内涵,具有深刻的治史以及经邦治国的哲学理念,这体现在经世致用、锐意改革等诸多方面,《管子》思想通过杜佑的传承,在唐代社会产生巨大影响。荆佳佳的研究[②]认为,杜佑撰写《通典》借鉴了管子三个方面的经济思想:农本思想、轻税思想和商品货币思想。杜佑在借鉴管子的经济思想时,进行了有选择的吸收,并且在一定程度上有所发展,使其适合唐代社会发展的需要。郑晖的研究[③]则重点分析了《通典》对《管子》治兵、军事战略、战术、强兵、军事人才等军事学说的引用,体现杜佑对《管子》军事学说的吸收与继承,反映出《管子》军事学说在唐代的深远影响。周怀宇、赵杨的研究[④],重在凸显杜佑对管子边防思想的承袭。

唐代因重视史学,及宽松的政治氛围、优裕的经济生活条件,使得此期间出现了大量对《管子》文句的辑录成就。魏征的《群书治要》,马总的《意林》,徐坚的《初学记》,欧阳询的《艺文类聚》,孔颖达的《五经正义》,等等,都包含有丰富的《管子》内容。这种辑录古籍思想精华,以资世用或保存史料的做法,是当时史学发达的重要表现之一。

《群书治要》共50卷,由唐初学者魏征、虞世南、褚亮等辑录前人著述编订,在贞观初年受命于唐太宗李世民,以期为唐太宗"偃武修文"、"治国安邦"、创建"贞观之治"提供警示。《群书治要》的编著目的和取材,《唐会要》中记载曰:"太宗欲览前王得失,爰自《六经》,讫于诸子,上始五帝,下尽晋年。书成,诸王各赐一本。"

《群书治要》中,第32卷为《管子治要》。《管子治要》的编撰体例是首标篇名,次举辑录内容,并以篇为单位顺序排列。它涉及《管子》的20篇章,

---

① 赵伟:《浅论〈通典〉对〈管子〉的继承》,《阜阳师范学院学报(社会科学版)》2011年第1期,第23~27页。

② 荆佳佳:《论杜佑对于管子经济思想的继承》,《安徽省管子研究会2011年年会暨全国第六届管子学术研讨会交流论文集》,第306~313页。

③ 郑晖:《论杜佑对〈管子〉军事思想的继承》,《安徽省管子研究会2011年年会暨全国第六届管子学术研讨会交流论文集》,第76~81页。

④ 周怀宇、赵杨:《论杜佑对于〈管子〉边防思想的继承》,《安徽省管子研究会2011年年会暨全国第六届管子学术研讨会交流论文集》,第82~85页。

分别为《牧民》《形势》《权修》《立君》(即《立政》)《七法》《五辅》《法法》《中匡》《小匡》《霸形》《霸言》《戒》《君臣》《小称》《治国》《桓公问》《形势解》《版法解》《明法解》《轻重》(即《轻重乙》),近一万字。这些篇章大多涉及管子的"富国安民"之术,唯一的特例是《形势》篇,《形势》篇道家思想比较浓厚一些。

考校《群书治要》,魏征等人对《管子》典籍的辑录体现了以下突出特点①:一是存大略,舍细节;二是事理并重;三是对军事、经济思想较为冷落。巩曰国从文献校勘的角度对《群书治要》中所见《管子》的异文进行了考证②,指出,《群书治要》中辑录的《管子》文献,出现诸多异文,有的是文字详略不同;有的是用字不同,文意相同;有的是用字不同,文意也不相同。其中有些异文,保存了《管子》古本的原貌,可以作为《管子》文本校勘的重要参考;有些异文,或出于编撰者有意修改,或由于抄录者疏忽致误,不能作为校勘《管子》的依据。

马总编纂的《意林》,杂纂百家之说,概其要意,遂存百家之说、异端之论。早在南朝梁朝时,文人庾仲容即已经选取周秦以来诸家杂记共107家,摘其要语为30卷,名曰《子钞》。马总认为《子钞》去取详略失当,自己在此基础上复加增损,编成《意林》一书。在柳伯存为《意林》作的序言中,提及"扶风为余语其本,尚且日编录所取,先务于经济,次存作者之意,罔失篇目,如面古人"。马总编纂《意林》的目的,一是注重经济思想,一是保存原著者的写作意图。

《意林》辑录《管子》的精要之语,共计二十二则,涉及十七个篇章,分别为《牧民》《权修》《枢言》《法法》《小匡》《霸言》《戒》《水地》《明法》《小问》《七臣七主》《禁藏》《形势解》《明法解》《国蓄》《揆度》《轻重戊》。从辑录内容和方式来看,《意林》在辑录《管子》时,比较重视经济思想,对于一些必要摘录篇幅却较长的段落进行精心删削,还注意辑录一些比较有文采的语句,说理兼带有赏玩性。

---

① 耿振东:《〈管子〉研究史(战国至宋代)》,学苑出版社2011年版,第211~214页。

② 巩曰国、张艳丽:《〈群书治要〉所见〈管子〉异文考》,《管子学刊》2015年第3期,第12~16页。

对于《群书治要》《意林》等典籍对《管子》一书的辑录，学者耿振东的研究①分析说，作为辑录古籍精要之语或典章旧制而成书的著作，《群书治要》《通典》《意林》从内含丰富治道之术的《管子》中吸取了不少内容。《群书治要》接受了《管子》的政治理论，《通典》关切《管子》中丰富的政治、经济与军事思想，《意林》在接受其政治理论的同时辑录了部分经济的内容，但对《管子》的军事思想没有予以重视。这些差别，是由于作者的人生经历不同，造成了他们对《管子》的辑录显示出不同的思想取向。

《初学记》是唐玄宗时由张说、徐坚等人主编的官修类书，是一部供皇子们学习时用的辅导材料。由于这一特殊的编撰目的，该书取材审慎，编撰严谨。该书30卷，分别包括天部、岁时、地理、州郡、帝王、中宫、职官、礼部、乐部、人部、政理、文部、武部、道释、居处、器物、宝器、果木、兽部、鸟部等，每部分先分"叙事"，再"事对"，再是"赋""诗""颂""赞""箴""铭""论""书""祭文"等各体诗文。其最大特色是"叙事"部分将材料按事情本末有机地连贯起来，《四库全书总目》评价说"虽杂取群书，而次第若相连属"，与其他类书仅仅将相关材料无序地排列在一起不同。

《初学记》对先秦典籍《管子》比较重视，全书中有三十余处引自《管子》的记载，或关涉管子的故事等，用来例证典章制度、名物品种、典故俗称。如"岁时"部提及"秋"时，介绍与之相关的两种制度，九法与五政。"九法"来自《周礼》的记载，曰："大司马之职，掌建邦国之九法，以佐王平邦国。""五政"来自《管子》的记载，曰："秋三月以庚辛之日发五政：一政曰禁博塞，圉小辩，斗译誋；二政曰毋见五兵之刃；三政曰慎旅农，趣聚收；四政曰补缺塞坼；五政曰修墙垣，周门闾。"明晰制度或典故的出处和含义，能够让皇子们快速而便捷地掌握知识。而《初学记》对《管子》的征引，能够很好地保存《管子》的相关资料。

除了上述提到的几种典籍，唐代其他几部比较知名的类书，如虞世南的《北堂书钞》，欧阳询的《艺文类聚》，白居易《白氏经史事类》，林宝的《元和姓纂》等，也对《管子》一书中的相关记载进行过摘录和征引，显示出《管子》

① 耿振东：《浅谈〈群书治要〉〈通典〉〈意林〉对〈管子〉的辑录》，《湘南学院学报》2009年第3期，第25～30页。

对唐代社会的巨大影响力。

第二节　唐代国君对管子治国思想的重视

唐代的一些帝王君主对管子思想比较关注，将其作为自身统治国家的借鉴。唐太宗比较重视管子的治国思想，在自己编著的典籍中，或在一些重要场合以及与重要大臣讨论治国问题时，都对管子思想有所阐发。唐太宗曾亲自撰写了一部论述人君之道的政治文献，名曰《帝范》，共包括 3 卷 12 篇章，分别为君体、建亲、求贤、审官、纳谏、去谗、诫盈、崇俭、赏罚、务农、阅武、崇文。全书字数不多，不到 5000 字，但文辞充满哲理性，有力而优美，展现出一代英明国君对人生和国家治理的体悟。唐太宗在把此书赐予子女时再三叮嘱曰："饬躬阐政之道，皆在其中，朕一旦不讳，更无所言。"可见唐太宗对《帝范》的重视。

对于国君来说，要想治理好国家，必须有忠良之臣在旁辅佐："夫国之匡辅，必待忠良。任使得人，天下自治。"在《求贤》篇中，唐太宗明确指出，国君在寻访英才时，不应囿于人才的出身低微或是坎坷经历，而应注重其真才实学，并列举了管子的相关事例来证实自己的观点："明君旁求俊义，博访英贤，搜扬侧陋，不以卑而不用，不以辱而不尊。昔伊尹，有莘之媵臣；吕望，渭滨之贱老。夷吾困于缧绁；韩信弊于逃亡。"如果能够做到这一点，国君治理国家必将兴旺发达，这在历史上也是有许多成功经验的，比如："商汤不以鼎俎为羞，姬文不以屠钓为耻，终能献规景亳，光启殷朝，执旌牧野，会昌周室。齐成一匡之业，实资仲父之谋；汉以六合为家，是赖淮阴之策。"此处，唐太宗看重的是选拔人才的不拘一格。这一点对于国君来说非常重要。

在下发的一些诏令、赐书中，唐太宗对管子这位重要的历史人物有所关注。在谈及国家的人才政策时，唐太宗在《求访贤良限来年二月集泰山诏》中说："朕遐观前载，历选列辟，莫不贵此得人，崇兹多士，犹股肱之佐元首，譬舟楫之济巨川……况乎齐桓中人之才，器非濬哲；汉武嗣业之主，志在骄奢。犹赖管仲、隰朋之相，平津、博陆之辅，既为五霸之长，亦称万代之宗。是知得士则昌，失人则乱。"（《全唐文》卷六）唐太宗认为，在治理国家的过程中,人才的选拔相当重要,得到贤良的辅佐国家会强盛,失去英才的辅佐国家会陷入混乱之中。

在给臣下韦挺的赐书中,唐太宗态度比较真诚,围绕韦挺尽忠尽职的谏言,唐太宗《赐韦挺书》回复说:"所上意见,极是谠言,辞理可观,甚以为慰。昔齐境之难,夷吾有射钩之罪;蒲城之役,勃鞮有斩袪之仇。而小白不以为疑,重耳待之若旧,岂非各吠非主,志在无二,卿之深诚,见于斯矣。若能克全此节,则永保令名,如其怠之,可不惜也。"(《全唐文》卷一〇)尽管韦挺年少时与隐太子李建成关系不错,唐太宗登基后对其仍加以重用,并告诉韦挺说,只要忠心为主,也可在新朝发挥才能。这未尝不是治理国家的一段佳话。

除了《帝范》和诏令,唐代其他一些典籍也记载有唐太宗对管子的看法和思想认知。《贞观政要》是唐代史学家吴兢著的一部政论性史书。全书10卷40篇,分类编辑了唐太宗在位的23年中与魏征、房玄龄、杜如晦等大臣在治政时的问题,尤以讨论君臣关系、君民关系、求谏纳谏、任贤使能、恭俭节用、居安思危为其重点。《贞观政要》旨在歌颂"贞观之治",总结唐太宗时代的政治得失,希望后来的君主引以为借鉴。

在提及君臣关系的处理方法时,《诚信》篇记载,唐太宗注重的是君臣之间要遵守礼节,要相互信任:"君能尽礼,臣得竭忠,必在于内外无私,上下相信。上不信,则无以使下;下不信,则无以事上,信之为道大矣。"并以管子的"害霸论"为依据进行论述:"昔齐桓公问于管仲曰:'吾欲使酒腐于爵,肉腐于俎,得无害霸乎?'管仲曰:'此极非其善者,然亦无害于霸也。'桓公曰:'如何而害霸乎?'管仲曰:'不能知人,害霸也;知而不能任,害霸也;任而不能信,害霸也;既信而又使小人参之,害霸也。'"编者借机感慨说:"管仲,霸者之良佐,犹能慎于信任、远避佞人也如此,况乎为四海之大君,应千龄之上圣,而可使巍巍至德之盛,将有所间乎?"告诫统治者信任忠良之臣,远离奸佞小人,方是治国要领。

贞观十一年(637)时,常有阉宦冒充外使、祸害地方的事件发生,对此唐太宗愤怒异常。魏征借机劝谏唐太宗取消阉竖外派的做法,并上疏详言治国策略。《公平》篇记载,魏征针对这次事件,对唐太宗进行劝谏,指出:"圣帝明王，皆敦德化而薄威刑也。德者，所以循己也，威者，所以治人也。民之生也，犹铄金在炉，方圆薄厚，随溶制耳！是故世之善恶，俗之薄厚，皆在于君。世之主诚能使六合之内、举世之人，感忠厚之情而无浅薄之恶，各奉公正之心，而无奸险之虑，则醇酽之俗，复见于兹矣。”并以《管子》的理论作为总结，“故管子曰：‘圣君任法不任智，任公不任私。’”此语出自《管子·任法》篇，说明以法治国、公平治国的重要性。

《管子》记载的故事在当时也被提起，《纳谏》篇记载，贞观初年，唐太宗与黄门侍郎王珪宴饮，当时有败亡的庐江王李瑗的姬妾在旁侍酒，这位姬妾是庐江王李瑗谋杀其夫掠夺而来，唐太宗认为李瑗“贼杀其夫而纳其室”的做法不妥，王珪则借机以《管子》记载的故事对唐太宗进行劝谏：“臣闻于《管子》曰：齐桓公之郭国，问其父老曰：‘郭何故亡？’父老曰：‘以其善善而恶恶也。’桓公曰：‘若子之言，乃贤君也，何至于亡？’父老曰：‘不然。郭君善善而不能用，恶恶而不能去，所以亡也。’今此妇人尚在左右，臣窃以为圣心是之。陛下若以为非，所谓知恶而不去也。”听到王珪的分析，唐太宗表示赞同，立即将这位姬妾还其亲族了。

《贞观政要》中记载的一些故事，与唐代其他文献的记载多有相同之处。如《魏郑公谏录》一书，唐人王方庆撰写，编录了许多魏征的事迹，尤其侧重于其谏奏及与唐太宗的问对，其中也涉及君臣对管子思想的看法。

如《魏郑公谏录》中记载了唐太宗对魏征的态度，应和了齐桓公与管子的君臣关系。众所周知，魏征初始时辅佐的是太子建成，玄武门事变之后，又成为唐太宗的重臣，经常对唐太宗进行劝谏，君臣合作成就了“贞观之治”的盛事，但魏征的这种身份还是横亘在君臣之间。《太宗移旧阁》篇记载，一次唐太宗因为身体疾病，移换到一处旧阁休养，此事被魏征知道后，误以为国君要大兴土木、劳民伤财建望陵台，因此极力上书劝谏，后来知道是一场误会。事后唐太宗派人对魏征语重心长地说：“卿罪重于千钧，朕任卿使卿，逾于管仲，自近代已来，君臣相得，未似今日。”唐太宗感觉自己对魏征已经相当宽容，虽然魏征出身敌对集团，唐太宗念其才能和忠心，依旧对其加以重任，这可与春秋时期齐桓公任用有一箭之仇的管子相类比。二者和谐相处，唐太宗自认为历史上很难再找到与其相媲美者。在此恩威并重之下，魏征诚惶诚恐，一再表示对唐太宗的忠心和顺从。

在《魏郑公谏录》中，有些对管子的看法和评价虽不是唐太宗本人的观点，而是当朝大臣的说法，但既然是当面与唐太宗讨论，唐太宗不可避免地会受些影响。《谏高昌不失臣礼》篇记载，高昌国因为不守为臣之道，被唐太宗剿灭。唐太宗与大臣提到此事时进行反思，认为国家若要长治久安，国君必须要遵守一些基本原则，如："在上下不骄，进拔忠謇，以自匡正，黜贪残，用忠良，不以小人之言而议君子。"看到唐太宗有如此觉悟，魏征示以赞同，对唐太宗竭力歌功颂德："况陛下功业之盛，以汉高祖方之，彼不足言，唯即位十有五年，圣泽光被；今又平殄高昌，屡以安危系意，方欲纳用忠良，开正言之路，天下幸甚。"接着以历史上的事例作为佐证："昔齐桓公、管仲、鲍叔牙、宁戚并饮，桓公谓叔牙曰：'曷不起为寡人寿？'叔牙奉觞而起曰：'使公无忘出而在于莒也，使管仲无忘束缚在于鲁也，使宁戚无忘饭牛车下也。'桓公避席再拜曰：'寡人与二大夫能不忘夫子之言，则社稷不危矣。'"劝谏国君要居安思危，方能更好地治理国家。

《唐李问对》是兵家著作，据说由著名军事家李靖撰，是唐太宗与李靖讨论军事问题的言论辑录。《唐李问对》内容丰富，多联系唐以前战例及唐太宗、李靖本人的亲身经历，参照历代兵家言论，围绕着夺取主动权、奇正、虚实、主客、攻守、形势等问题进行讨论，阐述军事思想。《唐李问对》作为一部兵学著作，里面展示了唐初的军事谋略，也有唐太宗、李靖君臣对管子军事思想的关注。

《唐李问对》多以唐太宗和李靖君臣问答的形式记述，当然也有唐太宗自己的看法。如唐太宗为管子被后世儒者称为"霸臣"叫屈："儒者多言管仲霸臣而已，殊不知兵法乃本于王制也。诸葛亮王佐之才，自比管、乐；以此知管仲亦王佐也。但周衰时，王不能用，故假齐兴师尔。"闻听此言，李靖表示赞同，回答曰："陛下神圣，知人如此，老臣虽死，无愧昔贤也。"在此基础上，李靖详细介绍了他所认知的管子治理齐国军事的办法及历史影响："臣请言管仲制齐之法：三分齐国，以为三军；五家为轨，故五人为伍；十轨为里，故五十人为小戎；四里为连，故二百人为卒；十连为乡，故二千人为旅；五乡一师，故万人为军。亦犹《司马法》一师五旅，一旅五卒之义焉。其实皆得太公之遗法。”(《唐李问对》卷上)在李靖看来,管子的军事管理方法,是人们熟知的“叁国伍鄙”制度,这种做法,上承姜太公,下达司马穰苴,对齐国的军事发展影响重大。

唐太宗询问历史上哪位军事家的兵法运用最为熟深,李靖回答说,他把兵法分为三个层次,即道、天地、将法,学习兵法的人可循序渐进,逐渐达到标准。三者的区别是:“夫道之说,至微至微,《易》所谓聪明叡智神武而不杀者是也。夫天之说,阴阳;地之说,险易。善用兵者,能以阴夺阳,以险攻易。孟子所谓天时地利者是也。夫将法之说,在乎任人利器,《三略》所谓得士者昌,管仲所谓器必坚利者,是也。”(《唐李问对》卷下)在李靖看来,“将法”即指黄石公《三略》中提到的“得士者昌”,管子所看重的“器必坚利”。

唐太宗指出,黄帝用兵高深莫测,无出其右者。他所疑惑的是,谁可称为黄帝用兵的后继者?李靖的答案是,姜太公是其后的佼佼者,再然后就是管子了:“太公既没,齐人得其遗法。至桓公霸天下,任管仲,复修太公法,谓之节制之师。诸侯毕服。”(《唐李问对》卷上)

上述与唐太宗有关的几则文献,因与魏征、李靖关联密切,在《贞观政要》《魏郑公谏录》《唐李问对》中有相关记载。这在一定程度上表明,在唐初统治者的意识中,管子的事迹可谓耳熟能详,并为治国决策提供了借鉴之资。

唐朝女皇武则天撰的《臣轨》共2卷,分为10篇,即同体、至忠、守道、公正、匡谏、诚信、慎密、廉洁、良将、利人等。“轨”是规矩,是标准,该书以儒家传统道德观念为基础,论述为臣者正心、诚意、爱国、忠君之道,以期永远维持统治者的统治地位。既然提到做臣子应该遵循的规范,管子辅佐齐桓公的例子自然受到武则天的重视。

武则天的《臣轨》通过征引《管子》来验证自己的观点。《守道章》指出,“道”非常重要:“夫道者,覆天载地,高不可际,深不可测。苞裹万物,禀授无形。”它的功用也非常明显:“小而能大,昧而能明,弱而能强,柔而能刚。夫知道者,必达于理;达于理者,必明于权;明于权者,不以物害己。言察于安危,宁于祸福,谨于去就,莫之能害也。以此退居而闲游,江海山林之士服;以此佐时而匡主,忠立名显而身荣。退则巢、许之流,进则伊、望之伦也。故道之所在,圣人尊之。"为了更好地说明这一结论,特引用了《管子》的言论:"《管子》曰:'道者,一人用之不闻有余,天下行之不闻不足。所谓道者,小取焉则小得福,大取焉则大得福。'"此语引自《管子·白心》篇。

就君臣关系而言,对于臣下来说,力行"道"就可以修身养性,忠孝两全:"道在身则言自顺,行自正,事君自忠,事父自孝。"《至忠章》强调忠臣侍奉国君时应尽心尽力:"称才居位,称能受禄。不面誉以求亲,不愉悦以苟合。公家之利,知无不为。上足以尊主安国,下足以丰财阜人。内匡君之过,外扬君之美。不以邪损正,不为私害公。"其中提到举荐人才时,应该"见贤举之如不逮",举的事例即为管子和鲍叔牙的例子:"若鲍叔荐管仲,子皮升子产也。"为人臣子的,应该做到的是:"竭力尽劳而不望其报,程功积事而不求其赏。务有益于国,务有济于人。"在《利人章》中,论述君臣相处之道时说:"夫君臣之道,上下相资,喻涉水之舟航,比翔空之羽翼。"也就是说,君臣关系相处融洽,如同在水里航行的船只,在天空翱翔的羽翼。然后引用《管子》的记载曰:"齐桓公叹曰:'孤之有仲父,若飞鸿之有羽翼也。'"此语引自《管子·霸形》篇,是齐桓公与管子君臣之间谈论如何更好治理国家时说的话。齐桓公把管子比作自己的翅膀,若要展翅高翔,必须加以倚重。

其中也有对管子思想的解读和分析。《利人章》曰:"《管子》曰:'佐国之道,必先富人。人富则易化。'"通观《管子》全书,并没有这句原话。从所含意思方面看,此话与管子"仓廪实则知礼节,衣食足则知荣辱"观点相近,告诫统治者应该注重民生,发展农业。

以上可见,武则天是站在国家统治者的角度对臣下提出系列规范和要求的,对《管子》的治国思想注重借鉴和引用。武则天的《臣轨》与唐太宗的《帝范》在后世一直并行,虽然二者皆出自唐代两位皇帝笔下,但一个是约束臣子,一个是规范皇帝,其中所反映的气度与胸襟是绝不相同的。从思想性方面来看,《帝范》要远胜《臣轨》一筹。

除了唐太宗、武则天,唐代其他国君也对管子加以关注,从各个方面给予较高的评价。唐玄宗在《令州县举智勇诏》中征召人才的时候说:"武有七德,所以安人禁暴;臣称三杰,所以战胜攻取。蜀乃一方之主,尚得孔明;齐为九合之君,斯繇管仲。况宇宙至广,人物至多,岂乏英贤,无闻韬略。盖用与不用,知与不知。"(《全唐文》卷二八)唐玄宗认为,管子辅佐国君取得"九合"之功,说明人才的作用能否发挥出来,关键在于君主能否重用人才。唐宪宗《授皇甫镈户部侍郎同平章事制》中曰:"山甫彰勤恪之效,志在奉公;夷吾识轻重之权,诚宜佐国。"(《全唐文》卷五八)借管子的经济政策表彰皇甫镈发展经济取得的功绩。唐文宗在《授杨嗣复李珏平章事制》中也对管子取得的功勋赞不绝口:"孔明相鼎峙之国,尚闻鱼水之词;夷吾辅霸业之君,犹致鸿翼之喻。"(《全唐文》卷七〇)

第三节　赵蕤《长短经》对管子思想的承袭

唐代文人赵蕤所著的《长短经》,又称《反经》,是一本实用性韬略奇书。全书共9卷64篇,内容上起尧舜,下讫隋唐,以唐以前的历史为论证素材,集诸子百家学说于一体,融合儒、道、兵、法、阴阳、农等诸家思想,所讲内容涉及政治、外交、军事等各个领域,自成一家,是一部逻辑体系严密、涵盖文韬武略的谋略全书,为历代有政绩的帝王将相所共悉。该书围绕权谋政治和知人善任这两大重心,探讨经邦济世的长短纵横之术,品评前哲先贤的智勇奇谋,引经据典,雄辩滔滔。

既然探讨历史谋略和经邦济世之术,管子的思想自然是绕不开的。在《长短经》中,共有十余处对管子事迹和言论思想的评价。如《君德》篇中,著者讨论历史事件,提到后齐文宣帝"狂悖之迹,桀纣之所不为",但国家的治理却"国富人丰,不至于乱亡",其中的缘由,在于国君能够重用贤能之才,反之来说,仅靠国君一人之力,是治理不好整个国家的:"拨乱之主,当先以收相获将为本,一身善战,不足恃也。"并以管子作为例子进行论证:"昔齐桓奢淫亡礼,人伦所弃,假六翮于仲父,遂伯诸侯。"齐桓公虽有诸多缺失,但任用了管仲,最终还是取得首霸诸侯的功绩。管子是齐桓公治国功绩的重要保障。

赵蕤认为,治理国家的君主,必须具备一定的道德品质,其中如何对待"私心"是重要的衡量标准,要求做到的是"大私",并以《管子》和其他典籍的记载为论证依据。《大私》篇曰:"《管子》曰:知与之为取,政之宝也。《周书》曰:将欲取之,必故与之。”历史上的商汤王、周文王都是这方面的典型代表。赵蕤总结说:“先王非无私也。所私者与人不同,此知大私者也。由是言之,夫唯不私,故能成其私;不利而利之,乃利之大者矣。”先王并不是没有私心,只是他所谋私的对象同常人不同,这是懂得大私的道理。由此说来,正是不谋私利,反而能成就自己的私利;通过不为自己谋利益的方法而为自己谋利益,才是最大的利益。这也是管子所强调的国君为政的法宝,即懂得给予就等于获取的道理。

《任长》篇阐述人才的任用和考核,这在每个朝代都是非常重要的事情。在任用人才的时候,主要是发挥人才的长处而规避其短处,这点管子有清晰的认识。管子在向齐桓公点评朝内大臣时分析说:“升降揖让,进退闲习,臣不如隰朋,请立以为大行;辟土聚粟,尽地之利,臣不如宁戚,请立以为司田;平原广牧,车不结辙,士不旋踵,鼓之而三军之士视死如归,臣不如王子城父,请立以为大司马;决狱折中,不杀不辜,不诬不罪,臣不如宾胥无,请立以为大理;犯君颜色,进谏必忠,不避死亡,不挠富贵,臣不如东郭牙,请立以为大谏。君若欲治国强兵,则五子者存焉。若欲霸王,则夷吾在此。”只有清楚各位臣子的优势和所长,授予其合适的职权,国家的完善才能指日可待。作者总结说:“故任长之道,不可不察。”

在治理国家的谋略方面,赵蕤非常重视《管子》记载的治国之道。《政体》篇指出,帝王不应让百姓供养他,而应教化百姓,更好地引导百姓。统治者引导、治理百姓,管子的理论比较具有代表性。所以,《政体》篇几乎全篇引用《管子·牧民》的记载:“《管子》曰:措国于不倾之地,有德也;积于不涸之仓,务五谷也;藏于不竭之府,养桑麻、育六畜也;下令于流水之原,以顺人心也;使士于不诤之官,使人各为其所长也;明必死之路,严刑罚也;开必得之门,信庆赏也;不为不可成,量人力也;不求不可得,不强人以其所恶也;不处不可久,不偷取一世宜也;知时者,可立以为长;审于时,察于用,而能备官者,可奉以为君。”上述《管子》提及的 12 个方面,散见于《管子·牧民》,虽不是其原文,但涵盖了主要意思。赵蕤对此做了详细的论述,以证明国君教化百姓的重要性和可行性。

《政体》篇中,赵蕤主要阐述了国君应该做的事情,而在《理乱》篇中,赵蕤则提出国君应预防治国的一些不良倾向："探其四乱，核其四危，则理乱可知矣。"所谓"四乱""四危"，皆来自管子的治国理念。赵蕤提出："何谓四乱？《管子》曰：内有疑妻之妾，此家乱也；庶有疑嫡之子，此宗乱也；朝有疑相之臣，此国乱也；任官无能，此众乱也。"这一理论出自《管子·君臣下》篇，原文为："国之所以乱者四，其所以亡者二。内有疑妻之妾，此宫乱也；庶有疑嫡之子，此家乱也；朝有疑相之臣，此国乱也；任官无能，此众乱也。四者无别，主失其体。"而对于"四危"，赵蕤提出："何谓四危？又曰：卿相不得众，国之危也；大臣不和同，国之危也；兵主不足畏，国之危也；民不怀其产，国之危也。此治乱之形也。"此处"又曰"指的是《管子》书中又记载"曰"。这一理论出自《管子·立政》篇，原文与此相同。在《管子》理论体系中，这是"四固"的内容。

在《臣行》篇中，赵蕤提出了对臣子的系列要求，比如臣下要有预见性，臣子要勇于对国君进行劝谏，等等，并对臣子进行分类，贤良大臣为六类，分别是圣臣、大臣、忠臣、智臣、贞臣、直臣，称为"六正"；奸佞大臣分为六类，分别为具臣、谀臣、奸臣、谗臣、贼臣、亡国之臣，称为"六邪"。然后再结合历史上具体的事例，对臣下的行为进行点评。例如在谈到三国时的靳允时，人们说他不救亲娘而守城池，这样做可以称得上是"忠臣"吗？赵蕤引用东晋史学家徐众的说法曰："靳允于曹公，未成君臣。母，至亲也，于义应去。"徐众还以管子评公子开方的定论为例证："卫公子开方仕齐，十年不归，管仲以为不怀其亲，安能爱君，不可以为相。是以求忠臣必于孝子之门。"在这种评价体系中，靳允的做法不能称为"忠"。再则，是对商鞅的评价。《臣行》篇中记载，有人问曰："商鞅起徒步，干孝公，挟三术之略，吞六国之纵，使秦业帝，可为霸者之佐乎？"商鞅这种人可以称之为辅佐称霸的人才吗？赵蕤依旧引用以往典籍的记载进行分析，指出商鞅对内注重农耕战备之事，对外奖赏战功，使得秦国强盛起来，但商鞅做事缺少诚信，各诸侯国慑于秦国的军事强大而不真心与之亲近。相比较而言，齐桓公在管子的辅佐下就获得了各诸侯国的信任而称霸天下："夫霸君若齐桓、晋文者，桓不倍柯之盟，文不负原之期，而诸侯信之。此管仲、咎犯之谋也。"另一方面，商鞅自以为通晓王霸之德，而考察他的所作所为，其实并非如此："卫鞅内刻刀锯之刑，外深斧钺之诛，身死车裂，其去霸者之佐亦远矣！”在德行方面，商鞅对内实行严刑苛法，对外加紧吞并攻战，根本没从百姓的需求推行善政，最后竟落得车裂身亡的可悲下场，可见他距离霸主“良佐”这种称号还相差甚远。而管子的做法则让人信服：“管仲夺伯氏骈邑三百户，无怨言。”对于商鞅这种臣子，可以有引导性、选择性地加以任用，使他推行宽容平和的法规，再注意施行恩德，发扬信义。这样，大概就可称为霸王的“良佐”了。商鞅与管子相较而论，缺少德行，故而稍逊一些。

赵蕤也关注到世人对管子“器小”的评价，并提出自己的看法。在《量过》篇中，赵蕤先综述了司马迁和孔子对管子的评价：“太史公云，昔管仲相齐，九合诸侯，一匡天下。然孔子小之，曰：管仲之器小哉！岂不以周道衰，桓公既贤而不勉之至王，乃称霸哉？”对于这两人的评价，赵蕤引用了孔子“各为其党”的观点，“孔子曰：人之过也，各于其党。观过，斯知仁矣”。也就是说，孔子认为，人所犯的错误，往往因各自地位和集团的不同而有差异。观察其所犯的错误，就可以知道仁或不仁了。继而赵蕤又列举虞卿称赞楚国的事例，两相对比，说：“由是观之，夫管仲九合诸侯，一匡天下，而孔子小之；楚人不能伐燕，虞卿反以为强大，天下无敌。非诡议也，各从其党言之耳。不可不察。”也就是说，管子多次会盟天下诸侯，匡扶安定天下，而孔子仍然小看他；楚国不能攻打燕国，而虞卿反而认为楚国强大，天下无敌。这些都不是诡辩之说，而是从各自不同的地位和所处的形势来谈论而已，应该予以区别对待。

作为一部对历代谋略进行探讨的典籍，赵蕤在《长短经》中也引用了历史上其他人物对管子事迹和做法的评价。《诡顺》篇中列举了两个事例，一是晋文公与寺人披，一是曹操与陈琳。寺人披建议晋文公向齐桓公学习，“齐桓公置射钩而使管仲相”，放弃前嫌，终成大业。而三国时期的陈琳，当时在袁绍手下任职，后归顺曹操。曹操当面质问陈琳说，从前你为袁绍起草文书，历数我本人的罪状也就够了，为什么上溯到我的祖父呢？陈琳急忙谢罪，说是“唯欲效计其主，取福一时”。并举例说：“楚汉未分，蒯通进策于韩信；乾时之战，管仲肆力于子纠。”楚汉相争胜负未分的时候，蒯通向齐王韩信进献同汉王、项王三分天下的策略；乾时之战，管仲为齐桓公的政敌公子纠竭尽了全力。他们唯一的目的就是为自己的君主效力。春秋时期的寺人披与三国时的陈琳,能够辩证地看待管子的做法,这符合史学家范晔所说的“守义于故主矣,斯可以事新主矣;耻以其众受宠,斯可以受大宠矣”。(《后汉书·鲍永传》)这也符合赵蕤所谓的“君子”风范:“诚能释利以循道,居方以从义,君子之概也。”可见,在管子不死公子纠这件事情上,赵蕤持肯定的态度。

另外,赵蕤还注意到历代典籍记载中一种有趣的现象,即前人的经验或教训有时是互相矛盾的。故专撰《是非》篇章,来加以分析。赵蕤指出:“夫损益殊途,质文异政。或尚权以经纬,或敦道以镇俗。是故前志垂教,今皆可以理违。”也就是说,“损”和“益”是两种不同的方法,“质”和“文”也是两种不同的施政方法。有的人崇尚以权治国,有的人主张用道来教化世俗。因此,凡前人的教导或经验,现今都可以找出正好相反的根据予以反驳。

为了证明这一论点,赵蕤列举了非常丰富的例子,这其中包括管子的一些观点和看法。比如,管子曰:“疑今者,察之古;不知来者,视之往。”此语出自《管子·形势》篇,意思是说,对今天的事情不明白、有疑问的,可以去考察古代;不知道将来会走向何处,看看过去是怎么发展的便知道了。可见,管子认为,掌握事情发展的规律,就可以预测未来或解惑当今。赵蕤指出,与这种含义相反的说法,典籍中也有记载:“《吕氏春秋》曰:‘夫人以食死者,欲禁天下之食,悖矣;有以乘舟死者,欲禁天下之船,悖矣;有以用兵丧其国者,欲偃天下之兵,悖矣。’”《吕氏春秋》的作者认为,接触到一种不好的社会现象,就妄图把一切正常的做法扼杀在摇篮里,这是非常荒谬的做法和念头。

在谈到为人处世的原则时,孔子提出一条规范:“恶讦恶以为直。”也就是说,孔子憎恶那些以攻击他人来标榜自己正直的人。与之相反,管子曰:“恶隐恶以为仁者。”而管子却说,憎恶那些以掩护他人的恶迹为仁爱之举的人。持相类似观点的还有三国时的文人曹羲,他在《至公论》中说:“夫世人所谓掩恶扬善者,君子之大义;保明同好者,朋友之至交。斯言之作,盖闾阎之臼谈。”世人认为隐恶扬善,是君子应有的大义之举;保护与自己志同道合、关系友善的人,是友情敦厚的表现。这些言论,纯属于街头巷尾的浅薄之谈。

至于管子影响后世深远的至理名言“仓廪实，知礼节；衣食足，知荣辱”，也有古语与之相悖：“古语曰：‘贵不与骄期而骄自至，富不与侈期而侈自来。’”此句原出自《尚书·周官》，为“位不期骄，禄不期侈”，孔安国传曰：“贵不与骄期而骄自至，富不与侈期而侈自来，骄侈以行己，所以速亡。”对于物质享用与精神追求的关系，管子认为，粮仓充实了，人们才可能去讲究礼节；丰衣足食后，人们才可能有荣辱之感。而古语却说，尊贵和骄傲虽然没有预先约定，但人一旦尊贵后，骄傲的情绪便会油然而生；富有与奢侈虽然没有预先约定，但人一旦富有了，奢侈的行为就会自然产生。这两种观点也互相矛盾。

谈及贤能之才的社会影响力，晋代文人孔衍在《春秋后语》中描述了这样的历史事件：楚国的春申君想奉军事家孙武为宰，有食客进行劝阻，对春申君说，商汤王、周武王初始时只有不过百里的国土，因贤能而拥有天下。孙武也是贤能的人，若春申君您封他百里的俸禄，您的地位恐怕会危险了。为了维护自身的地位，春申君听从劝谏，辞谢了孙武。孙武来到赵国，受到重用。又有食客对春申君说，贤能的人才对国家治理天下很有益处，并以管子在齐、鲁两国不同境遇为例来说明：“昔伊尹去夏入殷，殷王而夏亡；管仲去鲁入齐，鲁弱而齐强。夫贤者之所在，其君未尝不尊，其国未尝不荣也。”食客责问春申君为何辞谢孙武，后来春申君又让人请回孙武为己所用。同一人才，在不同的人看来，对统治者的统治影响是不一样的，有人认为会威胁统治者现有的统治，有人则认为可辅助更好地治理国家。

荐举人才是各级官吏的职责之一，若荐举成功，官吏会因此而英名流传。《史记》记载了鲍叔牙推荐管子为相的史实，赞颂曰：“鲍叔举管仲，天下不多管仲之贤，而多鲍叔之能知人也。”鲍叔牙向齐桓公举荐管子，天下的人不称赞管子的贤才，而称赞鲍叔牙，因为他善于发现人才。而汉代的大臣苏建经常责备大将军卫青，埋怨他过于自尊，致使天下的贤士大夫都不称颂他。苏建希望卫青能够效仿善于招选贤才的古今名将，亲近招揽人才。卫青直言谢绝了，说：“自魏其、武安之厚宾客，天子尝切齿。彼亲附士大夫，招贤黜不肖者，人主之柄也；人臣奉法遵职而已，何与招士？”卫青指出，招揽贤才，贬黜不肖，是君王才有资格做的事情，做臣子的只需遵奉法规，忠于职守。魏其侯、武安侯厚待宾客，招延贤才，使士大夫亲附于己，天子对这些做法怀有切齿之怒。

在《是非》篇中，赵蕤列举了历史上比较知名的矛盾或对立的观点看法。涉及管子思想的，大多与治理国家、选拔人才有关。史学家们对于这些论题各抒己见，众说纷纭，至于何去何从，还需阅读此书的后世统治者或士大夫拨清迷雾，选择适合自身需求的做法去做，去践行。

第四节　唐人论作对管子思想的关注

在唐代文人的作品中，管子本人或其治理理念是一个值得研究和讨论的主题。如元结的《管仲论》，柳宗元的《四维论》，李德裕的《管仲害霸论》，李翰的《三名臣论》，徐夤的《管仲弃酒赋》等，都是这方面的代表作。

管仲论

元结

自兵兴已来，今三年。论者多云，得如管仲者一人，以辅人主，当见天下太平矣。元子异之曰：呜呼！何是言之误邪？彼管仲者人耳，止可与议私家畜养之计，止可以修乡里畎浍之事，如此仲可当焉。至如相诸侯，材量已似不足。致齐及霸，材量极矣。使仲见帝王之道，识兴国之记，则天子之国不衰，诸侯之国不盛。如曰不然，请有所说。

仲之相齐，及齐强富，则合请其君，恢复王室，节正诸侯。君若惑之，则引祸福以喻之。君既听矣，然后约诸侯曰：今王室将卑，诸侯更强，文王风化，残削向尽，武王疆域，割夺无几。礼乐不知其田，征伐何因而出？我是故谨疆域，勉日夜，望振兵威，可临列国，得与诸侯会盟。一旦能新复天子之正朔，更定天子之封畿，上奉天子复先王之风化，下令诸侯复先公之制度，以为何如？若皆不从，我则以兵临于鲁，鲁不敢不从。鲁从，则与鲁西临宋、郑；宋、郑从，则与三国北临燕、卫；燕、卫从，则与诸国西临秦、晋；秦、晋从，则与七国以尺简约吴、楚；吴、楚从，则天下无不从之国，然后定约。若有果不从者，则约从者曰：吾属以礼乐尊天子，以法度正诸侯，使小国不常患弱，大国不敢怙强，此诚长世之策。若天子国亡，则诸侯交争，兵戈相临，谁为强者？则安得世世礼让相服、宗庙血食？我是故力劝诸侯尊天子。今某国犹豫，宜往问之。若不从约，则与诸侯率兵伐之，分其疆土，迁其子孙，留百里之地奉其宗社。下为诸侯广子孙之业，上为天子除不顺之臣，何如？如此，则诸侯谁敢不从？然后定天子封畿。诸侯疆域、舆服器玩、礼乐法度、征赋贡输，自齐、鲁节正。节正既定，乃共盟曰：有贰约者，当请命天子，废其骄凶，以立恭顺；废其荒惑，以立明哲。敢不听者，伐而分之，如初约制定。于是诸侯先各造邸于天子之都，诸侯乃相率朝觐，已而从天子齐戒拜宗庙。礼毕，天子誓曰："於戏！王室之卑久矣。予不敢望皇天后土之所覆载，将旦暮皂隶于诸侯。不可，则愿全肌骨下见先王。今诸侯不忘先王之大德，不忘先公之忠烈，共力正王室，俾予主先王宗祀。予若昏荒淫虐，不纳谏诤，失先王法度，上不能奉宗祀，下不能安人民，尔诸侯当理尔军卒，修尔矛戟，约尔列国，罪予凶恶，嗣立明辟。予若能日勉孱弱，力遵先王法度，上奉宗祀，下安人民，尔诸侯当保尔疆域，安尔人民，修尔贡赋，共予郊祀。予有此誓，岂云及予？将及来世。予敢以此誓誓于宗庙，予敢以此誓誓于天地。"诸侯闻天子之誓，相率盟曰："天子有誓，俾我诸侯世世得力扶王室，使先王先公，德业永长。诸侯其各铭天子之誓，传之后嗣。我诸侯重自约曰：诸侯有昏惑，当如前盟。若天子昏惑不嗣，虐乱天下，诸侯当力共规讽谏诤。如甚不可，则我诸侯共率礼兵及王之畿，复谏诤如初。又甚不可，进礼兵及王之郊。终不可，进礼兵及王之宫。兵及王之宫矣，当以宗庙之忧咨之，当以人民之怨咨之，当以天子昔誓咨之，当以诸侯昔盟咨之，以不敢欺先王先公告之，以不敢欺皇天后土告之。"

然后如天子昔誓，如诸侯昔盟。使管仲能如此，则周之天子，未为奴矣；诸侯之国，则未亡矣；秦于天下，未至是矣。如曰：仲才及也，君不从也，仲智及也，时不可也，则仲曾是谋也乎？君不从之也欤？仲曾是为也乎？时之不可也欤，况今日之兵，不可以礼义节制，不可以盟誓禁

止。如仲之辈，欲何为矣？（《全唐文》卷三八二）

安史之乱爆发后，世人将当时唐王室比作春秋时的周王朝，认为："得如管仲者一人，以辅人主，当见天下太平矣。"士人元结不同意这种说法，他认为："彼管仲者人耳，止可与议私家畜养之计，止可以修乡里畎浍之事，如此仲可当焉。至如相诸侯，材量已似不足。致齐及霸，材量极矣。"春秋时期，对于周王室管子应该做到："仲之相齐，及齐强富，则合请其君，恢复王室，节正诸侯。"如果管子能做到这些的话，"则周之天子，未为奴矣；诸侯之国，则未亡矣；秦于天下，未至是矣"。但是唐时社会环境发生了很大的变化，"况今日之兵，不可以礼义节制，不可以盟誓禁止。如仲之辈，欲何为矣？"即便真有管子这样的人才生活在唐代，由于社会环境发生重大变化，礼仪、盟誓的作用已不复存在，也不能很好地解决叛兵问题。元结曾参与抗击史思明叛军的战争，保全十五城，立有战功。他对于管子的这种评价，应是从当时社会背景和亲身的战争经历得出的结论。

辛文、陈建林、邹云龙撰文①认为，在《管仲论》中，元结肯定了管仲相齐完成霸业安抚天下的才能，但认为他并未能够统一天下。元结结合安史之乱后唐王朝的现状，说明安史之乱叛变的性质极其恶劣，不能用礼义和盟约进行约束，即使管仲在世，也是无可奈何的。熊礼汇的研究②也分析了元结的《管仲论》，指出，写作此文表面上似在评论历史人物，回答的问题却有极强的现实针对性。《管仲论》的结构很简单，先说世间流行的一种观点，即认为安史之乱后若出现管仲那样的人才，可使天下太平。然后否定这种说法，指出管仲并未"见帝王之道"、"识兴国之礼"，才使得天子之国衰、诸侯之国弱。再分析为何对管仲如此评价，应当如何而为，引出了作者处理时政的意见。

在《管仲论》中，元结重点阐述的是两个问题，一是管子应当如何辅佐齐王，暗示安史之乱后各路军将和地方政要都应为恢复中央政府的权威性努

---

① 辛文、陈建林、邹云龙：《读元结〈管仲论〉》，《管子哲学经济思想与当代经济问题——安徽省管子研究会 2012 年年会暨全国第七届管子学术研讨会交流论文集》，第 277 ~ 279 页。

② 熊礼汇：《由"猗玗子"到"漫叟"——浅论元结在武昌（今鄂州）的诗文创作》，《鄂州大学学报》2008 年第 3 期，第 28 ~ 29 页。

力,这实际上是为朝廷应对政权不稳、分裂割据难以掌控的局面所出的对策;二是君王如何为君的议论。这一议论借古讽今,表达对玄宗失国的贬谴,要求君主严格自我约束,好自为之。元结《管仲论》中既论为臣之道,又论为君之道,说明元结忧念时事,十分关心国家政治前途,对安史乱起的原因和当下的紧迫问题进行过深入思考,认为只有诸侯尊君拥政,君主惕厉自制,才能巩固中央政权。而后者,必须得一政治眼光、才能、智慧远过管子者来辅佐,方能成功,具体来说就是借论管子而言时政。

四维论

柳宗元

《管子》以礼义廉耻为四维,吾疑非管子之言也。彼所谓廉者,曰不蔽恶也;世人之命廉者,曰不苟得也。所谓耻者,曰不从枉也;世人之命耻者,曰羞为非也。然则二者果义欤?非欤?吾见其有二维,未见其所以为四也。夫不蔽恶者,岂不以蔽恶为不义而去之乎?夫不苟得者,岂不以苟得为不义而不为乎?虽不从枉与羞为非皆然,然则廉与耻,义之小节也,不得与义抗而为维。圣人之所以立天下,曰仁义。仁主恩,义主断,恩者亲之,断者宜之,而理道毕矣。蹈之斯为道,得之斯为德,履之斯为礼,诚之斯为信,皆由其所之而异名。今管氏所以为维者,殆非圣人之所立乎。又曰:"一维绝则倾,二维绝则危,三维绝则覆,四维绝则灭。"若义之绝,则廉与耻其果存乎?廉与耻存,则义果绝乎?人既蔽恶矣,苟得矣,从枉矣。为非而无羞矣,则义果存乎?使管子庸人也,则为此言;管子而少知理道,则四维者非管子之言也。(《全唐文》卷五八二)

受疑经思潮的影响,古文运动的代表柳宗元在《四维论》中阐述了他对《管子》四维提法的质疑。耿振东对此进行分析①说,《管子》把礼、义、廉、耻视为国之四维,提出"四维不张,国乃灭亡"治国思想。历代学者对其持肯定态度,但柳宗元却是例外。他以《管子》释义四维有误、"廉与耻,义之小

① 耿振东:《柳宗元对〈管子〉四维论的解读》,《管子学刊》2011年第3期,第18~21页。

节”、“不得与义抗而为维”为由，论证四维论的提法不确切，进而得出“四维者非管子之言”的结论。实际上，这是一种教条主义的学究式裁断。

在《四维论》中，柳宗元对历来被视为圣贤的管子毫不客气：“《管子》以礼义廉耻为四维，吾疑非管子之言也。”柳宗元批评《管子》把礼、义、廉、耻相提并论作为四维，而不分主次：“廉与耻，义之小节也，不得与义抗而为维。”仁、义是国家的纲维，别的不能称得上纲维。“圣人之所以立天下，曰仁义。仁主恩，义主断，恩者亲之，断者宜之，而理道毕矣。”主导恩德、主导断事的仁义是最根本的，其他道理都包含在仁义之中；只要做到仁义，其他各项要求就容易做到。柳宗元断言：“使管子庸人也，则为此言；管子而少知理道，则四维者非管子之言也。”管子若是个庸人，才会说出这番谬论；要是他稍微懂得治国之道，就不会有“四维”之说。

这篇议论性散文，代表了柳宗元文章的冷峻风格。① 柳宗元在政治上可谓是个失败者，却又是个勇猛的斗士。他愤世嫉俗，不为世屈，无论处境如何，总是大胆地表达自己的政治主张和哲学观点，无情地批判现实的丑恶。他的许多文章写得尖锐深刻，气势凌厉，有一股凛然冷峭之气。柳宗元在《四维论》中批判《管子》“以礼义廉耻为四维”之说，认为《管子》所说的廉，是不掩盖丑恶，而世人对廉的解释是不用不正当的手段去获取。《管子》所说的耻，是不做正当的事，而世人对耻的解释是知道羞耻而不去干不正当的事。柳宗元认为，无论是《管子》对廉、耻的解释，还是世人对廉、耻的理解，廉、耻都属于义的范围，是义的小节，不能把它们同义相提并论而视为维。他认为只有二维，那就是仁、义。“仁主恩，义主断”，恩就是爱人，断就是处理得当。圣贤提倡的道、德、礼、信都包含在仁、义当中。如果没有了义，廉、耻也就不会存在，因此“一维绝则倾，二维绝则危，三维绝则覆，四维绝则灭”不能成立。

管仲害霸论

李德裕

昔管仲对桓公曰：“宫中之乐无所禁御，不害霸也；举贤而不能任，

---

① 梁鉴江：《论柳宗元散文特色》，《走进高雅：梁鉴江文萃》，广东人民出版2005年版，第23~25页。

此害霸也。”余窃窥敬仲此对,是欲一齐国之政,满桓公之志。然则非专任亦不能致霸,故一则仲父,二则仲父,桓公所以能九合诸侯,为五霸之首。中代蜀主之任孔明,苻坚之用景略,虽关羽不能移,樊世不能惑,蜀与秦皆君安国理,非专任之效欤?桓公得敬仲则兴隆霸业,汉元信石显而反秽明德,信任同而理乱异者何也?所任用非其人也。近世有以宫中之乐饵其君者,而苞苴日行,纪纲日坏,朋党益炽,谗言益昌,得非窃管仲之术,违管仲之道?庄周称:“所谓至智也者,有不为大盗积者乎?”又曰:“跖不得圣人之道不行。”岂斯之谓也。(《全唐文》卷七〇九)

管仲的“害霸论”是其治国的重要理念,主要涉及人才的任用问题。《说苑·尊贤》记载:桓公问于管仲曰:“吾欲使爵腐于酒,肉腐于俎,得无害于霸乎?”管仲对曰:“此极非其贵者耳,然亦无害于霸也。”桓公曰:“何如而害霸?”管仲对曰:“不知贤,害霸;知而不用,害霸;用而不任,害霸;任而不信,害霸;信而复使小人参之,害霸。”桓公曰:“善。”在《管仲害霸论》中,李德裕承认管子任用、信任人才的理念,随即又指出,“专任”人才也是能够很好治理国家的条件。以管子为例,齐桓公专任管子,“一则仲父,二则仲父”,最终称霸诸侯。刘备专任诸葛亮,苻坚专任景略,都是这方面的典型例子。①

当然,也有失败的事例。西汉汉元帝相信且专任宦官石显等人,将朝政全部委托他处理,事无大小,都由他汇报决断。于是石显威权日盛,贵幸倾朝,公卿以下无不畏惧他。宦官石显的专权,实际上是汉元帝纵容的结果。在帝制时代,大权旁落乃为君之大忌,汉元帝时皇权式微,朝政混乱不堪,西汉王朝由此走向衰落。故而李德裕认为,统治者应该认清楚臣下的真才实学再委以重任。

再反观李德裕所生活的唐代末期,奸佞之臣以世俗享乐引诱国君不理朝政,败坏纲纪。这些在朝中颇有影响力的人实在是“窃管仲之术,违管仲之道”,他们学管子获取国君的信任,实际上却大大偏离管子治国强国的目

① 李文才:《李德裕政治思想研究》,《首都师范大学学报(社会科学版)》2010 年第 1 期,第 25 页。

标与理想，对齐桓公重用管子的专任人才理念反其道而用之，着实令人痛惜。

三名臣论

李翰

或问于翰曰："昔诸葛亮拥膝南阳，为《梁甫吟》，自比管仲、乐毅，州平、元直以为信然。虽涯量罕窥，而遗迹可见。夫此三名臣者，亦有优劣乎？愿闻其说。"翰辞不敢对。至于再三，问者固请，不得已而应之曰："岂易言乎！岂易言乎！夫目小者不足以论大，体近者不足以量远，奈何泛议大贤？然执律管者可以候四时之征，测日晷者可以知千里之度。察微观著，由虚考实，傥容寄言象于斯矣。如仆所揣，则管不逮乐，孔明其伯仲之间欤。"

问者曰："何为其然也？昔管仲相桓公，九合诸侯，一匡天下，兴齐定霸，尊周勤王，功其懋哉，仁亦至矣！孔明收荆州散败之余，建策通吴，合从破魏，奉先主西入剑门，下车而三分天下。翊戴后嗣，缵修旧勋，刑政孚于偏方，威德振于中夏，虽短祚中否，而王业殆成。乐生一为燕将，才胜齐师，挫衄于二城之间，狼狈于两国之际，军不振旅，身卒奔亡。子独推而崇之，冠于二贤之首。诚所未喻，其有说耶？"

翰应之曰："子之所问者末欤！语功则信然，语才则不尔。夫才生于代，功与运成，固有才优而功微，运合而才劣。先当格以道德，合于终始，审其邪正，观其去就，然后事可明也。夷吾当既乱之时，辅有过之主，功济诸夏，泽被生人，信为美矣。然邀功事雠，务入之情速矣；肆奢越礼，盈量之意见焉。故仲尼虽称其仁，终小其器，止于霸者之佐，殆非王臣之良。孔明从容，三顾后起。筹画必当，缔构必成，事屯而业亨，主暗而国治，兵弱而强邻畏服，功大而本朝不疑，斯亦难矣。然窥其军令，迹其用法，必俟中原克复，然后厚赏宽刑。玄德常称马谡言过其实，不可大用，卒致丧败。斯所谓济于事而未全于道，得诸己而未审于人。乐生一战举齐，二城未下，待之以德，收之以礼，舍权变于攻取之际，行王道于军旅之间，事虽不成，业亦宏矣。向使昭王不死，惠王不疑，则其功未可量也。夏侯太初论之详矣。及其逃燕之责,亡而奔赵。赵王问以图燕之策,乐生流涕而对曰:'臣昔之事燕昭王,犹今日之事大王也。千秋万岁之后,尚不敢侵其仆隶,而况谋子孙乎!'因弃禄宵遁。善夫长者之言!可谓怀禄不屑其荣,周身不违于道。比诸二子,不亦优乎?主恩非臣下之所图,天命岂生人之所制,安可以功业之成败,断才能之长短耶?"

"且夫运有通塞,命有修短,盖天意也,岂人事乎?昔韩信将伐魏,问得不以周叔为将乎?闻不用,乃大喜。向使魏人用之,则汉师不敢济河矣。然则周叔之才,亦韩信流亚也,终湮灭而无闻焉。古之大才而功不著者,亦何可胜道哉?翰长兄御史君,体纯至之德,负经远之才,常感愤于周韩之间,啸咏于管乐之际。守之以忠信,文之以礼乐,蕴弼谐之大略,以康济为己任。进逢国难,谋猷不行,退有家艰,哀毁过礼。官才元士,命止中年,位不登于庙堂,名不书于史册。斯才也,斯运也?谁见三分九合之优劣,辞燕对赵之去就哉?由此观之,断可知矣。"问者叹息而退。(《全唐文》卷四三一)

在世人的追问下,文人李翰对管子、乐毅和诸葛亮三人进行优劣的评价,认为:"管不逮乐,孔明其伯仲之间欤。"管子不如乐毅,这和当时大部分人的看法不一致,人们普遍认为:"昔管仲相桓公,九合诸侯,一匡天下,兴齐定霸,尊周勤王,功其懋哉,仁亦至矣!孔明收荆州散败之余,建策通吴,合从破魏,奉先主西入剑门,下车而三分天下。翊戴后嗣,缵修旧勋,刑政孚于偏方,威德振于中夏,虽短祚中否,而王业殆成。乐生一为燕将,才胜齐师,挫衄于二城之间,狼狈于两国之际,军不振旅,身卒奔亡。"乐毅的功劳应该在管子、诸葛亮之后,李翰却把乐毅放在最著处。

究其原因,李翰在评价历史人物时以"道德"为首要评价标准,并把"功"和"才"分开来看待,进行综合评价:"夫才生于代,功与运成,固有才优而功微,运合而才劣。先当格以道德,合于终始,审其邪正,观其去就,然后事可明也。"若以管子为例:"夷吾当既乱之时,辅有过之主,功济诸夏,泽被生人,信为美矣。然邀功事雠,务入之情速矣;肆奢越礼,盈量之意见焉。故仲尼虽称其仁,终小其器,止于霸者之佐,殆非王臣之良。”管子邀功自傲,生活奢侈,僭越礼仪,品德方面大不如诸葛亮,更不如乐毅。

管仲弃酒赋

徐夤

酒不可嗜,嗜之者必致危颠;酒可以诫,诫之者其惟智贤。嘉管仲后醒之说,当齐侯开宴之年。九醴虽珍,尽弃丹墀之上;一言可听,将陈绮席之前。当其邦国谁忧,樽罍不浅,将倾海以为饮,孰悬河而进辩?列坐而腰金拖紫,宁问安危?终朝而举目飞觞,惟求沈湎。仲乃拜捧瑶卮,倾言吐斯,纵竹叶以非贵,任兰英而罔奇,不咽涓滴,如无礼仪。左右相惊,咸谓其弃王以罪;公侯莫测,应云其不死胡为?君子爰询,大夫遂说:“臣非怠于恭敬,臣非轻于曲蘖。盖将入口以言失,或者言失而身灭,再思敢弃于君所,三省得中于臣节。臣闻酒祸难防,臣何以□,羲和惑以身丧,桀纣耽而国亡。臣今弃其祸而不弃于酒,臣愿醉于道而不醉于觞。何不规后世,鉴前王?太康酣而昆仲悲怨,大禹恶而邦家耿光。夫如是,又何必欣腐胁而候穿肠者哉!”公乃擢彼昌言,师诸硕德,穰苴未可以伦比,宁戚诚宜于缄默。众人黾勉,应惭皆醉之容;惟我端庄,益励独醒之厄。则知立诚者莫溺旨酒,辅主者须申谠言,酒不溺则枢机自正,言苟申则忠信常存。大计安邦,致一匡而永逸;殊勋佐国,君五霸以弥尊。则管氏也,可与周召同风,夔龙并位,能弃酒以无谄,表为臣之不二。昭昭青史见清英,克播于千龄万祀。(《唐文续拾》卷四五)

唐代诗人徐夤作《管仲弃酒赋》,原题解曰:“辨说为贤位尊王德。”赋文中述嗜酒者“必致危颠”,告诫酒者“其惟智贤”。赋文先铺齐侯开宴的盛况以及群臣“终朝而举目飞觞,惟求沈湎”置社稷安危于不顾的昏庸状态。接着详细介绍管子谏齐侯戒酒的议论,以及齐侯采纳管子的意见后,收“致一匡而永逸”“君五霸以弥尊”之功效。最后赞颂管子弃酒无谄,功昭青史,流传后世。

管子劝谏齐侯戒酒的史料源自《韩诗外传》卷一〇的记载:齐桓公置酒,

令诸侯大夫曰："后者饮一经程。"管仲后，当饮一经程。饮其一半而弃其半。桓公曰："仲父当饮一经程，而弃之，何也？"管仲曰："臣闻之：酒入口者舌出。舌出者弃身。与其弃身，不宁弃酒乎？"桓公曰："善。"《诗》曰："荒湛于酒。"齐桓公宴请群臣，规定迟到者要罚酒。管子晚到后受罚，只喝了一半罚酒，将余酒泼到地上，齐桓公不悦，问其原因，管子从容地回答说："我听说酒喝进肚里，脑子就会反应不灵敏，造成思维混乱；舌头会失去控制，胡言乱语，酒后失言会惹祸上身。因此，我宁肯弃酒保命，而决不滥饮丧身。"齐桓公听后，觉得很有道理，便没有处罚管子。

徐夤借助史书中记载的管子戒酒这一故事作赋，告诫世人要远离醉酒，免得伤身败品性，做人做事一无所成，空留叹惋；若能真正约束自己不沉溺于酒中，则可忠信长存，建功立业指日可待。

第五节　唐人历史意识中的管子形象

在唐人的历史意识中，管子的形象多元而生动。这可从唐人诗作与文论中体现出来。唐代是诗歌的时代。唐诗主言情，即使说理，也多以抒情方式出之；唐诗多含蓄，多注重生活感受的直接描写和抒发，用感性形象来把握现实。① 对前代历史人物管子的吟诵，是众多唐代诗人关注的内容之一。

其中一部分是以管子为题的咏史诗，如唐末诗人周昙，著有《咏史诗》八卷，《全唐诗》将其编为二卷，共 195 首。《咏史诗》以朝代为界，分为"唐虞门""三代门""春秋战国门""秦门""前汉门""后汉门""三国门""晋门""六朝门""隋门"，咏诵从尧、舜至隋炀帝、贺若弼等共计 160 多个历史人物。这些咏史诗创作的目的，周昙曾在诗歌中指明，《吟叙》曰："历代兴亡亿万心，圣人观古贵知今。"《闲吟》曰："考摭妍媸用破心，剪裁千古献当今。"主要是为了从历史的经验中借鉴当世治国的教训。

对于管子，周昙把其放置于"春秋战国门"，以"管仲"为题，专门作有两首诗歌，第一首为："美酒浓馨客要沽，门深谁敢强提壶。苟非贤主询贤士，

① 马积高、黄钧主编：《中国古代文学史》，人民文学出版社 2009 年版，第 574 页。

肯信沽人畏子獹。”第二首为:“社鼠穿墙巧庇身,何由攻灌若为熏。能知窟穴依形势,不听谗邪是圣君。”这两首吟咏管子的诗歌,都是对管子辅佐齐桓公治理齐国的治国方略的点评,强调国君要听进去贤臣的谏诤之言,这样才能更好地把国家治理强盛。周昙生活在忧患深重的晚唐时代,他通过诗歌直陈史事,品评得失,总结教训以裨补当代,具有鲜明的现实意义。

另一位以咏史诗著称的诗人胡曾,曾作《咏史诗》三卷,共150首,皆为七绝。与周昙《咏史诗》不同,胡曾《咏史诗》中的每首诗歌以地名为题,评咏当地历史人物和历史事件,如《南阳》咏诸葛亮结庐躬耕,《姑苏台》咏吴王夫差荒淫失国。而《召陵》则咏春秋时期的召陵之盟,描述管子辅佐齐桓公以“尊王”为由与南方强国楚国争霸,最终登上春秋首霸地位的史实:“小白匡周入楚郊,楚王雄霸亦咆哮。不思管仲为谋主,争取言徵缩酒茅。”

李瀚的《蒙求》则注重对幼童的启蒙教育。《蒙求》全书都用四言韵文,每四个字是一个主谓结构的短句,上下两句成为对偶,各讲一个掌故,总计2484字。全书所讲的大部分是历史人物故事,也包括一些传说人物故事,其中有的表现某种可取言行,有的带有激励劝勉意味,有的是文学史上脍炙人口的逸闻。提到历史人物管子,载入《蒙求》的是与动物有关的一则故事,即“老马识途”。《蒙求》记载曰:“卫玠羊车,王恭鹤氅。管仲随马,苍舒称象。”“管仲随马”的故事载于《韩非子·说林》:“管仲、隰朋从于桓公而伐孤竹,春往冬返,迷惑失道。管仲曰:‘老马之智可用也。’乃放老马而随之,遂得道。”这个成语阐述的是尊重前人的经验,更体现出管子的聪明才智。

管子的安王攘夷之功为诗人独孤及所追慕。唐玄宗时安史之乱爆发,胡人安禄山、史思明起兵反叛,初始时势如破竹,甚至一度攻破都城长安。听闻这一消息,独孤及非常忧心,作诗《癸卯岁赴南丰道中闻京师失守寄权士繇韩幼深》云:“胡尘晦落日,西望泣路岐。猛虎啸北风,麇麚皆载驰。深泥驾疲牛,踸踔余何之。”并鼓励好友奋发努力,不辜负宏远志向,不应该仅痛心国难而无可奈何,让管子这种有“攘夷”之功的先人嗤笑:“努力爱华发,盛年振羽仪。但令迍难康,不负沧洲期。莫作新亭泣,徒使夷吾嗤。”

管子与鲍叔牙之间纯真的友情在唐诗中也多有叹咏,这种纯真情谊让经济生活相对发达的唐人追羡。李白《陈情赠友人》:“鲍生荐夷吾,一举置齐相。斯人无良朋,岂有青云望。临财不苟取,推分固辞让。后世称其贤,英风邈难尚。论交但若此,友道孰云丧。"《箜篌谣》则长叹曰:"管鲍久已死,何人继其踪。"《读诸葛武侯传书怀赠长安崔少府叔封昆季》提出殷切期望:"托意在经济,结交为弟兄。毋令管与鲍,千载独知名。"诗人李咸用《古意论交》云:"常恐管鲍情,参差忽终老。"在另一首《论交》中也曰:"松篁贞管鲍,桃李艳张陈。"杜甫《贫交行》云:"君不见管鲍贫时交,此道今人弃如土。"所作《送率府程录事还乡》感慨曰:"千载得鲍叔,末契有所及。"

此外,唐代其他诗人的诗歌中也有对管子思想和故事的点评。如对管子治国功绩的赞颂,吴筠在《览古十四首》之十四中云:"管仲存霸功,世祖成诡说。"李白《君道曲》云:"小白鸿翼于夷吾,刘葛鱼水本无二。"而管子的事迹和言辞是人们关注的内容,李白《鞠歌行》云:"听曲知宁戚,夷吾因小妻。"徐夤《断酒》云:"窗间近火刘伶传,坐右新铭管仲辞。"高适《真定即事奉赠韦使君二十八韵》云:"郡称廉叔度,朝议管夷吾。"

关于唐代诗人对管子的吟诵,学者于年湖曾撰文①进行分析,指出:唐代诗人对管仲的接受,主要体现在借管鲍之交讽今之交道浇薄或喻己与朋友之谊,借管仲之遇抒己对君臣遇合的钦羡,借管仲之遇抒己之怀才不遇,借管仲之才表现对他人的赞许与期盼,借管仲"沐树"之策表现对民生疾苦的关注,借"老马识途"之典喻人之阅历丰富等方面。进而指出,这些接受对唐代诗人的情感表达和人格塑造起了重要作用。

唐代政治家与文人士大夫对管子思想的评价和管子人物形象的认知,也可从《全唐文》的记载中展现出来。②《全唐文》是有唐一代文章的总集,编成于清代嘉庆年间。全书共收录唐五代作者3035人,文章20025篇,计1000卷,是迄今为止规模最为宏大的唐文总汇,向为研治唐代文史的学者所看重。此外,《旧唐书》《新唐书》等史籍中也有对管子的相关记载。

人才问题是历朝历代都关注的重要问题,贤能人才的选拔与任用关涉国家的安定和发展。在唐人的历史认识中,管子是位标准的、优秀的人才。

---

① 于年湖:《从用典角度看唐代诗人对管仲的接受》,《宁夏师范学院学报(社会科学)》2016年第1期,第5~8页。

② 张艳丽:《唐人历史意识中的管仲形象》,《兰台世界》2010年第15期,第77~78页。

唐人在讨论人才问题时，常以管子的经历作为例证，以增强自己的说服力。武则天统治时期，大夫薛登《论选举疏》说："国以得贤为宝，臣以贡士为忠。"并列举历史上著名人物的经历加以佐证："子皮之让国侨，鲍叔之推管仲，燕昭委兵于乐毅。"实际上这些人才都因一些瑕疵受到别人的质疑："子产受国人之谤，夷吾贪共贾之财，昭王锡路马以止谗，永固戮樊世以除谮，处猜嫌而益信，行间毁而无疑，此由识之至而察之深也。"（《全唐文》卷二八一）薛登以此来证明世间人才难得。而真正的人才，若没有遇到合适的机会和任用者，很难发挥自己的作用。

重用贤人，远离奸佞，是当政者必须实践的一条用人原则。很多唐人注意到并明确提出了这一问题。李翱在《荐所知于徐州张仆射书》中举荐人才的时候指出："所信者得其人，则格于天地，功及后世；不得其人，则不能免其身……继绝存亡，贤者之事也。管夷吾用，所以能继绝存亡国焉耳；竖刁、易牙用，则不能也。"（《全唐文》卷六三五）皇甫湜《孟子荀子言性论》指出："齐桓公以管仲辅之则理，以易牙辅之则乱。"（《全唐文》卷六八六）皮日休《相解》中也曾指明："若齐桓，管仲辅之则霸，竖貂辅之则乱。"（《全唐文》卷七九九）

中国传统历史意识中有喜好古今比附的习惯。房玄龄、杜如晦是唐代两位著名的大臣，为初唐的兴盛贡献巨大。史书评价说："房、杜二公，皆以命世之才，遭逢明主，谋猷允协，以致升平……若以往哲方之，房则管仲、子产，杜则鲍叔、罕虎矣。"（《旧唐书·房玄龄杜如晦传》）把房玄龄、杜如晦比作管子、鲍叔牙，既指两组大臣合作所取得的显赫功勋，也指二者在治理国事的过程中相互帮扶，关系融洽。唐玄宗统治时期，初始时重用姚崇、宋璟两位贤臣，创下"开元盛世"的景象；后期则惑于李林甫、杨国忠两位奸臣的弄权作威，唐王朝势颓一发不可收拾。史书评价说："开元任姚崇、宋璟而治，幸林甫、国忠而乱，与夫齐桓任管仲、隰朋，幸竖刁、易牙，亦何异哉！"（《旧唐书·李林甫杨国忠传》）把唐玄宗的统治与齐桓公相类比，认为两者差异不大，都是前期重用能臣而后期倚重奸臣。而在这种古今比附中，管子的形象总是正面的，是良臣贤能的典型和模范。

唐人对管子的评价，大多赞誉。其间也有提出不同看法的士人，并不讳言管子曾经侍奉公子纠，又转而辅佐公子纠的政敌齐桓公。武德四年唐高祖平定了王世充，王世充的手下苏世长前来归顺。唐高祖指责他归顺迟了，苏世长说：“陛下应天顺人，布德施惠，又安得忘管仲、雍齿之事乎！”（《旧唐书·苏世长传》）苏世长明确指出，管子也是齐桓公的归顺之人，而雍齿在刘邦争夺天下的过程中更是屡次背叛，但是二人都得到了君主的谅解，并且得到重用。唐高祖和苏世长原有旧交，苏世长如此一番解释，唐高祖便不再追究，很快授予其官职。

由上述分析可知，在唐人的历史意识当中，管子是贤能人才的典范，他本身的经历和人才思想被唐人所接受而加以演绎和例证，上至君主，下至一般士人，罔不包括。这是对前代观点的继承。由于唐前期与中期，社会热点问题由探讨社会治术向探索个人心性转变，唐人对管子的评价也有所变化，以“道德”为首要标准，功劳则位居其次。柳宗元对管子“四维论”的质疑，说明连唐代理学宗师也还没有将“义”简单地作为“忠”的附庸。但这种评价标准的变化，开启了南宋理学重提“三纲五常”问题的先河。

而五代十国时期，中国历史再次进入大割据时代。在北方广大地区，军阀混战的结果是先后出现了后梁、后唐、后晋、后汉和后周五个较强大的王朝。与此同时，南方各地又陆续存在过九个较小的割据政权，即吴、南唐、吴越、楚、前蜀、后蜀、南汉、南平及闽等九国，北方河东地区则有北汉势力。史称“五代十国”。这是历史上大混乱大破坏的时期，上有暴君，下有酷吏，大小统治者激烈角逐，兵燹不断，社会经济、文化受到颇大影响。

在此混战之时，管子的治国思想仍有士人关注。五代后晋时官员张允，鉴于当朝统治者晋高祖频繁大肆赦免本应受到刑罚之人，就向皇帝上书《驳赦论》，引述管子治国理念，力谏国君不要触及依法治国的底线：“《管子》云：‘凡赦者小利而大害，久而不胜其祸；无赦者小害而大利，久而不胜其福。’……盖行赦不以为恩，不行赦亦不以为无恩，为罚有罪故也。窃观自古帝王，皆以水旱则降德音而宥过，开狴牢以放囚，冀感天心以救其灾者，非也。假有二人讼，一有罪，一无罪，若有罪者见舍，则无罪者衔冤，衔冤者彼何疏，见舍者此何亲乎？”（《旧五代史·张允传》）此处《管子》引文来自《法法》篇，原文为：“凡赦者，小利而大害者也，故久而不胜其祸。毋赦者，小害而大利者也，故久而不胜其福。”指出国君赦免刑罚之人应讲原则，不应一味地以此为治理国家的手段，否则后果不堪设想。

要之，唐代是中国历史上的盛世时期，经济实力及文化影响力远超前代。在文献辑录方面，与此前对《管子》典籍有针对性的引用原句不同，唐朝的魏征、杜佑、马总、张说等学者在《群书治要》《通典》《意林》《初学记》中对《管子》文句做了大量的辑录。借助于唐代史学发达的优势，学者们纷纷辑录古籍思想精华以为治世之用，《管子》是他们的必选书目。

鉴于管子思想中丰富的治国强兵理念，唐代很多国君对管子思想很是关注，唐太宗的《帝范》，及反映唐太宗时期的典籍《贞观政要》《魏郑公谏录》《唐李问对》等，以及武则天的《臣轨》，还有一些皇帝的诏书中，都对管子的政策方略和人才思想加以借鉴，以资世用。值得注意的是，唐代还曾出现过举茂才以《管子》为必读书目的建议，这大大提升了管子思想在读书人心目中的地位。

此外，唐代文学作品中还出现专门以管子本人或其治国理念为讨论主题的文论，如元结的《管仲论》，柳宗元的《四维论》，李德裕的《管仲害霸论》，李翰的《三名臣论》，徐夤的《管仲弃酒赋》等，都是这方面的代表作。

在唐人的历史意识中，管子是成功者的典范，其与齐桓公的君臣关系可圈可点。唐代是诗歌高度繁荣的时期，诗人们围绕管子的一生，对其治国功业、尊王攘夷的国策、与鲍叔牙之间的友情等，用诗歌这种言简意赅的文学体裁进行吟诵。史学家有喜好古今比附的习惯，房玄龄、杜如晦可比作管子、鲍叔牙，姚崇、宋璟可比作管子、隰朋，管子被看作良臣贤能的典型和模范。

第四章　宋元时期管子思想评价

公元960年，赵匡胤建立北宋王朝，结束五代十国的分裂局面。在藩镇割据混乱基础上建立起来的北宋政权，不断采取措施，加强中央集权的政治统治。如重文轻武的举措，科举取士的名额迅速增加，官僚队伍不断臃肿。而将帅与士兵分离的军事制度，最终削弱了北宋军队战斗力，由此造成北宋在与边疆少数民族政权辽、西夏的战争中接连失利，朝廷以每年往辽、西夏输送大量银两、绢帛、茶叶等为代价换取和平。

冗官、冗兵的现实给北宋政权、财政带来严重危机，而与辽、西夏战败后的屈辱求和，又进一步加重了百姓的赋税负担，北宋朝廷俨然陷入积贫积弱的艰难境地。面对应接不暇的内忧外患，一批"以安天下为己任"的有识之士对社会现实进行了深刻反思，提出了一系列革除弊政的建议并积极付诸实践，在相关论著中也表现出文人固有的强烈的重建大宋荣威的心态。北宋时期士人对管子思想的认知和评价，明显受到上述社会背景、思潮的影响和制约，管子富国强兵、尊王攘夷的治国思想和历史功绩，成为北宋士大夫能够借鉴的历史文化资源。

1127年，金人把徽宗、钦宗两位北宋皇帝掳走，宋高宗赵构即位，南宋建立。懦弱的南宋朝廷求和心切，抗战志衰，多次与金议和，甘愿对金纳贡称臣。此时，各种矛盾空前尖锐，贵族官僚和百姓之间的矛盾也日益恶化，农民起义此起彼伏，南宋陷入内外交困的局面。加上社会商品经济的发展，奢侈糜烂之风蔓延，整个南宋政权呈现出孱弱、萎靡的状况。与军事战斗力落后、社会矛盾尖锐截然不同的是，两宋时期的学术思想十分繁荣，理学大师层出不穷，人才辈出，如程颐、程颢、朱熹、陆九渊等，并有了学派之间的区分。南宋众多的学派思想家，纷纷从自身需求和理解的角度，对管子思想进行点评。

与两宋政权并存的边疆王朝如辽、西夏、金等，及其后的蒙元政权，因受宋朝士大夫的影响，加之管子思想本身不可掩盖的魅力，也有些学者文人对管子思想进行学习、承袭和关注。这是管子思想发展的重要组成部分。

第一节 宋元《管子》版本的出版和校勘

《管子》典籍的整理和编订是管子思想流传与研讨的前提基础。巩曰国的研究①指出，宋代文化繁荣，雕版印刷术得到普遍应用，《管子》一书结束了写本流传方式，开始出现刻本。现知《管子》的宋刻本有两种，即杨忱本和蔡潜道墨宝堂刊本，杨忱本当为现存《管子》最早的刻本。至于二者的关系，墨宝堂本不可能是杨忱本的祖本，墨宝堂本和杨忱本也即南宋翻刻本有着密切关系，二者应当出自同一祖本。杨忱本《管子》经文徵明、季振宜、徐乾学、黄丕烈、汪士钟、铁琴铜剑楼及陈澄中递藏，现存国家图书馆，又有影刻本和影印本传世；墨宝堂本《管子》经顾竹君、黄丕烈、汪士钟、海源阁递藏，民国间归大连图书馆，后来不知去向，仅有一抄本传世，令人叹惋。

现仍存有校宋本《管子》，据巩曰国的研究②，海源阁所藏校宋本《管子》，虽然从版本上说不如宋本《管子》珍贵，但其所包含的丰富学术信息，往往为宋版所不及。就校宋本《管子》而言，其文献价值体现在三个方面：可以补《管子集校》的缺漏，可以校对《管子》旧注的脱误，可以探究墨宝堂本《管子》的面貌。校宋本《管子》校勘详备，保存完好，可以为《管子》的文本校勘和早期版本的研究提供宝贵资料。

对于宋版杨忱本和蔡潜道墨宝堂刊本《管子》，学者们也有详细研究。巩曰国指出③，杨忱本《管子》初刻于宋仁宗庆历四年(1044)，南宋高宗绍兴

---

① 巩曰国：《宋本〈管子〉的收藏与流传》，《图书馆理论与实践》2009 年第 2 期，第 96～97 页。

② 巩曰国：《海源阁旧藏校宋本〈管子〉述考》，《文献》2012 年第 1 期，第 12～17 页。

③ 巩曰国：《〈管子〉杨忱本刊刻年代考辨》，《图书馆杂志》2003 年第 3 期，第 73～75 页。

年间又有翻刻。北宋本《管子》后来逐渐亡佚,而南宋翻刻本则保存了下来,即今天所说的"杨忱本"。郭丽的研究[①]认为,南宋绍兴年间有杨忱《序》的浙江刻本《管子》(此即杨忱本)中,避讳从赵氏宗室的远祖到宋仁宗;用字多保存古字古义,颇有古本风貌;内容上能够补充明初刘绩《管子补注》本的不足,文字上能够订正明刘绩本和赵用贤《管韩合刻》本的讹误,对赵用贤本的刊印具有重大影响。郭丽的研究[②]又赞同墨宝堂本与南宋浙江刻本同出于张巨山跋《读管子》本的观点,通过对比,发现墨宝堂本《管子》36 条中,以墨宝堂本为是者 31 条,误 4 条,最可宝贵,能够订正南宋浙刻本讹误,对刘绩本、赵用贤本的校勘亦有重要价值。

而刘绩的《管子补注》,大多数学者认为是辽代的刻本。武光雪、周怀宇的研究[③]指出,目前学术界对《管子补注》的研究,主要从刘绩的时代问题、补注刊刻年代以及补注的版本问题进行考察。罗继祖[④]和舒焚的研究[⑤]主要讨论了刘绩的时代问题,但是观点相反,前者质疑郭沫若的刘绩辽人说,后者则肯定之。巩曰国的研究[⑥]驳斥了郭沫若、丁日昌等人的观点,郭沫若认为该书是"辽人著书入金翻刻,金本入宋再被翻刻",其所依据的宋讳、辽讳、金讳并不可靠;丁日昌、莫友之称其为元刊本,是将黄丕烈所说"元(原)版"之"元"误解为"宋元"之"元"的结果。《补注》刊刻于刘绩考取进士到镇江辞官归乡期间。郭丽的研究[⑦]指出了陆贻典校本的特点,并与其他版本进

---

① 郭丽:《国家图书馆藏南宋浙本〈管子〉考略》,《图书情报工作》2009 年第 23 期,第 141 ~ 143 页。

② 郭丽:《南宋墨宝堂本〈管子〉考略》,《图书馆杂志》2010 年第 11 期,第 70 ~ 74 页。

③ 武光雪、周怀宇:《略论刘绩〈管子补注〉的特色和价值》,《安徽省管子研究会 2011 年年会暨全国第六届管子学术研讨会交流论文集》,第 242 ~ 246 页。

④ 罗继祖:《"管子补注"作者刘绩的时代问题》,《史学集刊》1956 年第 2 期,第 31 ~ 33 页。

⑤ 舒焚:《关于辽人刘绩的〈管子补注〉》,《湖北大学学报(哲学社会科学版)》1989 年第 1 期,第 23 ~ 29 页。

⑥ 巩曰国:《〈管子补注〉刊刻年代考辨》,《图书馆杂志》2006 年第 12 期,第 78 ~ 80 页。

⑦ 郭丽:《明刻刘绩〈管子补注〉考述——以陆贻典校跋本与南宋浙本〈管子〉比较为例》,《图书馆杂志》2008 年第 5 期,第 66 ~ 69 页。

行了比较。在此基础上，进一步论证了《补注》的优长和校勘来源问题。①

宋元时期《管子》刻本的存在与流传，为士人们研究和评析管子思想提供了便利条件，而从此刻本中著者的序、跋则可以窥知当时著者对管子思想的态度和看法。举例来说，现在能见到的《管子》较早刻本，前面有杨忱的《管子序》，后有张嵲的《读管子》，这两篇序、跋，能够很好地体现出当时士人对管子思想的评价。杨忱《序》原文如下：

> 《春秋》尊王不尊霸，与中国不与夷狄，始于平王避夷难也，是王室迁而微也，见于《周书·文侯之命》。微王也，是王者失赏也。《费誓》善其备夷，是诸侯之正也。《秦誓》专征伐，是诸侯之失礼也。《书》《春秋》合体而异世也。《书》以《文侯之命》终其治也，《春秋》以平王东迁始其微也。自东迁六十五年，《春秋》无晋，以其亡护乱也。及其灭中国之国，而后见其行事，讥失赏也。周之微也，幸不夷其宗稷，齐桓之功也。其中国无与加其盛也，其夷狄无与抗其力也。见于《卫诗》，美其存中国也。《春秋》无与辞，何异也？存一国之风，无其人，则卫夷矣。全王道之正，与之霸，是诸侯可专征伐也。夫晋之为霸也，异齐远矣。桓正，文谲。夫桓之为正，抑夷狄，存中国。文之为谲，陵中国，微王室。晋之风也，无美其美，无功其功，外无他焉，虽国人不与也。然而桓之正，非王道之正也，以文谲而桓正也。桓之功，非王道之功也，以攘狄而存周也。无桓周灭，有周桓贼。桓卒齐衰，楚人灭周。周之不幸，桓之早死也。故曰：周之存，桓之功也。桓之不幸，管仲之早死也。故曰：桓之功，管仲之力也。自是楚灭诸国而炽矣。今得其著书，然后知攘狄之功皆远略也。儒讥霸信刑赏，岂王者诋民哉？霸严政令，岂王者怠忽哉？霸乡方略，岂王者不先谋哉？霸审劳逸，岂王者暴师哉？霸谨蓄积，岂王者使民不足哉？亦时夷狄内聘，大者畏威，小者怀仁，功亦至矣。不幸名之不正，然奈衰世何！孔子曰：微管仲，吾其被发左衽。此其据也。时大宋甲申秋九月二十三日序。

① 郭丽：《文渊阁〈四库全书〉本〈管子补注〉考略》，《历史档案》2009 年第 3 期，第 128～131 页。

在这篇《管子》序言中，杨忱充分肯定了管仲佐桓公尊王攘夷之功。他说："周之微也，幸不夷其宗稷，齐桓之功也。其中国无与加其盛也，其夷狄无与抗其力也。"齐桓之功，实际是管仲的功劳："周之存，桓之功也。桓之不幸，管仲之早死也。故曰：桓之功，管仲之力也。"杨忱指出，管仲尊王攘夷的政策"皆远略"，这样的"远略"与所谓的王道没有本质区别。在杨忱看来，儒者讥刺法家管仲的为政策略并没有充分根据，因为儒者心目中的王道与管仲的霸道事实上是相通的。世人之所以对管仲有不公平的评价，如认为管仲辅佐齐桓公攘夷存周，但周之天子既在，齐桓公挟天子以令诸侯就是周王室的"贼"，根本原因主要在于管仲所处的东周世道已衰，仅凭个人的实力和努力已无法挽回。最后，杨忱借孔子之言，赞同孔子对管仲的评价，以表达他对管仲尊王攘夷之功的评价，旨在提出既要尊王又要尊霸，王、霸在本质上是统一的观点。①

张嵲的《读管子》原文曰：

余读《管子》，然后知庄生、晁错、董生之语，时出于《管子》也。不独此耳，凡《汉书》语之雅驯者，率多本《管子》。《管子》，天下之奇文也，所以著见于天下后世者，岂徒其功烈哉！及读《心术》上下、《白心》《内业》诸篇，则未尝不废书而叹，益知其功业之所本，然后知世之知管子者殊浅也。《管子》书多古字，如专作抟，忒作貣，宥作侑，况作兄，释作泽，此类甚众。《大匡》载召忽语曰"百岁之后，吾君下世，犯吾命而废吾所立，夺吾纠也，虽得天下，吾不生也，兄与我齐国之政也"。而注乃谓"召忽呼管仲为兄"。曰"泽命不渝"，而注乃以为"泽恩之命"，甚陋不可遍举。书既雅奥难句，而为之注者复缪于训，故益使后人疑惑，不能究知。世传房玄龄所注，恐非是。予求《管子》书久矣，绍兴己未，乃从人借得之后，而读者累月，始颇窥其义训，然舛脱甚众，其所未解尚十二三。用上下文义，及参以经史刑政，颇为改正其讹谬，疑者表而发之，其所未解者置之，不敢以意穿凿也。既又取其间奥于理，切于务者，抄

① 耿振东：《管子研究史（战国至宋代）》，学苑出版社 2011 年版，第 310～312 页。

而藏于家，将得善本而卒业焉。

与杨忱在《管子》序言中关注“尊王攘夷”思想不同的是，张嵲比较关注《管子》典籍的内容和校勘训诂，认为：“《管子》，天下之奇文也，所以著见于天下后世者，岂徒其功烈哉！”并认为《管子》典籍中的内容与管仲本人的思想是一致的，尤其指出《心术》上下、《白心》、《内业》诸篇是“其功业之所本”。正因为管子思想取得的治国功绩，管子为后世所看重，战国、西汉的学者对其尤为重视。但由于《管子》书籍“雅奥难句”，流传的过程中“舛脱甚众”，后人理解起来比较麻烦。张嵲竭尽全力对其进行训诂和校勘，力图更好地理解管子思想，可见张嵲用功之深。

第二节　“三苏”、叶适、黄震等对管子思想的评价

宋代文人“三苏”父子对管子的思想进行了关注和评价。其中大文豪苏轼对管子的评价尤其引人注目。

在苏轼的诗文中有一些是关于管子的，《管仲论》《论管仲》《管仲分君谤》《管仲无后》四篇是专题论述管子的。《御试制科策一道》《拟进士对御试第一道》《思治论》《宋襄公论》《学士院试孔子从先进论》《范文正公文集叙》《塈馋说殄行》《乞罢税务岁终赏格状》等文中论及管子。《次韵答贾耘老》《监试呈诸试官》等诗中运用了有关管子的典故，《论语说》中也有几处专论管子。

戴立轩的研究①指出，苏轼对管子有全面的研究，这可从正反两方面进行论述。正的方面，苏轼认为管子是仁德之人，管子做的是盛大美德的事情，做事让人心服口服，可为万世楷模；苏轼运用管子和管子的思想资政、议政，借鉴管子的用人和治国之道，论述和推行自己的政见；苏轼借鉴管子的事例论述如何结君心、辨忠奸。反的方面则反映在苏轼对管子的一些批评意见上，具体体现在《管仲分君谤》《管仲无后》两篇史评和《论语说》有关章

---

①　戴立轩：《苏轼眼中的管子》《苏轼眼中的管子》（二），《2014 第九届全国管子学术研讨会交流论文集》，第 268～275 页。

节中,《论管仲》中也有一段话批评管子,如苏轼认为,管子"器小",是不学圣人之道;盐铁专卖政策是与民争利。

王莉的研究①认为,苏轼在策对、奏疏和经学著作中多次引用《管子》,赞许管子的军事思想和兵法改革给齐国带来军事上的成功;称赞管子有调和君臣关系的能力;对管子的智慧和道德品质予以高度评价;并将《管子》与儒家经书并举,表明苏轼对管子的尊敬。从中可以看出苏轼的管子学特点,即坚持学以致用,坚持学术研究道德,坚持经学、史学、诸子学融会贯通的研究方法,而其为文基础则是致用理念指导下的经学思想和文学思想。

何玉兰的研究②指出,苏轼评论管仲的切入点随着阅历的增加而改变。《管仲论》是苏轼早期论说散文的代表作,重点讨论管仲兵法的特色与优长。开篇从比较《周官》《司马法》与《管子》"军旅什伍"之法说起,指出其用兵之法的区别,一者在"繁而曲",一者在"简而直",并扼要指出本质区别在于"繁而曲者,所以为不可败也;简而直者,所以为必胜也",并以此作为全文议论之宗旨。接着便围绕此宗旨分两层论述之。然后集中笔墨议论管仲"简而直"的用兵法及效果:"管仲之制其兵,可谓截然而易晓矣。"说明管仲用兵崭然而显,一目了然,再聪明的人在其面前也无法玩弄巧诈;法令简明,士卒能尽其力,决一死战。最后用左丘明的兵法反衬之,以突出管仲之兵法的优长及重大影响。

而随着苏轼在政治旋涡中的浮沉,人生历练的丰富,他后期的史评、论说文章有明显的变化:高文典册少了,短章小品多了;"应名"而"诵说"者少了,直面现实的独立之见多了。《论管仲》即为明证,文章以"管仲相桓公,辞子华之请"的史实为引子,以"盛德之事"为篇章文眼,着意议论治国同于养生,要慎起居饮食、节制声色的道理。苏轼从历史事件的对比中得出治国之道,指出治理国家应该谨慎制定平时的治国方略和措施。

而《管仲分君谤》《管仲无后》两篇论文,纯粹为一事一议,随意记录,仅二三百字而已。《管仲分君谤》就管子拥有所谓"三归"发表自己的看法。

① 王莉:《苏轼的管子学浅析》,《现代语文》2008 年第 3 期,第 18 ~ 19 页。

② 何玉兰:《从苏轼"论管仲"说开去》,《内江师范学院学报》2009 年第 9 期,第 95 ~ 99 页。

在行文中,苏轼一方面赞同《战国策》之言,认为管子之有“三归”是为齐桓公分担骂名,管子是仁道之人;另一方面又批评管子爱君分谤不免见识浅陋;再就是对世人的不理解而遗憾,又为管子仅为分谤而未能坚持劝谏辩护,大发“用之则行,舍之则藏。谏而不听,不用而已矣”的无奈之叹。《管仲无后》的主旨在“利之不可与民争也”一句,说明任何改革,利民是首要的,一切祸民害民之举终究没有好下场。这类短章言简意丰,言内意外,颇能发人深思。联系苏轼政治上一贯坚持真理、绝不附和苟且的立场,联系其一贯的安民爱民利民富民、渐进改良的思想主张,联系其所受到的政治排挤打击,人们更能理解其感叹的意味深长和观点的深刻含义。

熊泽文、章晓琴的研究①从军事方面分析了苏轼对管仲思想的承袭,指出苏轼在继承古代军事理论思想,特别是管子的军事思想基础上形成了自己的“强兵”“寓兵于民”“先发后罢”的军事理论。苏轼充分发展了管子兵民相融的军事理论,对于巩固边防、稳定社会秩序起到积极作用。

关于苏洵对管仲的评价,张懋学的研究②指出,管仲作为春秋时期最伟大的政治家,向来是毁誉参半。苏洵曾在《管仲论》中全面否定管子,批判管子不知本,不能为国家举荐人才。他认为管仲之书诞谩不足信,还得出了“齐之治在于鲍叔,而齐之乱在于管仲”的论断。其实,细读《管仲论》不难发现,苏洵对管子的评价过于偏激,有失公允。管仲向来注重举荐人才,临终时亦能举荐隰朋,不可谓不知本。《管子》之书是后人根据管仲思想所作,亦是真实可靠的。而齐国祸乱的根源,当是齐桓公任用奸邪所致。

鄢明定的研究③认为,苏洵的《管仲论》反弹琵琶,别开一境,一改前人对管仲的一致肯定和赞扬,着重论述管仲在政治上的失误,批评他在位时没有安排好接班人,导致“威公之薨也,一乱涂地”。进而说明国之重臣选贤举能、防止奸佞当道的重要性,由此得出一种不同于前人的见解。从写作方法

① 熊泽文、章晓琴:《苏轼对管仲军事思想的继承和发展》,《乐山师范学院学报》2011年第10期,第15~19页。

② 张懋学:《驳〈管仲论〉——也谈齐国祸乱的根源》,《济宁学院学报》2015年第4期,第88~92页。

③ 鄢明定:《反弹琵琶论功过——苏洵〈管仲论〉赏读》,《秘书工作》2007年第8期,第44~45页。

而言,作者着力赞扬苏洵这种反弹琵琶的立意技法,认为其文章有效地摆脱了传统思维模式的束缚,不落前人窠臼,不囿于套路、老路,能独辟蹊径道出真知灼见,令人耳目一新,也令后人警觉。

李妍玘的研究①指出,苏洵作《管仲论》,剖析了齐国内祸蔓延,终至衰败的原因,其矛头直指管仲。苏洵认为,为臣者举贤辅国是国家兴旺中至关重要的一环。“故齐之治也,吾不曰管仲,而曰鲍叔。及其乱也,吾不曰竖刁、易牙、开方,而曰管仲。”在此,苏洵将齐之治的功劳归于鲍叔,因其推荐了管仲这样一位有能力的谋臣,而将齐之乱的罪名定于管仲,因其临终前没有推举贤者以辅国。在《管仲论》一文中,苏洵得出“夫国以一人兴,以一人亡”的结论。

而现代人杨潇鲜明地提出了与苏洵相反的观点②,认为齐国的实力自太公时便已开始不断增长,优越的自然环境,大国的民风,有效的经济措施皆已具备,累积至齐桓公时,称霸已成为必然,这一成果不是管仲可以决定的。而齐国的衰败,则是“而自仲之改制,朋党私己之风愈烈,夫人孝子皆知朋党以利身,蔓于国矣。是齐衰不可免,非举贤而能匡救其祸”。从而得出“国家治乱,霸业存亡,非独一人为之,乃势使之然也”的结论。

也有学人对“三苏”父子对管子思想的评价进行比较研究。蓝慧敏③详细分析了“三苏”父子对管仲思想的点评认为,苏洵论管仲,主要见于他的《管仲论》,另外在《几策·审势》《几策·强弱》《衡论上·远虑》等文章中也有论述。在《管仲论》中,苏洵没有如历代史学家一样一味地称赏管仲相齐的丰功伟绩,而是另辟蹊径,着重论述了管仲政治上的失误,指出他临终不能“举天下之贤者自代”,导致桓公死后齐国发生一百多年的动乱,从而申明选贤举能、防止奸佞当道的重要观点。在对管仲进行评价时,苏洵充分肯定管仲相齐的功绩,尖锐批评管仲不能举贤而退不肖的失误,敏锐指出事态发展的根源。

---

① 李妍玘:《〈管仲论〉与〈反管仲论〉——浅析管仲之于齐国治与乱的影响》,《文教资料》2013 年第 29 期,第 27 ~ 28 页。

② 杨潇:《反〈管仲论〉》,《黄金时代(学生族)》2010 年第 10 期,第 44 页。

③ 蓝慧敏:《三苏论管仲》,山东大学 2008 届硕士论文。蓝慧敏、孙清涌:《三苏论管仲的异同及形成原因》,《管子学刊》2008 年第 4 期,第 27 ~ 32 页。

苏轼论管子,主要体现在五个方面:《管仲论》着重论述管仲的军事思想,《论管仲》客观中肯地评价管仲的功过得失,《管仲分君谤》主要论述管仲的事君方式,《管仲无后》论述管仲的后世,其他篇章也有涉及管仲的论述,如《学士院试孔子从先进论》中苏轼非常欣赏管仲的自信与自知,《杂记·书事·畏威如疾》中苏轼特别推崇管仲的"畏威如疾"的观点。苏轼在他不同时期不同文章里多次论管仲其人其事,评价中肯全面,既肯定了管仲辅佐齐桓公成就霸业的辉煌,也不回避管仲的一些不足,使人们可以了解比较立体的管仲,也可以看到苏轼分析问题的客观性。

苏辙论管子的言论主要见于他的《管仲论》,在《新论三首》《再论分别邪正札子》《苻坚》《梁武帝》《唐玄宗宪宗》《陆贽》《冯道》《策问十六首》《论语拾遗》《进策五道》等文章中,都有涉及管子的评价。苏辙论管子的观点主要有:钦佩管子的大仁大义,肯定管子的政治才能,如父亲苏洵一样批评管子没有精心替桓公为身后计的"失职"。

蓝慧敏指出,"三苏"生活在同一个时代、同一个家庭,受到同一地域文化的影响和熏陶,加上苏氏父子关系、兄弟关系相当融洽,相同的学源和血缘关系,使他们对某一人物或历史事件的关注与评价有惊人的相似,"三苏"在论管子中有许多共同点,包括:充分肯定管子相齐的功劳,客观地指出管子的不足,"三苏"论管子都是为了借古讽今,劝诫当朝统治者。而由于"三苏"各自的性格、天赋、阅历等的不同,使得他们在评价管子时各有偏重:苏洵对管子的评价相对较低,甚至有些苛刻;苏轼关于管子的论述最多、最全面、最客观;苏辙基本沿用其父的观点,而有所突破。这既显示了"三苏"的不同文学风格,也体现出他们在历史观和价值观方面的差别。

刘弘逵①在分析"三苏"论管仲具体观点的基础之上指出,"三苏"的四篇《管仲论》体现了他们各自不同的特点,苏洵的《管仲论》观点新颖,论证有力,行文奔放;苏轼的《管仲论》和《论管仲》善于挖掘历史材料中的合理内核,古为今用,恣意豁达;苏辙《管仲论》继承苏洵观点,发其所未发,规矩老成,谨慎持重。从这些特点之中可以看出"三苏",特别是苏洵对于苏轼、

---

① 刘弘逵:《从〈管仲论〉看三苏史论文的相互关系》,《文教资料》2008 年第 28 期,第 6~8 页。

苏辙兄弟在文风和论述方法上的影响。但这些影响并不是绝对的，苏轼对其父的史论文，有继承又有创新，创新更多。而苏辙则在继承之余，发挥其父未言之处，从而写出不同于父、兄的新内容。

南宋学者叶适是永嘉学派的代表人物，所著《习学记言序目》评论了历代的学术著作，其中第45卷专门对《管子》进行解读，其解读注重把经术和政事相结合，注重以政事为用的经世致用之学。

叶适首先对《管子》典籍进行了总评和定位，开篇即曰："《管子》非一人之笔，亦非一时之书，莫知谁所为。"他推测说，《管子》的不同篇章可能作于不同的时代。这种对《管子》书籍成书时间和著者问题的讨论影响深远。而对于管子和《管子》的关系，叶适则基本上否认了《管子》书传承了管子的思想。他说："自昔相承，直云此是齐桓、管仲相与谋议唯诺之辞。余每惜晋人集诸葛亮事，而今不存。使管子施设果传于世，士之浅心既不能至周、孔之津涯，随其才分亦足与立，则管仲所亲尝经纪者，岂不足为之标指哉？"对于管子优秀的治国思想，很多后人"妄意窥测，借以自名，王术始变；而后世信之，转相疏剔，幽蹊曲径，遂与道绝"。管子被看作法家的先驱，后世百姓深遭严刑酷法之难，而没有获得富民强国的益处，这实在是件悲哀的事情。

纵观《管子》全书，叶适认为，最为"谬妄"的莫过于其中的《轻重》诸篇，集中体现在盐铁专营政策上："管氏书独盐策为后人所遵，言其利者无不祖管仲，使之蒙垢万世，甚可恨也！"可见他对于后世因盐铁获利而祖尊管子，从而使其蒙垢的现象甚为痛恨而不满。春秋时期管子推行盐铁政策，让齐国称霸诸侯，后世的横征暴敛与管子推行的政策没有必然的联系。这种看法，既体现了叶适对《管子》典籍中《轻重》诸篇的否定，又展示出他借用《轻重》诸篇重新为管子正名的努力。

痛心于所生活年代的衰败，叶适对南宋朝廷国力不济、内政腐败而君臣上下苟且偷生的社会现实甚为焦心，在学术论著中不时流露出联系实际、直陈时弊的倾向，力主革新除弊，建功立业。《管子·小问》篇记载了桓公、管子的一则逸事：阳春三月齐桓公和大臣出去春游，探讨"君子之德"的话题。管子回答说："苗，始其少也，眴眴乎，何其孺子也！至其壮也，庄庄乎，何其士也！至其成也，由由乎兹免，何其君子也！天下得之则安，不得则危，故命之曰禾。此其可比于君子之德矣。"管子用禾苗比喻君子之德，得到齐桓公的认可。而叶适对他们君臣之间以德相尚羡慕不已，说："夫游豫观物，下荡耳目之娱，尊粟重禾，以食为本，类德象贤，出语必敬。"如果南宋的君臣能够像齐桓公、管子那样关系融洽，以德相尚，同心协力一致抗金对外，国家必定强盛，靖康之耻得到昭雪指日可待。

除了在《习学记言序目》第45卷对《管子》书进行点评，叶适在对其他经史子书进行研究的一些篇章中，也涉及了对管子和《管子》的评价。在对历代经史子集的研究中，叶适如同历代史学家一样，也看重唐虞三代的道统传承，只不过他认为，所谓的道统只限于尧舜至周公、孔子之间，后世学者已不复此道。然而，对孔子以"如其仁，如其仁"赞誉的管子，叶适充满钦慕之情，认为在管子身上犹有周孔之道的遗存。叶适从其功利主义思想出发，认为在周室衰颓之际，管子辅佐齐桓公九合诸侯，尊王室攘夷狄，这与三代的王道没有本质的区别。《习学记言·三国志·蜀志》云："周衰，圣贤不作，管仲相齐成匡济之业，《春秋》二百余年载之。余考次仲事，与王道未有以异，而处士权谋用为首称。诸葛亮治蜀，虽不能复汉，然千岁间炳如丹青。余摭亮所行，实用霸政，而论者乃以为几于王道。盖古今之世不同，而人心见识，亦随以变也。"可见叶适极力肯定管子为承继唐虞三代道统所做出的贡献，认为后世的诸葛亮治理蜀国，也施行了管子的治国策略。

从宋代理学家重视纲常伦理的角度看，叶适对管子提出了批评性意见，《习学记言·左传》中认为管子"但为情欲不制，无正心诚意修身齐家之功，喜怒用师，无不殄厥愠，不陨厥问之德尔"。但相比较礼崩乐坏时期其他国君霸主"贪土地，自封殖，行诈谋，逞威虐"的做法，齐桓公、管子的行径显然优秀很多，"故天下载其行事，后世想其风烈"。从这一角度来理解，叶适指出："若夫自周衰至于后世之君臣，盖未有如齐桓、管仲者，宜孔子以为'正而不谲'，'如其仁'也。"孔子对管子"如其仁"的评价，深得叶适的附和。[①]

在叶适的历史意识中，管子的功绩值得赞扬，这在叶适的文集和论著中有所体现。《水心集·贺叶丞相》中，叶适感慨于管子的功勋："惟管仲之相

① 耿振东：《叶适〈习学记言〉对〈管子〉的解读》，《中南大学学报（社会科学版）》2010年第5期，第30～34页。

齐，与孔明之佐蜀，皆以偏隅之地，坐收强霸之勋。”在南宋朝廷为抗金名将李纲定谥号时，叶适以孔子对管子的评价为标准，进行讨论：“孔子曰：微管仲，吾其被发左衽矣。考公之行事，而深察其志，使要其功烈之所成就，则岂有愧于孔子之所称者哉！悲夫！谨按《谥法》：虑国忘家曰忠，安民大虑曰定。请以‘忠定’为公谥。”（《水心集·李丞相纲谥忠定议》）叶适认为管子尊王攘夷，李纲奋勇抗金，都是志在维护中原安全，定国安民，功劳巨大。管子的一些治国方略为后世高度评价和看重，叶适曾评价管子的对内政策曰：“盖尝虑之，三代之兵乘，两汉之郡国，管仲之内政，隋唐之府卫，此古人之美名也。”（《水心集·兵总论一》）认为管子的治国策略为后代传颂。

南宋另外一位知名学者黄震，也对管子思想和《管子》典籍进行过关注和研究。《黄氏日抄》是黄震的主要著作，是其读经史子集的随笔札记，其中卷五五有“管子”一节的内容。黄震开篇即指出：“《管子》书不知谁所集，乃庞杂重复，似不出一人之手。”之所以说《管子》一书“庞杂重复”，黄震认为同一部《管子》的不同篇章中，相近的文字重复出现，体例不一，内容上有自相矛盾之处。他举例说：“其书载鲍叔荐仲，与求仲于鲁，及入国谋政，与戈廪鸿飞，四时三弊；临死戒勿用竖刁等说，皆屡载而不同，或本文列前而解自为篇，或并篇，或无解。或云十日斋戒以召仲，觞三行而仲趋出，又云乐饮数旬而后谏；自相矛盾，若此不一。故曰，似不出一人之手。”

在对《管子》典籍的校勘方面，黄震也做出了相当大的贡献，他对《管子》不同内容的真伪进行辨析，还对唐代尹知章的《管子注》进行纠正。① 黄震认为，管子是辅助治理齐国的相国，握有实权，“管子责实之政，安有虚浮之语？”《管子》的言论应注重踏实，没有虚浮。《管子》中某些读来颇觉怪异的篇章，如《心术》《内业》《侈靡》《宙合》等，黄震或言其“影附道家以为高”，或言其“刻斫隐语以为怪”。《侈靡》是《管子》的重要组成部分，从篇名来看，它主要讨论经济领域中的消费问题，“雕卵然后瀹之，雕橑然后爨之”是其主旨。但《侈靡》篇的内容却包含哲理、阴阳五行、政教、军事、经济等多方面的讨论，这些论述多出语“虚浮”“诬诞”，与“管子责实之政”不相符合。

---

① 耿振东：《黄震〈管子〉研究略论》，《船山学刊》2010 年第 2 期，第 101～104 页。

而《牧民》《大匡》《轻重》诸篇，黄震认为最能体现“管子之情”。《牧民》尤甚，《牧民》“最简明”，体现了管子思想的实质。《牧民》为《管子》开宗明义的第一篇，是系统性文献，其学说可看作《经言》的总脉络。

对于管子的历史功绩，如尊王攘夷等，黄震持肯定的态度。《黄氏日抄·读论语·宪问》曰：“周衰，诸侯强大，地衰德齐，莫能相上，管仲辅齐，仅能以智力总率之，使之尊周攘夷，其济世之功亦不少，故夫子称之。”《黄氏日抄·读毛诗·木瓜》也曰：“管仲处世变之极，而能一正天下，功莫大焉，故夫子许之。其后孟子辟之者，盖劝时君，以王为万世立训耳。自春秋而降，惟汉高祖功在管仲之上，惟诸葛公义在管仲之上，惟周世宗行事在管仲之上，余皆在其下。至我艺祖，虽汤武未可比矣，若管仲之可议者，圣贤宁不为。而仲则苟于为之耳，管仲救世之功何可当也，而世以其救卫为小惠，且罪其专封耶！”黄震认为，自春秋时期以来，很少有人的功绩比得上管子，管子尊周攘夷的济世之功，更是少有人能与之相比。

黄震注重结合所处的历史环境来评价人物，对管子也是如此。《黄氏日抄·读杂史·战国策》云：“甚矣，三代既降，人才随世以就功名，尚皆依仿先王之余。至战国而后，肆无忌惮也。管仲之所营者，功利也，然必假大义而后能致诸侯之服从。子产、叔向之所优者，词辨也，亦必昭旧典而后能却强国之侵暴。更春秋入战国，七雄争强，风俗益变，虽使管仲复生，盟誓已无所施；虽使子产、叔向可作，辞命非己所恤。”春秋战国时期，周王室衰微，世风日下，各诸侯国肆无忌惮。管子致诸侯以尊周，完全出于功利之心，而其所以成就功名，只不过假借王道大义，并非出于王道之真心。但世道使然，处于乱世之中，能力再强可能也于事无补，徒留叹然。

对于司马迁《史记》中的管子列传，黄震印象深刻，提出了自己的看法，对其他士人的评价进行点评。《黄氏日抄·读史·史记·管晏》中云：“世之人见贤而称其贤，见智而称其智，未足言知人。惟其人方困穷时，其迹有甚于不贤不智者，而己独有以察其心。若鲍叔之于管仲，千古一人耳。然愚谓此管仲之为管仲也。君子固穷，穷视其所不为，贫视其所不取，何至蒙不贤不智之迹耶。‘其令论卑而易行，其政善因祸而为福’，太史公此论，固切中其相齐之要领，实则苟于济事不暇顾，在我之正守，已占于贫贱之时矣。晏平仲功业不及管氏，而相三君，妾不衣帛，则廉节过之。”黄震认为，在历史上晏婴的功业比不上管子，而评价一位历史人物，应结合其所处的社会环境来评价。司马迁记述管子的传记中，记载了管子在贫困之时各种“不贤不智”的做法。而司马迁对管子治理齐国的评价是“其令论卑而易行，其政善因祸而为福”，切中其治国方略的关键，这于治世大有裨益，其贫贱时的所作所为也给后人留下深刻印象。

黄震对苏辙《古史》中记载的管子传记也有分析。《黄氏日抄·读杂史·苏子古史·管晏传》云：“管仲传，先叙管鲍之交，语精意婉，读之令人三叹。苏子、全祖、史迁而不敢易，是矣。然史迁本祖《列子》之文，而节其后语，若参以《列子》全文，则史迁所述尚有未尽者。苏子虽并增入之，可也。《史记》叙仲之行事，归之‘因祸为福，转败为功’，盖指仲以权术成伯业。而苏子易之，谓其‘来之以礼，服之以义，不以力胜’，几于过其实。惟其辟管仲之书，为战国诸子之所增益，多申、韩之言，非管子之正，足为管子辨诬，真公论也。”黄震认为，苏辙为管子作传记的时候，沿用司马迁先述管鲍之交的做法，不敢轻易更改。而司马迁参考诸子的记载，对管子记载得不够详尽，苏辙则增加了相关内容。提到管子治理国家的根本，司马迁归结为“因祸为福，转败为功”，指明管子借用权术成就霸业，而苏辙的看法是，管子治国的根本在于“来之以礼，服之以义，不以力胜”，不再依从司马迁的结论。至于对《管子》这部典籍的评价，黄震认为，苏辙的观点比较公正，认为《管子》一书为后来诸子增添或删除，多法家之言，不是《管子》原书。

对于其他前代史学家所著的管子传记，黄震也给予了关注和点评。北宋时期蜀人王常元《春秋臣传》中曾为管子作传记，《黄氏日抄·读杂史·春秋臣传·齐管仲》曰：“商周之初，伊吕皆得圣君而辅之，而又诸侯皆未强大，故有德易以兴。其后诸侯争强，其势不归于并灭不止，而生民之祸烈矣。管仲起其间，先以法制富国强兵，为威制张本，然后教其君不背曹沫之盟，以示信；命燕君复纳贡于周，以示义；伐楚不服，则责以包茅不贡，而楚服；郑伯逃归不盟，则亦却其太子华之谗，而郑伯请盟。力既足以胜，然后假仁义以行之，故能不以兵革而一匡天下，其有功生民岂细哉？然自开辟以来，功利实自此始。后世皆阴用其术而阳讳其名，功不及之而祸反滋焉。此君子所以不贵幸成之功，虽当世赖之，而识者讥之欤！”黄震评价说，管子生于春秋乱世之中，辅助齐桓公示天下信义、仁义，取得不动兵戈而一匡天下的功业，于百姓有益。但随之而来的是，追逐功利的风气由此大炽，后世企图学用管子的阴术谋略，而功效甚微，由此引起的恶俗却难以消弭，受到后人的讥讽。

叶适、黄震是南宋时期比较知名的学者，一生著作颇丰，对管子思想、评价和《管子》文本等有较多研究，这些学术研究成果在管子思想发展史上占有重要地位，是管子思想传承和研究的重要内容和发展阶段。有学者曾经对黄震与叶适对于“轻重学说”的认识进行过分析。巩曰国的研究①以黄震、叶适等人为例，分析了宋代学者对《管子》“轻重思想”的认识。认为黄震总结了《轻重》篇的“富国”“足民”之术，指出“轻重”之术也可以用于国与国之间的斗争，黄震称其为“推其术以戕邻国”。宋代学者提及“轻重”思想时，不是推崇这一学说，也不是向人们介绍其内容以作为理财的借鉴，他们是为评判“轻重”确立依据。黄震对“轻重”的总体评价是“多术”，叶适的评价是“谬妄”，吕祖谦说它“攘夺”，朱熹说它“卑陋”，薛季宣说它“巧诈”。宋代理学思想占据统治地位，儒家伦理大为尊崇，伦理道德成为品评人物、衡量朝政的根本标准，而求利之门、霸王之术，成为人们批判的对象。因而在宋代，强调“利出一孔”、推崇权谋机变的轻重学说，会受到很多批评。

第三节　陈襄、高似孙、吴海等对管子的批判

北宋理学家陈襄所撰《古灵集》中，有专论管子的《鲍叔荐管仲论》一文，其文将管子贬得一无是处。陈襄赞赏鲍叔牙而诟病管子：“昔齐桓公自莒入于齐，使鲍叔为宰。叔乃辞之，以荐管仲，谓其忠信可结于百姓，礼义可法于四方。愚尝观鲍叔之言，以管氏行事终始验之，亦未见忠信礼义之效，窃甚病之。”鲍叔牙可以看作忠信礼义的典范，而管子则恰恰相反。

何出此言呢？陈襄进行了各方面的分析：“管仲因襄公之乱奉子纠以奔鲁，公孙无知弑襄公而自立，而管仲不能杀身靖乱归子纠而嗣之，非为国也，

① 巩曰国：《宋代学者论“轻重”》，《管子学刊》2011 年第 4 期，第 14～17 页。

岂曰忠乎?""忠以为国",在为臣子"忠"的这一方面,管子没有达到标准。"洎齐人杀无知而逆子纠,齐大夫又逆小白而仲不能戮力为主,先就其国失齐之望,非哲人也,岂曰信乎?""信以结人",在诚信方面,管子又多所欠缺。"洎小白自莒先入是为桓公,遂命鲁公以杀子纠,而仲不能刺心刎颈以夺厚其报,非事君也,岂曰礼乎?""尽礼所以事君",在尊礼这方面,管子做得相差太远。"既而桓公遣使于鲁以逆管仲,而仲不能高翔远逝以全其节,反以为相非忘利也,岂曰义乎?"君子的要求是"见义所以忘利",而管子则反其道而行之。

从管子辅佐公子纠的做法而言,陈襄指责管子不忠不信无礼无义:"四者无一擅身后之名以为其实,不亦过乎。"在《鲍叔荐管仲论》整篇文章中,陈襄反复强调管子对公子纠的亏欠,进而把齐襄公的死亡、齐桓公的失利全归罪于管子一人:"矧管仲沉几先物高气盖世,当乱国为良弼无以夹辅子纠,归于齐国俾失襄公之嗣而死鲁公之手,而复苍黄反覆终始参差反北面于桓公。失厚报于子纠,而可擅忠信礼义之名乎?"陈襄屡次下结论说,管子的做法,绝对不符合忠信礼义之道。

在此感情基础上,就连孔子称道的"九合一正",陈襄也认为不值得一提:"厥后虽能霸强齐,尊周室,九合诸侯,一匡天下,皆权诈之力也,乌足道哉!"陈襄极力贬低管子的品德,也不承认管子的历史功绩。这与陈襄的历史观有密切的关系。陈襄属于守旧派,反对当时的王安石变法,他对国君宋神宗上书说,王安石施行的"青苗法",是"特管夷吾、商鞅之术,非圣世所宜行"。理由是:"管仲以区区之齐,居于海滨,于是兼鱼盐之利,权重轻之法,假仁义而行谲诈,欲以强国足兵而已。然而不能使其君为王政,此圣门之所耻言,而曾西所以毕其功烈也。"(《古灵集·论青苗钱》)可见,在联系实际讨论问题时,陈襄是借贬低管子来反对社会变革。他立足于封建伦理道义,对管子全面否定,这一定程度上反映了守旧派或空谈心性者因循守旧、不思变革,甚至盲目自大的心态,不利于现实问题的解决。

南宋学者高似孙也在评价管子思想过程中极力对其加以批判。高似孙著有《子略》,其中所录之书标有题识者,共计三十八家,《管子》是其中之一。在开篇,高似孙首先感慨历史发展的盛衰变迁:"古者盛衰之变,甚可畏也。"强盛之时，可以周代为例，国家昌盛的局面不是单个人的功劳，也不是一天的勤奋结果："先王之制，其盛极于周。后稷、公刘、太王、王季、文、武、成、康、周公之所以制周者，非一人之力，一日之勤。"周代给后世留下众多经验，"先王之制，其盛极于周"。但许多英明国君努力经营的盛世，却能够轻易被个人破坏、损毁，这个人就是齐国之相管子："及其衰也，一夫之谋，一时之利，足以销靡破凿，变徙划蚀，而迄无余脉。吁，一何易耶！九合之力，一霸之图，于齐何有也？使天下一于兵而忘其为农，天下一于利而忘其为义。孰非利也，而乃攻之以贪，骋之以诈；孰非兵也，而乃趋之以便，行之以巧，一切先王之所以经制天下者，烟散风靡，无一可传。"管仲使得天下之人忘却农业为本，注重兴兵，追逐功利而忘却仁义，先王辛苦经营的盛世消弭殆尽。"呜呼，仲其不仁也哉！"管子可谓不仁不义的典型。

接着高似孙指出，管子的思想是后世贪功重利、穷兵黩武、征民重赋的源头，战国时期的商鞅、秦代的李斯是管子学说的坚定执行者，后代的国君也大多奉行管子、商鞅、李斯这三位法家人物的学说，最终使得上古三代时期的国富民安一去不复返："而况井田既坏，概量既立，而商鞅之毒兹滋矣；封建既隳，诗书既燎，而李斯之祸益惨矣。系谁之咎耶？汉唐之君，贪功苟利，兵穷而用之无法，民削而诛之无度，又有出于管仲、鞅、斯之所不为者，岂无一士之智，一议之精，区区有心于复古者，而卒不复可行。盖三代之法，其坏而扫地久矣。坏三代之法，其一出于管仲乎？"在此，高似孙对管子进行史无前例的批判，把后世社会风气败坏、国家日益衰败的责任毫无根源、毫无辨析地推到管子一个人身上，这种结论相当偏激。根本原因在于，高似孙把《管子》书中的记载，与管子思想完全等同起来，由于不认可《管子》中与商鞅近似的法治思想，故而否定《管子》，进而完全否定管子本人在历史上的功劳。

从评价历史人物的标准来看，高似孙赞同三国魏时期刘劭《人物志》中把管子、商鞅并称为法家的观点，他们都强调依法治国："刘劭之志人物也，曰管仲，曰商鞅，皆以隶之法家。""劭所谓皆出于法者，其至论欤！"高似孙对唐代李德裕评《人物志》中的管、商不甚赞同。李德裕《人物志论》云："余尝览《人物志》，观其索隐精微，研几玄妙，实天下奇才。然品其人物，往往不伦。以管仲、商鞅俱为法家，是不究其成败之术也。”李德裕指出，管子、商鞅在建功立业、富国强民的方法上不尽相同，各有重点，因而不能把管子、商鞅都归为法家之列。高似孙否定了李德裕的结论，批评其没有熟读《管子》典籍：“李德裕以劭之索隐精微，研几玄妙，实天下奇才。至以管仲与商鞅俱，人物之品，往往不伦。德裕顾未尝熟读其书耳。”高似孙的这种推论，正反映出他是以《管子》记载为本来评析管子的，他把《管子》视为管子思想的完全、真实体现，这在已对《管子》版本辨伪取得重大进展的南宋时期，是不常见的。

结尾之处，高似孙再次强调了时代发展处于盛衰变迁之中的历史观，并以孔子之言为例证：“孔子曰：齐一变，至于鲁；鲁一变，至于道。”齐国改变自身的“功利之习”，可接近于尊奉周公之礼的鲁国。当然，这不是说圣人致力于改变齐国的社会风气，而是感慨于古代的礼制不可以恢复而已：“然则安得而变哉？圣人非有志于变齐也，古之不可复也，为可叹耳。”联系其所处南宋时期不尽如人意的社会环境，遥想上古三代时期的安居乐业，高似孙发出如此感慨，是可以理解的，只是对管子的评价有欠公允。

除了陈襄、高似孙，宋元时期其他一些学者也对管子进行了批判。南宋学者袁燮在《挈斋集》中，有《管仲器小论》一文，对于孔子“管仲之器小”说，袁燮评论道：“仲之生平，此一语尽矣！”袁燮是理学家陆九渊的弟子，继承并发展了心学思想体系，善于用“心”的学说解释人的社会政治行为。袁燮指出，管子不能佐齐桓公使齐国“修其军制，使诸侯毕来取法，皆定卒伍而修甲兵，将复见西周之盛”，其原因在于“此皆仲未闻大道，其器小故”，“盖（管仲）智有余而心不正者也”，管子心术不正决定了他的行为和事功，“窃先王之法以为己利，仲之心术不正彰彰焉”，己心不正，更不能正君心，“娶三姓女，官事不摄，台门反坫，用国君礼，已为奢淫。若是又安能止其君之纵欲乎？”所以，袁燮认为，孔子称管子器小，而孟子卑其功。

元末明初的文人吴海，在其论著《闻过斋集》中，也撰文《读管子》，对管子的事功进行评价。吴海承认管子是春秋时期的名臣，但他认为管子辅佐桓公合诸侯、攘戎狄的初衷，只不过是为了满足自己的私欲：“其相桓公，不过搂诸侯以相伐，擅其势而窃其利。其奖王室，继绝攘戎，事虽正而心则私。”这对后世有非常鄙陋的影响:“而开后世无穷之祸。”吴海否定孔子对管子“如其仁”的评价:“盖其才虽富,而心则狭,故识甚浅,而功可羞,然其不仁亦甚矣。”吴海对管子的评价之低,与他的性情和政治态度有关,《明史·吴海传》中记载他持论比较偏激,曾说:“杨、墨、释、老,圣道之贼;管、商、申、韩,治道之贼;稗官野乘,正史之贼;支词艳说,文章之贼。”行事也比较乖戾,曾经劝其友人王翰为元朝殉节,等等。吴海对管子的评价观点,只能代表其个人的态度。

宋元时期学者对管子的评价如此低劣,显示出当时文人对之前的管子认识和评价出现了大的转折。文人士大夫各自立论,从不同的角度切入,声讨、指责管子之声压倒了前人对其的颂扬。[①] 出现这种现象,一方面与学者自身的经历、学业和所处社会环境有关,另一方面也与把管子本人思想等同于《管子》的记载有关。如宋人在论史时,解读视角主要集中在三个方面,即君臣伦理纲常、人臣责任和治国方针。宋代是先秦儒学的复兴和发展时期,儒家所推崇的三代之治、仁政理想和王道论在此时被高度重视。而管子的治国之术,一定程度上违背了儒家以农为本、以德化下的原则,作为个人太凸显追求功利之心,被认为是以功利治国,难以持久有效。这是宋人评论管子时鄙薄管子的重要原因。

宋元时期文人的思维比较活跃,许多学者对管子或其治国学说进行评价,比较有代表性的有韩元吉《南涧甲乙稿》中的《读管子》,范浚《香溪集》中的《读管子》,薛季宣《浪语集》中的《辩管子》,胡宏《皇王大纪论》中的《管仲相齐》,杨冠卿《客亭类稿》中的《礼义廉耻》,田锡《咸平集》中的《相箴》,王若虚《滹南集》中的《臣事实辨》,李石《方舟集》中的《左氏诗如例》,胡祗遹《紫山集》中的《读春秋》等等,学者赵文坦[②]对此进行了全面系统的分析。

赵文坦的研究指出,春秋时期著名政治家管仲的事功和政治经济思想对后世影响深远。至宋金元三朝,管仲和《管子》仍然对社会政治以及士人

---

① 石红晓:《论宋代对〈史记〉中管仲形象的接受》,《西南农业大学学报(社会科学版)》2008 年第 4 期,第 115 ~ 119 页;施春晖:《略论宋人对〈史记·管晏列传〉中的管仲的接受》,《黔东南民族师范高等专科学校学报》2003 年第 2 期,第 56 ~ 57 页。

② 赵文坦:《宋金元人论管仲》,《管子学刊》2008 年第 4 期,第 23 ~ 26 页。

的思想行为发生重要影响。宋代主张革新、务实尚功的政治家、思想家和志士仁人,多崇尚管仲尊王攘夷的事功,尊之为贤相能臣的楷模,赞许孔子对管仲"如其仁"的评论。空谈心性的宋儒既讥讽管仲"器小",也贬低管仲的事功,孟子对管仲的评判影响了这类宋儒。金元人尊崇管仲合诸侯匡天下的事功,尊其为贤臣之首,对管仲的所谓"器小"几无苛责。金元汉儒多讳言管仲攘夷平戎的功绩。

北宋时期思想家、改革家李觏,撰文《富国策》《强兵策》《安民策》等,提出一系列富国强兵的措施,在理论上借管子的事功,对儒生倡王道反霸道议论提出批评:"儒生之论但恨不及王道耳,而不知霸也,强国也,岂易可及哉?管仲之相齐桓公,是霸也。外攘戎狄,内尊京师,较之于今何如?"(《盱江集·寄上范参政书》)李觏讥嘲那些空谈心性、王道的儒生不识时务,也痛惜北宋没有管子那样的强势人物。钟阳胜的研究[①]指出,在李觏的很多著作中,如《富国策第一》《富国策第五》《富国策第六》《安民策第一》《平土书序》《原文》和《礼论第一》等,许多都涉及了社会的政治、经济和伦理道德问题,在社会历史观方面继承和发扬了自管子以来的唯物主义倾向。

耿振东在《管子研究史》[②]中分析了李觏对管子"轻重"学说的阐释与完善。基于对《管子》为政与求利思想的认同,李觏不仅接受了《管子》的轻重学说,还结合北宋社会发展的现实,对其进行新的阐释,加以完善。李觏肯定了《管子》的轻重之术,并以轻重学说修正传统的平籴观点,又对轻重学说垄断、抑商的弊端进行调整与完善。如针对北宋时期盐业官销的现状,即一些经营盐业的官吏窃取官盐私自贩卖,与官方争利,李觏提出"通商"的建议。国家卖盐给商人,以收取关市之税的方式获取盐业垄断的应得收入;众多商人代替官府直接与民众交易,国家不仅节省了官方售盐人员的开支,而且杜绝了售盐过程中官员舞弊的现象。这样做可调动起商人的积极性,更有利于国家对经济活动的调节。

---

① 钟阳胜:《试论李觏的历史观》,《暨南大学学报(哲学社会科学版)》1980 年第 4 期,第 30 页。

② 耿振东:《管子研究史(战国至宋代)》,学苑出版社 2011 年版,第 284 ~293 页。

赖井洋、郝翠荣的研究[1]指出，管仲与李觏均以自然人性论为基础，注重公利、实现富国富民是管仲与李觏所追求的最大社会功利目标，“王霸并用”“义利双行”是管子与李觏社会功利主义思想所共同主张的价值原则。管仲和李觏的功利主义思想虽论述不同，但主旨相同，都重视人对利益的追求，大胆进行社会变革。管仲开社会功利思想之先河，佐桓公九合诸侯而一匡天下；李觏则始倡有宋一代之功利主义思潮，推进社会变革，“匡国济民”，成为北宋的知名思想家。两人思想影响深远。

朱熹是南宋著名的理学家，耿振东在研究中[2]重点分析了朱熹对《管子·弟子职》的注解和对《管子》的辨伪，这显示出朱熹在《管子》史学研究中的地位和价值。在辨析《管子》典籍时，《朱子语类》中朱熹云：“《管子》之书杂。管子以功业著者，恐未必曾著书。如《弟子职》之为，全似《曲礼》。它篇有似《庄》《老》，又有说得也卑，直是小意智处，不应管仲如此之陋。其内政分乡之制，《国语》载之却详。《管子》非仲所著，仲当时任齐国之政，事甚多。稍闲时又有三归之溺，决不是闲功夫著书底人。著书者是不见用之人也。其书《老》《庄》说话亦有之。想只是战国时人收拾仲当时行事言语之类著之，并附以它书。”也即，朱熹认为《管子》内容以“杂”为特征，《管子》并非管子本人所著。

干春松的研究[3]重点讨论了朱熹及其弟子对《论语》中孔子评管仲“不知礼”和“如其仁”的矛盾，指出这可以被看作儒家“王道政治”讨论的重要原型，因为围绕孔子对于管仲看似矛盾的评价，后世儒者的讨论越发偏离孔子的本意，而转向王道理想主义，将管仲之所为视为“霸道”。朱熹批评管仲“器小”，目的是为了确定儒家道统对现实政治的合法性判准地位。在此基础上，朱熹折中了孔子许管仲“如其仁”的问题，认为管仲的功绩不应随便磨灭。至于管仲在当时历史情况下应如何去做，朱熹的结论是：“此事思量是

---

① 赖井洋、郝翠荣：《管仲与李觏功利主义思想比较初探》，《管子学刊》2013 年第 1 期，第 8～12 页。

② 耿振东：《朱熹〈管子〉研究的历史考察》，《新疆大学学报（哲学·人文社会科学版）》2013 年第 2 期，第 123～125 页。

③ 干春松：《王道政治构想的“虚置”——朱熹的管仲论说》，《中国社会科学报》2010 年 11 月 2 日版。

难事,又也难说。”(《朱子语类·论语七》)这说明,儒家所推崇的政治构想并不能有效地形成具体的制度性支持,儒家始终只能作为政治的批评性立场,而难以转变为建设性方案。

徐刚、周明的研究[①]对比了管仲和朱熹的国家治理思想,分析说,两人的国家治理思想有不谋而合之处,其主要目的都是为了维护国家统治,客观上对于稳定社会秩序,促进社会发展,有限地改善下层百姓恶劣的生存条件起了积极的作用。对于春秋时期的管仲来说,辅佐齐桓公成就霸业,利用食盐贸易等有效措施,促使经济富庶;积极改革内政,发展生产;改革军制,组成强大的常备军,等等,是其国家治理的主要思想。朱熹生活在南宋,国家内忧外患,各种矛盾非常尖锐,朱熹怀着强烈的民族自尊心和社会责任感,在政治方面,以民为本,德法并治,施行仁政固本思想;在经济方面,强调以农为本,大力发展农业,从而实现富民强国;在社会福利方面,力主赈济救荒,救助社会弱势群体,实现社会和平。

第四节　两宋诗歌评论管子

管子作为取得卓越贡献的历史政治家,其事迹、思想及历史地位等问题,在宋代也引起士大夫们的热议。一宗历史事件或一位历史人物,成为后代学人感兴趣的描述对象,必定存在其公认的探讨价值。除了以文论的方式探讨管子,诗歌也是文人们评论管子的重要文学载体。据《全宋诗》[②]考察,两宋时期共有130余位诗人,创作了210多首诗歌吟咏或提及管子[③],这在其他朝代是很难见到的文化现象。

管子在辅佐齐桓公治理、改革齐国的过程中,制定了一系列行之有效的政治、经济、军事措施,如“官山海”“作内政而寄军令”等。管子的治国政

---

① 徐刚、周明:《管仲与朱熹:国家治理思想的比较分析》,《朱子研究》,2014年,第137~144页。

② 傅璇琮等主编《全宋诗》,北京大学出版社1993年版。文中所引宋代诗人的诗作,除特别标明外,均引自本书。

③ 张艳丽、张杰:《论宋代诗歌中的管仲评价及文化意蕴》,《邯郸学院学报》2014年第2期,第85~88页。

策，是宋代诗人较多关注和评价的方面。李弥逊《送王三十六机宜召赴行在》云："近闻管夷吾，御敌富长策。能持一钧金，力转万钧石。"大力赞颂管子强国富民的治国策略。在盐业专卖政策方面，欧阳修《送朱职方提举运盐》曰："齐人谨盐策，伯者之事尔。计口收其余，登耗以生齿。民充国亦富，粲若有条理。"对于管子"官山海"的政策，唐士耻填写古曲《比目》云："夷吾深旨人须识，解使封山意不行。当日鱼盐如靡密，已无林放小关情。"经济政策方面的"轻重之术"，林光朝《代陈季若上仓使》赞曰："刘晏取予术，夷吾轻重权。义仓有粟腐，物价敢喧阗。"邵雍《五伯》云："五伯之时正似冬，虽然三代莫同风。当初管晏权轻重，父子君臣尚且宗。"而在军事政策方面，管子推行"寓军令于内政"。赵友直《拟古二首》之一云："圣王创立制，先务正经界。群侯肆兼并，井田随破坏。经界紊其坊，曷所辨中外。三王化邈矣，五霸迭相代。仲父作内政，兵与农胥赖。列辟已无周，重俾宗且戴。伟哉九合功，愿执鞭相待。"

管子其他的一些治国理念如"害霸论"，宋代诗人亦大加推崇。"害霸论"记载在《说苑》中，齐桓公问管子什么做法对称霸天下有危害，管子回答说："不知贤，害霸；知而不用，害霸；用而不任，害霸；任而不信，害霸；信而复使小人参之，害霸。"张镃《杂兴》对此尤为推崇："管仲相齐国，童子犹羞称。确守害霸说，三王亦可成。寸短有所长，贪贤况诚切。莫问九合功，咏此宜击节。"指出单是管子提出的"害霸论"，就足以大加赞扬，遑论其取得的其他功业。

对管子治国策略的看法，晁说之《出京感事》总体评价说："晚岁长途俱寂寞，伤今怀古总飘零。韩彭岂是无三窟，管葛元非守一经。"诗人晚年面对世事，又遥想历史，发出感慨，认为管子、诸葛亮等人在治理国家的过程中并非采用单一的方式，而是依据实际情况制定方略，都注意权变和因地制宜。

管子在发展、强大齐国的过程中所发挥的作用，即作为一个治国政治家所取得的功绩，为宋代诗人所看重。苏辙《奉使契丹·燕山》云："上论召公奭，礼乐比姬旦。次称望诸君，术略亚狐管。"狐指春秋时晋国的狐偃，曾随公子重耳流亡在外十九年，助其回国即位为晋文公，改革朝政，以尊王相号召，击败楚军，使晋文公成为春秋五霸之一。管即管子，春秋初期著名政治家，曾佐助齐桓公进行改革，使其成为春秋时第一个霸主。陈傅良《教授李梦符惠宣圣画像用韵奉酬》云："一艺必有师，尚论襄与夔。一国必有师，尚论管与伊。"认为国家的发展和安定，离不开像管子和伊尹这样的政治家，就像学习音乐艺术离不开师襄和夔这样的艺术大家一样。

除了直接评价管子的治国方略，宋代诗人还结合所处的社会现实，对管子进行评价。宋代在国家实力方面相对贫弱，在与周边强大的少数民族政权如辽、西夏、金等的对峙中，长期处于劣势，甚至出现了徽宗、钦宗二帝被掳的靖康之耻。残酷的现实让宋代诗人感到极端耻辱，他们从内心深处呼唤能抗击外来侵略的英雄的到来。

管子在"攘夷狄"的战争中取得显著成就，并使整个中原地区免受外来势力奴役，免遭兵燹之灾，这点被宋代诗人看重而大力讴歌。苏辙之孙苏籀《编联偶作》对其给予了深情吟诵："管氏攘戎索，元龙高卧楼。"力主抗金的南宋思想家陈亮多次上书皇帝，反对"偏安定命"，倡言完成国家统一大业，其诗《送文子转漕江东》曰："诏颁英簜促锋车，暂借长才按转输。昔叹当年无李牧，今知江左有夷吾。"诗人对春秋时期实现"尊王攘夷"目标的管子、战国时期抗击匈奴的赵国名将李牧，都颇为敬仰。诗人李复借吟咏东晋宰相王导之机，重申管子的攘夷功绩，其诗《王导》云："邹人羞比管夷吾，可复中原尽羯胡。郊垒连云困衣食，纵高练布得充无。"虽则孟子以与管子相比为羞耻，但管子在攘夷方面的功劳仍被后人看重。

历史上晋朝的国家境遇与宋代有着极大的相似之处。一些宋代诗人借咏古晋来喻今，多有涉及管子攘夷的功绩。邵雍《观棋大吟》曰："西晋尚清谈，大计悬品题。妇人执国命，骨肉生疠疵。二主蒙霜露，五胡犯鼎彝。世无管夷吾，令人重歔欷。广陌羌尘合，中州胡马嘶。"诗人对整个西晋时期做了综述和评价，认为正是因为缺少管子这样的抗夷贤才，对外抗争的结局才总是令人痛心。丘葵《暮雨》也把宋代与晋朝进行类比："几月环城万骑屯，一朝闻鞑便南奔。龙枯未必还忧虬，牛瘠胡为莫偾豚。典午既衰无管仲，吐蕃方炽有怀恩。临风一掬英雄泪，散作弥天暮雨昏。"晋帝姓司马，十二支中午属马，后因以"典午"指晋朝。

宋代诗人对管子的治国才能大加赞扬，出于解决当时国家统治"积贫积弱”问题的心理,衷心希望能出现像管子一样的治国贤才,热切呼唤管子式贤才的到来。诗人李觏生当北宋中期,虽出身寒微,但刻苦自励,奋发向学以求康国济民。他在《齐世家》中指出:“莫以荒淫便责君,大都危乱为无臣。若教管仲身长在,何患夫人更六人。”怀有同样心境的还有洪咨夔,其《次杨沪南以前区字韵送行》曰:“深愧平生嗟靖节,一匡天下望夷吾。延英入定中兴业,早震天声到鬼区。”品节方面要向陶渊明学习,需要安定家国时,则期望出现像管子那样的人才。

当然,宋代诗人对管子攘夷历史作用的品评,总是绕不开儒圣孔子对管子的评价。《论语·宪问》记载孔子对管子的看法:“微管仲,吾其被发左衽矣。”管子辅助齐桓公成就了霸业,带来了社会的进步和较长时间的安定局面。“微管”“左衽”的典故在宋诗中时常有见,这是对管子攘夷功绩的另一种指称。苏轼《监试呈诸试官》云:“至今天下士,微管几左衽。谓当千载后,石室祠高朕。”刘克庄《呈黄建州》曰:“歌廉民已嗟来暮,微管吾安得至今。欲谒铃斋参嫡派,管蠡何敢测高深。”著名抗金英雄岳飞之孙岳珂《虞忠肃万里帖赞》曰:“叹微管其左衽,曾垂褒于素王。凛百年而若存,耿英气于江上。”爱国诗人陆游《读书》也感慨云:“穷秋风雨卧孤馆,万世悠悠百年短。垂死成功亦未晚,安知无人叹微管!”等等,不可逐一而举。

《论语》中孔子对管子的个人品德评价有争议性,这对宋代诗人也有影响。孔子对管子许以“仁”的评价,这在宋代诗人中引起了热烈讨论。著名理学家张九成认为管子不能称为“仁”,其诗《论语绝句》曰:“尝称管仲以如仁,仁者要之即是人。未可以仁称管仲,可于人上试经纶。”僧人释文珦作《昨日出城南行》也曰:“齐威虽霸主,亦赖仲父贤。九合不以兵,仲尼所称传。兵乃不祥器,圣贤尝戒旃。人苟服其仁,斯亦何用焉。”认为管子之“仁”,不能真正让人称服。宋儒中有不少学者从贬斥功利的立场和角度出发,对孔子的“管仲器小”论加以发挥。孔子因为“管氏有三归,官事不摄”不能称“俭”且不知“礼”,说“管仲之器小哉”。陈起《真静馈新茶》云:“千载靖节翁,秫向公田种。万钟于我何,肯恋五斗俸。长歌归去来,田园聊自奉。高蹈世莫俦,器局小管仲。”与陶渊明比起来,管子的器量是小很多。

随着程朱理学的兴起,宋代学者用儒家虚悬的“王道”标准,评价管子的事功和道德，表现出一种脱离历史背景妄肆讥弹的倾向。① 程公许《县斋秋怀》云："幼学自鲁邹，素心卑管商。谁令简书缚，课我星火忙。我自友古人，渠肯兄孔方。"指明自己对孔子、孟子的学问所学颇多，而不屑学习管子、商鞅的霸术。刘克庄《杂兴》云："误朝者谁欤，肘后挟管商。簿录网已密，莞推弓遂张。竞贡包茅入，谁知刈葵伤。"吕祖谦《恭和御制秋日幸秘书省近体诗》也曰："功利从今卑管晏，浮华自昔陋卢王。愿将实学酬天造，敢效明河织女襄。"

在这种思想观念的影响下，宋代诗人论述管子在历史发展中的作用时，评价往往大相径庭，甚至截然相反。宋末诗人林同把管子看作孝的德行楷模，其《贤者之孝・管仲》云："战败不羞走，谁为知我深。叔知我有母，亮我走时心。"南宋诗人王十朋则看重管子的霸业功名，认为个人某方面品德的过失不足论道，其《管仲》曰："小节区区岂足羞，功名未显分累囚。平生自有真知己，宁患桓公怨射钩。"北宋文学家张舜民《东武》云："小白奖周室，夷吾致其君。各竭当时力，未免后儒言。骏马日千里，壮士举百钧。更欲加勉策，折髀与摧辕。"认为无论后人如何误诟，管子在当时的历史环境下，已尽最大努力拯救危局。

北宋诗人张耒《读管子》认为："夷吾相桓公，岂复偶际会。观其平生心，身已有所委。天方困生民，吊伐实在己。求居寓所欲，纠与白等耳。堂堂东海邦，内政谨疆理。南荆北达燕，玉币走千里。仲尼免左衽，自以身受赐。孟轲圣之偶，非薄良有谓。彼狂后世儒，诋毁恣轻议。嗟哉不量分，讵解圣贤意。"对管子极力赞颂。② 但南宋诗人陈造结合当时以"岁币"等方式与金政权换取和平的社会现实，严厉批评管子霸业策略的失误，赋诗《管仲二首》云："棠潜俄正鲁封圻，施伯安翔稛载归。尸授夷吾宁复此，君臣应愧始谋非。""平生勋业载成书，胁制诸侯只霸图。盍继车攻奏嘉颂，迄今璧帛篚东都。"

可见，宋代诗人对管子的关注和评价，依旧以对管子业绩的描述和对管

① 胡新生：《管子志》，山东人民出版社 2009 年版，第 156 页。

② 戴立轩：《张耒及其〈读管子〉诗》，《2013 第八届全国管子学术研讨会交流论文集》，第 225 ~ 228 页。

子个人品德的定位为中心。宋代以前,人们对管子的评价大致上认同司马迁的观点。因程朱理学的兴起,加之宋朝"重文轻武"等政策因素的影响,宋朝士大夫具有一种独特人格结构和精神世界,宋代诗人对历史人物的看法与区别相比前人有较大的颠覆性,吟诵管子的众多诗歌就是明显的例证。

值得注意的是,宋代诗人在咏及管子事功时,常把他与历史上其他著名政治家或学者联系在一起,这可看作管子形象本身所包含文化意蕴的延伸和扩展。宋人在吟咏古史时,常把管子和商代伊尹,春秋战国的晏婴、狐偃、乐毅,西汉的萧何,三国的诸葛亮等相提并论,把其看作同一类型的人物,或注重其谋略和计策,或注重其在历史上产生的影响,或注重其学说的流布和传承,进行类比、对比或同比,称之为"管乐""管晏""狐管""伊管"等。清初学者顾炎武《日知录》中也注意到了这种"人名割用一字"的文化表述方式:"《史记》以黄帝、老子为黄老,以王乔、赤松子为乔松,以伊尹、管仲为伊管,以绛侯、灌婴为绛灌。"这可以看作宋人对汉代《史记》文化的一种传承。

与唐代诗歌吟诵相比较,宋诗喜说理,崇尚议论,多直露,言尽意亦尽,且宋诗多借助理性思维来解剖现实,以思想的细致深刻、技巧语言的精益求精来展现。① 故而宋人用诗歌的方式吟咏管子,借以总结历史经验,寄托情志,抒发诗人的政治见解或人生感慨,表达他们对世事沧桑的思考。宋代诗人对管子较多关注,原因在于管子富强的治国之策、攘夷的功勋对宋人有极大吸引力,从而使他们选择管子作为情感载体。这些诗歌中蕴藏的客观、思辨的价值观念,是人们研究宋代历史与管子的重要资料,也为正确认识和客观评价历史人物提供了另外一种视角。

第五节　管子在武成王庙中陪祀地位的变化

宋元时期,还有一种关于管子的文化现象值得关注,这就是管子在武成王庙中的陪祀地位的变迁②,从中可以清晰看出国家统治者对管子认知和评

---

① 马积高、黄钧主编:《中国古代文学史》,人民文学出版社2009年版,第574页。

② 胡文宁:《礼制与政治:宋代武成王庙中管仲陪祀地位探析》,《科学社会经济》2013年第2期,第50~53页。

价的变化。

武成王庙,始设于唐朝中叶,是祭祀兵家鼻祖吕尚的祠庙,在礼制上与文宣王孔庙相对应。开元十九年(731),唐中央政府下令在两京及诸州各置太公庙一所,以汉代留侯张良配享。上元元年(760),唐朝廷又诏令尊太公为武成王,选择历代良将十位,作为十哲陪侍于武成王两侧。列于左侧的是秦武安君白起、汉淮阴侯韩信、蜀丞相诸葛亮、唐卫国公李靖及英国公李勣;右侧依次为汉太子少傅张良、齐大司马田穰苴、吴将军孙武、魏河西太守吴起及燕昌国君乐毅,并给予张良配享的特殊待遇。建中三年(782),唐史馆又考定出孙膑、范蠡、廉颇、管子等六十四人作为从祀,将之分别图形于武成王庙内。从此管子正式进入武成王庙的陪祀之列。

但问题是,为何管子在武成王庙中只是一般的从祀地位,而没能位列十哲之一?众所周知,管子很好地传承了姜太公治理齐国的功业,辅佐齐桓公成为春秋首位霸主。唐代礼官列管子于武成王从祀的地位,折射出唐政府建立武成王庙的政治目的,及当时统治者对管子功业的评价。唐代中期,歌舞升平,士人们崇尚科举入仕,社会风气渐转向重文轻武。为了改变这种局面,扭转这样的局势,唐朝政府试图通过祭祀吕尚来抬高武人的地位,进而维持朝野的尚武风气。遵从于这样的目的和选择标准,唐朝礼官选择武成王配享和从祀时,会以军事理论和军事实践上的成就作为评选的首要标准。如位列配享地位的张良,直接传承了吕尚的《太公兵法》,并以此辅佐刘邦创建汉朝。至于管子本人,作为齐国辅相,他缺少专门的兵法著述,主张以国家军事力量做后盾,主要以政治、经济、外交等手段辅佐齐桓公成就霸业。考虑到诸种因素,最终在唐代管子没能位列武成王庙十哲之中。

宋代承继唐代的制度,建国之初就在东京开封建立武成王庙。而管子在武成王庙中的陪祀地位则发生了重要变动,表现出宋代初期独特的政治需要。宋太祖乾德元年(963),吏部尚书张昭等在原有基础上重新定出陪祀武成王的名单,新增选二十三人,减退“道德”方面欠缺的二十二人。对于这种变动方案,宋太祖特别做了一处修改:将管子塑像于堂,而将吴起画像置于庑下。也就是说,把管子提升为十哲之一,而将吴起降为从祀地位,这其中蕴有丰富的政治含义。

唐末五代以来，藩镇割据，兵戈扰攘频仍，武将飞扬跋扈，甚至掌控政权。为改变这一局面，宋太祖采取了“杯酒释兵权”的措施回收兵权，并通过提高文官及士大夫的地位，提倡儒家伦理道德等方式，来制衡超强的武臣势力。这种政治态度反映在武成王庙祭祀方面，即通过调整其陪祀武将的人选和位次，来达到贬抑武功、征伐，彰显文治、德治的目的。

吴起因贪婪好色、母逝不归而遭贬低。管子的个人品行并非完美，孔子甚至指责其有“三归”“反坫”等不合礼制的行为。管子在武成王庙中陪祀位次依然上升的原因耐人寻味。一方面，管子在世人眼中是一位知名政治家，是贤相能臣的典范，后世多把他与晏婴、萧何、魏征、姚崇、宋璟等文臣名相相提并论。提高管子的陪祀地位，符合宋代初期推行的“以文驭武”、压制武臣的国策。而反映管子思想的《管子》一书，提出国之四维“礼义廉耻”的治国思想。管子指出：“为君不君，为臣不臣，乱之本也。”这些理念，正好适应了宋初重建君臣伦理纲常的政治需要。另一方面，在宣扬宋代立国正当性、合法性问题方面，管子从政生涯中不死公子纠的做法，契合宋代夺取政权的说辞。宋太祖赵匡胤通过策划陈桥兵变而从后周篡夺政权建立宋朝，新生的政权需要获取权重旧臣的支持，还需要不被其他武将所夺取。重新塑造、建设一种符合自身政治需要的忠节观，显得非常迫切。管子不为旧主公子纠殉节，转而忠心辅佐齐桓公取得霸业的事实，被宋初统治者看作忠节观的典范，因而刻意提高管子在武成王庙的地位。

这样的做法取得了明显的效果：为满朝大臣树立标杆，表明具有“仁”之品格的管子是新王朝推崇的武将，杀降的白起、不孝的吴起属于贬斥的对象，无论其战功多么卓著；向后周臣子示意新朝会像齐桓公礼遇管子一般，对旧臣不计前嫌，且用之不疑；暗示后周旧臣一干人等，应该效仿管子辅佐齐桓公，为新王朝尽职尽责，忠心不贰。

宋代初期，管子因符合宋代王朝忠节观、崇文抑武政治理念的宣扬需求，及其贤相能臣的政治家形象，大受宋代统治者的推崇，在武成王庙中陪祀的地位大为提升。随着时间的推移，管子的这些可资利用的文化因素需求性渐渐消弭，其他的理念如治国的理财观念、军事理念等依旧被宋代统治者重视，管子在武成王庙中的陪祀虽有所变动，地位依然十分重要。

自建立政权伊始，宋朝就一直面临着边疆少数民族政权的军事威胁。几次征辽行动失败后，宋朝开始怀疑武力战争的方式，逐渐形成以和止战以应对外部威胁的策略。统治者仅追求内部统治稳定，甚至宋真宗时在战场形势较为有利的情况下，依旧与辽朝签署了付出经济代价的澶渊之盟。这种带有屈辱意味的止战方式，引起部分朝臣尤其是武将的不满。为了宣扬其治国策略中不要战争、稳定内部的合理性，宋朝统治者急需在前代圣贤的理念中寻找理论和实践的依据和支持，而《管子》典籍中所阐述的治国思想，被宋代统治者断章取义地加以利用。

首先，齐桓公刚登位不久，就急于备兵作战，管子对此极力进行劝阻；齐桓公要攻伐宋国、鲁国，管子更是明确反对。屡次用兵失败后，齐桓公听从了管子的劝告，"内修政而劝民"，外行"诸侯之礼"，还以"重币"赏贺诸侯之君。这些内政外交举措，为齐国强盛提供了坚实的基础。管子所倡导的重内政的治国思想和"不竞于兵"的和平外交手段，正是宋代推行"守内虚外""崇文抑武""以和止战"国策的前人经验和借鉴。

其次，管子提出的"尊王攘夷"理念，也被宋代人片面地接受。春秋时期中原诸国受到山戎、赤狄等的侵袭，甚至有亡国的危险，齐相管子以"尊王攘夷"为号召，联合各个诸侯国合力抗争，最终捍卫了华夏文明，这种功业在宋代可以用来激励本朝军民抵御外来侵略。宋仁宗天圣五年（1027），范仲淹在《上执政书》中就以管子作为本朝应该效仿的榜样，其中有云："管仲，霸臣也，而能攘戎狄、保华夏，功高当时，赐及来代，况朝廷之盛德乎。"显然，管子又成为抵御戎狄、维护华夏文化的标志。

再则，宋神宗即位以后，立志改变当时社会上积贫积弱的局面，任用王安石在全国推行变法，以实现富国强兵的目的。王安石变法的核心就在于理财，其方式重在积极开源增收，这可以说是与《管子》所主张的从经济发展、增加社会财富入手，以实现富国安民强兵的治国思想一脉相承。王安石变法中对《管子》中的轻重学说多有借鉴，王安石所推行的均输法、青苗法、市易法等改革措施，均能发现管子轻重学说的影子。①

---

① 凌大廷：《管仲、荀况、桑弘羊、刘晏、王安石的理财思想》，中国财政经济出版社 1983 年版，第 211～213 页。

北宋时期,管子安内的治国理念、“尊王攘夷”的历史功绩、轻重的理财思想等被人们看重,受到推崇,管子在武成王庙中陪祀的地位更加稳固,无可撼动,即便发动战争时也是如此。宋仁宗庆历年间(1041—1048),西夏建立。为鼓励前线将士奋勇作战,宋朝统治者恢复了宋太祖时废除的前代战功显赫而道德不达标的二十二位武将在武成王庙中陪祀的地位。但《宋史·礼志》中强调:“自张良、管仲而下依旧配享,不用建隆升降之次。”可知管子在武成王庙中的地位依然保持不变,并未降回原来的位次。宋徽宗政和元年(1111),宋廷修订了礼制大典《政和五礼新仪》,再次确定了管子在武成王庙中的十哲地位,将其配享位序定在紧随张良之后。可见管子在北宋统治者心目中的重要地位。

南宋政权建立后,绍兴七年(1137)即恢复了对武成王的祭祀,沿用北宋徽宗时所确定的陪祀人选及位次。岳飞冤屈被杀、“绍兴和议”(1141)订立后,宋廷再度打压武将的地位,再施收兵权的措施,并以道德因素对武成王庙的陪祀武将进行了数次调整,但管子在武成王庙中的地位愈加稳固。除了上述原因,这也与南宋政权的变化有关。南宋时渐渐改变了北宋时枢密、中书二府分掌兵政的体制,常以宰相兼任枢密院长官,导致权相层出不穷。宰相集军政大权于一身,左右朝政,控驭兵将。而当年的管子以卿相之地位,“作内政而寄军令”,掌控齐国政权,被齐桓公尊为“仲父”。管子的事迹和历史影响,无疑为南宋权相把持朝政的合理性提供了可资凭借的前鉴,他们对管子在武成王庙中的尊崇地位不仅毫无异议,而且极力赞同。

边疆少数民族政权也极力向中原政权学习礼制,如《金史·礼志》记载,女真人建立的金朝于泰和六年(1206)在都城内修建武成王庙,但是其中陪祀武将的人选和位次都有相当大的改动。其中,最大的改动就是将金朝开国名将完颜宗翰与张良同置于配享的位置,把管子降格为从祀之列。这一方面反映了金朝通过武成王庙彰显其正统性的政治目的和需求,同时也体现出金人对管子“夷夏观”的强烈不满。

到了明代初期,武成王庙被废除,其陪祀的管子等人当然也随即丧失国祭的身份。洪武二十年(1387),明太祖鉴于姜太公称“武成王”与周天子称号相僭越,人才无须分文、武二类等原因,下诏罢去武成王旧庙,去其王号,让姜太公从祀帝王庙。从此,在中国古代延续了600多年的武成王庙消亡于国家礼制之中,管子在国家祭祀系统中的待遇得以终结。

与之相适应,与管子密切相关的地方政府和官员也从官方的角度,对管子进行祭祀。① 地方政府把管子这一人物形象作为教化百姓的重要资源而加以祭祀。为与国家礼制保持一致性,又依据社会教化所需,与管子有关的一些州县地方官员在各个历史时期利用各种方式来践行对管子的祭祀活动。除了王者的庙祭配祀,名宦祠和乡贤祠是祭祀管子的主要载体。这集中出现在明代和清代时期。

齐国都城山东临淄是管子任相职的地方。临淄旧属青州府,唐代开元中,按照国家礼制规定,曾在后来的青州府城西南开始设置太公庙,后改称武成王庙,祀齐太公望,以管仲、晏婴配享,每年在春、秋两季的上巳日,用羊一、豕一、爵三、帛一致祭。明代巡按御史高应芳曾赋《谒庙诗》:"表海遗风在,瞻祠古像幽。荐苹陪管晏,勒鼎配伊周。敬义三王范,韬钤百将筹。应扬犹凛凛,松柏几千秋。"在临淄县西北二里,官府设有齐太公桓公庙,始建无考,以管仲、晏婴诸臣配享。据县志记载,宋景祐二年(1035)、明成化三年(1467)、清康熙六年(1667)时,县衙官员都曾提及或重新整修此庙。这是管子作为齐太公望、齐桓公等国君的配祀而存在。

管子理所当然地也是临淄名宦祠里祭祀的精英人物。明成化三年(1467)巡按御史贾奭令、知县蒋凤在建临淄先贤祠,与名宦、乡贤祠合并,祀奉周太公、桓公、管仲、晏婴等共计13人。教谕包瑜曾撰碑记曰:"厥后若桓公创伯,尊周室攘夷狄,为时盟主,功亦不细。故其臣之仕于是邦而士之生于斯地者,亦皆俊杰英伟。在春秋则管仲,九合诸侯,一匡天下。晏子之历仕三朝,克显其君。"临淄还建有专门祭祀管仲、鲍叔牙的管鲍祠。清康熙五十八年(1719),知府陶锦移建管鲍祠于临淄天齐渊上,山东提学道佥事劳之辨曾赋诗《管鲍祠》:"泱泱海国仰齐风,二相祠堂宿草中。人以分金传管鲍,天将合祀报英雄。云门叠翠飞千仞,淄水长堤走大东。古道只今零落尽,不堪驻马夕阳红。"

① 张艳丽:《太公配飨·地方先贤·盐业之神——论古代官方祀典系统里的管仲形象》,《管子学刊》2011年第3期,第26~29页。

而管子的出生地安徽颍上，也注重对管子这一地方名人的祭祀活动。颍上县城旧有管子祠，明万历年间县令屠隆重建，增祀鲍叔，改名管鲍祠。嘉庆间毁于大火，道光六年(1826)邑人万如陵重建。颍上县城北有管仲墩，崇祯十二年(1639)教谕祁门汪公廷铉独捐二百金创建管子祠。万历三十四年(1606)署县经历蔡经俊在县城北关龙兴寺傍建四贤祠，肖管仲、鲍叔、甘茂、甘罗像于中，供百姓祭祀。作为颍上历史上的一位知名人士，管子也被供奉于学校文庙内的乡贤祠中，被学子与百姓祭祀。

除了与管子直接有关联的临淄、颍上两地，其他地方政府鉴于管子所取得的功绩，也在相关的地方对其祭祀。如四川成都的周公礼殿，即至圣文宣王庙，建于汉献帝初平元年(190)，殿壁上存有上古以来君臣及七十二弟子像。北宋嘉祐年间王素命摹写为七卷，凡一百五十五人，为成都礼殿圣贤图。南宋绍兴年间席益又摹写于石经堂，凡一百六十八人，管子便名列其中。

管子在中央祭祀系统的武成王庙中占据重要地位，在临淄、颍上等地方官方祭祀系统中也颇具影响力，加及管子的一些治国举措对后世影响深远，管子还被当作行业神中的盐业神①、娼妓神②等，受到官方、从业者和民众的祭祀和崇拜。其间更有普通百姓日常生活的追求和精神寄托，这可看作管子思想在民间影响的延伸。

宋代，活字印刷术的发明和推广应用，使得《管子》典籍的整理和编订卓有成效。《管子》刻本的存在与流传，为士人们继承和评析管子思想提供了便利条件。宋代文人对管子的关注热情十分高昂，苏洵、苏辙、苏轼“三苏”即为其中的代表人物，三苏在论管子时有许多共同之处，都是为了借古讽今，劝诫当朝统治者，充分肯定管子相齐的功劳，并客观指出管子的不足。此外，叶适、黄震等知名学者也对管子思想进行了点评。叶适极力肯定管子为承继唐虞三代道统所做出的贡献，又从宋代理学家重视纲常伦理的角度分析，对管子提出批评性意见。黄震肯定管子尊王攘夷的功劳，并对关于管

---

① 张艳丽、张杰：《管仲为盐业行业神考略》，《盐城工学院学报(社会科学版)》2015年第3期，第5~8页。

② 张艳丽：《管仲为娼妓行业神考述》，《中国性科学》2013年第12期，第94~97页。

子的传记进行评价，指出管子生于春秋乱世，辅助齐桓公取得一匡天下的功业，但之后追逐功利风气兴起，由此引起的恶俗难以消除而受到世人讥讽。

而陈襄、高似孙、袁燮、吴海等人对管子思想的评价，明显带有贬斥性质，显示出当时一些文人对之前的管子认识和评价的转变。宋代理学以道德伦理评价为前提条件，管子的治国之术一定程度上违背了儒家以农为本、以德化下的原则，其过于追求功利的表现，被认为难以持久有效。这是宋人贬斥管子的主要原因。

与唐代相似，宋代诗词中也有很多对管子的吟咏，内容涉及管子治国的系列措施和攘夷之功，宋代因疆土仅占半壁江山更是追慕管子的功劳。随着程朱理学思想的兴起，宋代文人惯用儒家虚悬的“王道”标准评价管子的事功和道德。宋代诗人在吟咏管子时，常把他和历史上知名的历史人物相提并论，如“管乐”“管晏”“狐管”“伊管”之类的称呼，这可看作管子本身所包含文化意蕴的扩展和延伸。

另外，在官方和地方的祭祀系统中，管子因功绩显著，曾伴随被尊为武成王的姜太公得到长时期的官方祭祀。武成王庙自唐代中期开始设立，到明代初期废止，存在650余年，管子作为配祀的对象，地位有升有降，自始至终得到朝廷的供奉。而在管子为官的齐国临淄及出生地安徽颍上，地方政府把管子作为名宦和乡贤来祭祀。民间信仰中也把管子当作行业神来崇拜，这大大提升了管子的知名度和影响力。

第五章　明清时期管子思想述论

明清时期是中国古代社会的最后发展阶段，历时540余年。1368年，朱元璋建立明朝，对于中原地区的士大夫来说，汉人重新夺回政权，是历史上很重大的事件。内政上明王朝使政权运转正规化，做出的重大调整是1380年朱元璋废除了丞相的职位，后来取而代之的是内阁首辅大臣与宦官交替辅佐皇帝执掌政权。而当宦官凭陵一切，左右皇帝，并蔑视文官政府的准则时，国家往往陷入艰险的发展境地。外交方面，明朝通过郑和下西洋的伟大壮举，在亚洲的海路上重建权威，中国的制度和文化及物质财富极具影响力。

明代中后期，内外矛盾突显。土地兼并，官员贪污受贿，社会风气奢靡，又有倭寇等的侵扰。社会思想方面，明代时理学思想发展到心学阶段，特别强调教养、学识和伦理义务，其不可避免的局限性是使王朝陷入务必符合先朝故事、调和折中与保全面子等大问题。明朝政府既要维护广大疆域上的统一和同舟共济的意识，又要表现出充分的自我振兴的面貌，以便在和平而有秩序的情况下使社会缓慢而又灵活地发生变化。

1644年清军入关，明清鼎革，满族实现对中原地区的统治。经过清代初期统治者的努力，国内的边疆叛乱被镇压下去，台湾回到祖国的怀抱，国土实现了大一统。内政方面着力加强统治力度，雍正帝时创设军机处，作为辅助皇帝决策与行政的机构，标志着皇权专制走向极端。外交方面清朝统治者推行闭关锁国制度，中国的发展逐步落后于世界。

在一些开明国君的统治下，清代一度出现“康乾盛世”等平稳发展局面，但至乾隆末年开始有衰落的现象，政治日渐腐败。后世皇帝也失去了早期君主锐意进取的精神，掌政风格日趋保守和僵化。思想方面，清朝文字狱层出不穷，以打压、贬低汉人为主；朴学思想兴起，使得大量文人埋头于经史的校注中，而绝少创新。经济方面，统治者重农抑商，大大制约了明末出现的资本主义萌芽发展，社会逐渐陷入政治僵化、文化专制、思想停滞的局面中。

1840年，中国的国门被迫打开，国家和民族被奴役、被压迫的历史开启。一批有志之士纷纷“开眼看世界”，对外提出“师夷长技以制夷”的主张，对内则主张立足于中国传统的优秀文化，为国家面临的困境找寻出路。先秦时期的诸子思想，当然也包括管子的思想，是士大夫们关注的重点。明清时期，文人士大夫结合社会发展的需求，及管子思想的治世特点，在校勘、编订《管子》典籍的基础之上，熟悉管子思想内容的前提条件下，对管子的思想进行剖析，促使管子思想的研究往纵深方向发展。

第一节　明人对管子的评述

明代的刻书事业非常发达，《管子》刻本得以更广泛流传。明人对《管子》的内容和治国思想更加熟知，他们结合自身的学识、地位和社会环境，纷纷对管子思想进行评析。①

明王朝是在推翻蒙古族建立的元朝政权之后建立的汉族政权，明代统治者自认为是政权的正统后继者，极力宣扬明朝取代元朝这一政权的合理性、正当性，颂扬明朝战胜元朝的巨大功绩。对于管子这样重要的历史人物，明人关注较多的，首先是他的功业，他辅佐齐桓公所建立的霸业，他“尊王室”“攘夷狄”的成就。

辅佐朱元璋完成帝业的开国元勋刘基曾感慨道：“盖闻蠖屈求伸，非终于屈，龙潜或跃，匪固于潜。是故勾践事吴，乃成姑苏之举；夷吾佐霸，曷问槛车之嫌。”（《诚意伯刘文成公文集·拟连珠六十八首》）所谓英雄莫问出处，管子取得的霸业是人所共睹的，是值得大加肯定的。刘基看重的是管子

① 张艳丽：《论明代士大夫对管仲的评述》，《管子学刊》2009年第4期，第17～20页；张艳丽、张杰：《论明朝士大夫对〈管子〉治国思想的评述》，《理论学刊》2010年第11期，第112～115页；张艳丽：《论明代史学家王世贞对管仲的评价》，《管子学刊》2010年第4期，第26～30页。

创立的事功。

明初士人刘楚也认为管子是“齐霸功臣”，管子“策鱼盐之利，修农工之政，而国无不富也。九合诸侯，不以兵车，而谋无不得也。进兵楚陉，仗义执言，而勇无不胜也”。(《明文海·答郭庆守》)管子做到了富国安民，有勇有谋，不但百姓得实惠，周王室也得以保全。

明初大儒方孝孺坚守正宗儒学立场，《明史》称其“恒以明王道、致太平为己任”，以“千秋正学”著称，极重“正统”之论。他赞同孔子的夷狄之辨：“孔子大管仲之功，曰：微管仲，吾其被发左衽矣。如其仁！管仲之得为仁者，圣人美其攘夷狄也。”(《逊志斋集·后正统论》)管子之所以被孔子称为“仁”，重在他“攘夷狄”的功劳。

明初诗人贝琼也曾赋诗盛赞管子的攘夷功绩：“天寒北风厉，有客赴临淄。临淄古大国，山川何逶迤。小白相夷吾，尊周攘四夷。田单守即墨，一日走燕师。二子不复见，名今千载垂。为我吊精魂，伯功未可卑。”(《清江贝先生集诗集·送盛孔昭赴淄川丞二首》)诗人一方面赞扬管子尊周攘夷的策略，一方面让友人在临淄地代他凭吊英雄魂，因为管子所立下的霸功不可轻视，更不能鄙视。

明代史学家王世贞曾填写《百字令》，颂扬齐国及管子的伟大功业：“竹符铜虎，是何人，管领东方千骑。画戟雕戈霜万迭，独让些些麈尾。璧月辞橐，莲花离匣，马足寒飙起。雷奔电击，一麾波静如洗。屈指斧钺行边，楼船横海，济甚人间事。涂抹支吾天地老，眼底英雄而已。九合诸侯，一匡天下，自是真男子。向微管仲，吾其被发人矣。”在此王世贞也特别指出管子的抗戎功劳。

明初的知识分子，大多有过在元朝生活的经历，对于少数民族入主中原，他们极力反对，极端仇视，认为这样会给国家造成祸乱，他们为此感到“可耻”，在心理上更是无法接受这一现实。在他们心目中，少数民族只能“以小事大”，接受汉族的统治，而没有入主中原、统治汉族的权利。[①] 正是因为有这种心理暗示，明朝立国后，这些士人感到扬眉吐气，借评价历史人

① 刘祥学：《明朝民族政策演变史》，民族出版社2006年版，第8～10页。

物管子的事功一吐为快，歌颂明朝在击败蒙元王朝而立国方面所取得的巨大成就。这是发自内心的真实感受，同时对本朝歌功颂德也是明初统治者所乐于看到的。

李贽是明代著名的思想家，曾被当时的保守势力视为“异端”“邪说”。他对管子的评价很高：“管仲相桓，所谓首任其事者也。从此五霸迭兴，更相雄长，夹辅王室，以藩屏周。百足之虫，迟迟复至二百四十余年者，皆管仲之功，五霸之力也。”从管子所处的时代背景来看，“周室既衰，天子不能操礼乐征伐之权以号令诸侯”。李贽还做了个比喻，指明管子如此做法十分正确：“此如父母卧病不能事事，群小构争，莫可禁阻，中有贤子自为家督，遂起而身父母之任焉。是以名为兄弟，而其实则父母也。虽若侵父母之权，而实父母赖之以安，兄弟赖之以和，左右童仆诸人赖之以立，则有劳于厥家大矣。”（《焚书·战国论》）随着强势诸侯国的相继称霸，虽则周王室的权势受到削弱，但国家实体还在，外敌无法入侵，全国百姓生活安稳。

举人杨锵生活于崇祯年间，感慨于清人在关外的咄咄逼人之势，基于对国家命运的关注，他对管子取得的“攘夷”功绩，不遗余力地大加赞颂：“自古雄才实学，义正志明，建补天回日之勋，树翼戴匡扶之帜者，无如管仲。”在对管子的个人评价中，杨锵首先分析了周王朝的没落，“奄奄气息决不复振矣”，此时管子之心“刻刻在王室也”。“管子生周中叶，为血性丈夫，痛心蒿目，奋然以匡救为己任，不轻其身，善用其主，作内政寄军令，生聚教训，招怀辑睦者二十年。人心已孚，兵食已足，号令已明，乃始鸣钟击鼓，振旅南向，问昭王之故。”（《明文海·管仲》）经过几番努力，终于使周王室得以续存。至于管子辅助齐桓公首霸而对周王室形成巨大冲击一事，杨锵也为管子辩驳，指明这是受到周王室成命“五侯九伯，女实征之”的允许。

有明一代，士人在评价管子的时候，都高举“攘夷”的旗帜。笔者认为，“华夷之防”是中华民族由原始部落向民族共同体过渡时期的产物。“华”“夷”区别的确定，其实是一种狭隘的民族观。虽然随着形势的变化，封建统治者也提出了“华夷无间”的主张，但这只不过是他们统治策略的调整。所以由始至终，明代士人对于管子“攘夷”的功绩，都是大加颂扬的。

《管子》典籍中记载的治国方略也受到了明人的关注。经济是国家发展的命脉,管子的经济政策在明代受到重视。明代学者王樵对于《管子》的"轻重"经济理论大加钦佩,认为这是发展社会经济的重要措施。古代齐国在管子的协助治理下称霸诸侯:"管仲之为桓公谋也,亦以为守国者守穀而已矣。岁穰,民有余则轻穀,君为敛籴以重之;岁凶,民不足则重穀,君为散粜以轻之。轻重之权,常制于上,而万室之邑必有万钟之藏,乃桓公所以合诸侯成伯功也。"管子的这种"轻重"经济原理,无论在古代还是当今发挥的作用是差不多的:"夫今古同一齐也!其利或未足以为资,而所鲜或益足以为患者无,亦人事之修未如古乎?"(《方麓集·送刘兵宪之青州序》)《管子·国蓄》篇认为:"谷贵则万物必贱,谷贱则万物必贵,两者为敌,则不俱平。故人君……操事于其不平之间。故万民无籍,而国利归于君也。"在物品充盈或匮乏的时候,保持物价的绝对稳定没有必要,应在价格的上下波动中求其准平,不能使其"常固"。统治者应利用这一经济现象来调控经济生活,为国家谋利。

王樵还痛惜于当时过度自由买卖导致的土地高度集中,使"地利人力俱有不尽",从而想到运用管子的"四民分业"之法来解决这种日益尖锐的社会矛盾和阶级矛盾:"昔管仲治齐,使四民各有定业。窃先王之绪,余犹假以获富强之效,若能稽夫家授地职,实以先王之良法美意行之,财用岂有不理?天下岂有不平者哉?"(《方麓集·戊申笔记》)虽然这种办法不能很好地解决明代社会的土地问题,但从另一个方面可以看出,《管子》的"四民分业"方法在明代受到关注。

明代政治家、学者于慎行熟悉历代典章制度,对《管子》中记载的齐国经济政策有自己的看法。于慎行总结《管子》中记载的富国之法:"大要在笼山泽之利,操金谷之权,以制民用,而不求之于租税。使民之器用服食皆仰足于上,而上无所求于民。第以市道交之,使其轻重之权在上不在下,而富商大贾无所牟利,此其大略也。"认为齐国之所以富有,在于实行了"官山海"的经济政策和制度,实施制盐业和冶铁业的国家垄断性经营,使人们的生活和生产必需品食盐和铁器由国家专卖。从国家统治利益着眼,"官山海"政策确实是一种很高明的增加国家财政的有效方式,是处理国家与民众"取予关系"即利益分配关系的一种上佳模式,即所谓"民不益赋而国用饶"。"官山海”政策的推行，盐铁垄断利润的获得，迅速增加了齐国国家财政，为齐桓公的霸业奠定了坚实的财政基础。

于慎行认为：“管子之法，霸道也，可施于一国而不可施于天下。”“官山海”政策不可推行天下的原因有二：一是治理好一个统一的大国，需用精神意志统摄和感化，而不是用法令强制；二是齐国只是一国称霸富强，而不顾及周边国家，这好比一具血脉周流的身体，治理起来不可以“损手而益足，刳肤而实腹”。所以后代实施这一经济政策的多不理想，“是故桑、孔用之汉而耗，王、吕用之宋而乱”。(《谷山笔麈·经子》)

人才问题是各个朝代关注的重要问题。管子的被举荐经历和人才思想在明代受到极大关注。王阳明作为一位屡次平定战乱的保国功臣，也是一位历经仕途坎坷的“心学”宗师，在给朝廷献策进言中提到人才问题时，主张“舍短以用长”。具体做法是：“用人之仁，去其贪；用人之智，去其诈；用人之勇，去其怒。”之所以提出这样的主张，是从前人的经验中总结出来的：“吴起杀妻，忍人也，而称名将；陈平受金，贪夫也，而称谋臣；管仲被囚而建霸，孟明三北而成功，顾上之所以驾驭而鼓动之者何如耳。”(《王阳明全集·陈言边务疏》)管子即这方面的例证。

王学门人黄绾关心政务，向当时的辅政大臣李东阳上书，讨论时政，提出自己的治国之策。其中一条是整顿朝廷纲纪，提及赏罚制度对人才和国家的影响：“窃惟朝廷，天下之首，纲纪所自出。若提其首，下无不从，所谓‘赏不必遍及于人，而人自劝；罚不必遍加于人，而人自惩’。夫赏常行于君子，而罚必及于小人，此朝廷纲纪所以立也。赏常行于小人，而罚或及于君子，此朝廷纲纪所以废也。”列举的是管子的事例：“齐桓公始用管仲，九合诸侯，一匡天下。管仲死，信竖刁、易牙，遂至身死而不救。……则知君子、小人之用否，所以关系于纲纪者何如哉！”(《明文海·上西涯先生论时务书》)人才是国家的重要财富，贤佞之人的任用，关系到国家的安危，影响很大。

到明代末期，人才问题更是不可或缺的话题。著名思想家王夫之认为：“图王业者，必得其地。得其地，非得其险要财赋之谓也，得其人也；得其人，非得其兵卒之谓也，得其贤也。”要治理好国家，必须有人协助才行，人才必须是贤才，而不是普通的能打仗的士卒。管子就是齐国的贤才："管仲用于齐，桓公死而齐无人；商鞅用于秦，始皇死而秦无人；无以养之也。"（《读通鉴论·三国》）王夫之指出，没有真正有能力的人才相辅佐，国家很容易陷入困境中。

《管子》的军事思想也受到重视。明代学者王樵的友人刘兵宪要去青州任职，王樵祝贺好友实任，并以青州之地辉煌的军事战绩与其共勉。提及古齐地的军制，王樵说："盖闻之自司马法废，而惟管子之制兵，最得三代乡兵之遗意，卒伍定乎里，而军政成乎郊。纲纪足以相维，欢爱足以相死，故以三万人而方行天下，莫之与敌。"（《方麓集·送刘兵宪之青州序》）王樵在与好友许敬庵讨论政治问题时，也曾提及管子的兵政，"管子作内政以寓军令"。（《方麓集·与许敬庵中丞》）

明代军事家赵本学对管子的军事谋略有所评论："故管仲霸者之佐，用兵'释实而攻虚，释坚而攻毳，释难而攻易'，以骥虞为道，假尊周为名，要纯乎权谋而已耳。"（《明文海·孙子书校解引类序》）"释实而攻虚，释坚而攻毳，释难而攻易"出自《管子·霸言》篇，是管子军事思想的重要组成部分。对于管子的军事权谋思想，赵本学认为："用兵而不以权谋，则兵败国危，而乱不止。君子不得已而用权谋，政犹不得已而用兵也。用之合天理则为仁义，合王法则为礼乐。"所以孔子才称赞管子"如其仁！如其仁！"究其原因，"盖人虽权谋，事则仁义也"。权谋虽用，而仁义为本。

明代后期，社会风气大变，从节俭转向奢侈，从淳朴转向薄恶。思想家对民风不再淳厚痛心疾首，深恶痛绝。管子的"四维"说成为改变世风的重要思想指导方针。天启年间，士人钟惺通过贿赂打通关节，当上福建提学副使。因父亲去世，钟惺丁父忧去职，"尚挟姬妾游武夷山"，因此被弹劾去职。后来，钟惺"选历代之诗，名曰《诗归》"，"已而评《左传》，评《史记》，评《毛诗》"，由书商操作进行盈利。因其"好行小慧，自立新说，天下之士靡然从之"，俨然忘记了钟惺之"不孝贪污之罪"。学者顾炎武认为，钟惺是"败坏天下之一人"。联系所处明代晚期的社会风气，顾炎武感叹说："举业至于抄佛书，讲学至于会男女，考试至于鬻生员，此皆一代之大变，不在王莽、安禄山、刘豫之下！""呜呼！'四维不张，国乃灭亡！'《管子》已先言之矣。"（《日

知录·钟惺》)

顾炎武还对五代时期冯道的传记进行评论,在论述中专门立"廉耻"一节,再次申明了"四维"学说的重要性:"《五代史·冯道传》论曰:'礼、义、廉、耻,国之四维;四维不张,国乃灭亡。'善乎管生之能言也!礼、义,治人之大法;廉、耻,立人之大节。盖不廉则无所不取,不耻则无所不为。人而如此,则祸败乱亡,亦无所不至。况为大臣而无所不取,无所不为,则天下其有不乱,国家其有不亡者乎?"(《日知录·廉耻》)如果国家不重视道德建设,任凭道德沦丧,国家就会灭亡。若想国家不亡,必须注重礼义廉耻的道德教化作用,以规正民风和社会风气。

明代著名散文家归有光对管子的霸术则甚有微言,认为:"自管仲、申、商之徒以其术用于世,其规画皆足以为治,然皆倍于道,故莫不有功效,而祸流于后世。"(《震川先生集·道难》)管子之霸术用于治理国家,可以取得成效,但与"道"的要求相悖而行,对后世流毒很深。"管夷吾者,能以功利之术使诸侯归齐,而不能勉其君至王也。而以为如其仁,管仲之仁,岂又与微子诸人可同日论哉?"(《震川先生集别集·应制策》)管子的这种功利之术虽然使得齐国称霸诸侯,孔子也称颂他为"仁人",但他的这种"仁"道,是不可与孔子所称颂的其他"三仁"——微子、箕子与比干相提并论的。

明朝开国元勋、著名学者宋濂曾对先秦诸子的历史地位进行评说。他回顾前人对管子的评价时说:"先儒之是仲者,称其谨政令,通商贾,均力役,尽地利,既为富强,又颇以礼义廉耻化其国裕如。《心术》《白心》之篇,亦尝侧闻正心诚意之道,其能一匡天下,致君为五伯之盛,宜矣!"而明代之前人们对管子的非议之处在于:"其非仲者,谓先王之制,其盛极于周,后稷、公刘、大王、王季、文、武、成、康、周公之所以制周者,非一人之力,一日之勤,经营之难,积累之素,况又有出于唐、虞、夏、商之旧者矣。及其衰也,而仲悉坏之,何仲之不仁也!"宋濂自己则认为管子是"功首而罪魁者也",前人"是"与"非"的评价都不全面:"仲之任术立伯,假义济欲,纵能致富强,而汲汲功利,礼义俱丧,其果有闻正心诚意之道乎?周自平王东迁,诸侯僭王,大夫僭诸侯,文、武、成、康、周公之法,一切尽坏,列国尽然,非止仲一人而已也。"(《诸子辨》)宋濂对管子进行一分为二的评价,一定程度上代表了那一时代人们对管子的全面评价。

可见,在明代政治家和学者的历史意识中,管子的历史功绩非常突出,管子的治国思想非常重要。明代士人高度评价管子所建立的事功,尤其是其“攘夷”的伟大功绩,与当时明王朝替代蒙元政权有很大的关系。明代士大夫汲汲于从管子的政治实践中借鉴经验和教训,是因为管子思想本身的经世致用功用。这明显受到程朱理学和阳明心学的影响,这些位于官方地位的哲学思潮,与儒家注重倡导的责任感和历史使命相结合,使得明代士大夫比较关注社会现实,针对出现的社会问题建言献策,以期维持社会的平稳发展。

第二节　明清士大夫对管子不死子纠的评价

管子不死子纠这件事情,历代学者都有评判。[①] 宋代时,理学大师程颐结合历史经验和时代动向,从寻求普遍天理的理论诉求出发,将管子不死子纠这个特殊具体的历史事件,置于普遍抽象的视野中来考察,对生死义利这个问题进行了更深入细致的思考。程颐和朱熹对管子的看法大致相同,他们特别重视挖掘人的心术,对管子不死子纠的动机和理由做了深入分析。

程颐解释说:“桓公,兄也;子纠,弟也。仲私于所事,辅之以争国,非义也。桓公杀之虽过,而纠之死实当。仲始与之同谋,遂与之同死,可也;知辅之争为不义,将自免以图后功亦可也。故圣人不责其死而称其功。若使桓弟而纠兄,管仲所辅者正,桓夺其国而杀之,则管仲之与桓,不可同世之仇也。若计其后功而与其事桓,圣人之言,无乃害义之甚,启万世反复不忠之乱乎?如唐之王珪、魏征,不死建成之难,而从太宗,可谓害于义矣。后虽有功,何足赎哉?愚谓管仲有功而无罪,故圣人独称其功,王、魏先有罪而后有功,则不以相掩可也。”(《论语集注》)可见在程颐看来,管子、召忽选择一生一死的做法都可以成立,一个符合大义,一个符合忠信;而且依孔子评价,管子选择生存下来建功立业比召忽死守小信更有价值;而从追求普遍天理出

① 许家星:《生而利还是死而义?——从孔、孟、程、朱、王夫之的管仲之评看儒家的生死义利观》,《北京师范大学学报(社会科学版)》2007 年第 3 期,第 111 ~ 117 页。

发，程颐思考了这两种选择所反映出的普遍问题，考虑何种选择能最大限度地维护而不是伤害忠义原则。

在管子的一生中，不死子纠而归顺小白是一个重大转折，也成为后世议论管子德业的焦点。宋人对管子德行的定位多持鄙薄之态，而明代士人对于管子的这一做法，大多持赞同的观点。学人栗应宏在论述中说："夫惟大人为能济物，义士能急人之难，贤者惜才于时，犹工师、大匠惜材于其业也……是故管仲拔于囚虏，公冶昭于缧绁，范雎起于逋逃，李白雪于党狱……是数君子者，岂德有贤不贤哉？顾其遇与不遇之势异也。"（《明文海·上仪封公论事书》）管子作为鲁国的囚徒，被押送到齐国，是应齐桓公的要求。齐桓公重用了管子，发挥了其治国之才能。可见，栗应宏对管子不死子纠的做法没有异议，对他的私德，认为没有讨论"贤不贤"的必要。

学人们提出对死的看法，认为人不应盲目地去死，臣也不能盲目地愚忠，而要考虑到自己的功业和百姓的需求。明代文学家卢楠主张："古人有言曰：人固有一死，或重于泰山，或轻于鸿毛。用之趋舍异也。何则？孝莫大于复雠，统莫先于传子，士莫重于广业。"他列举了介子推的事例来肯定管子的做法："子推污世主之量，高不赏之节，燔炙介山，不能树管仲之功也。"卢楠认为"士莫重于广业"，人应该活着建立自己的功业，"昔者尚子行仁勇之事，长驱赴难不能弭"（《明文海·上郝南峰吏部书》），一旦赴死就难以挽回，更不用提建立功勋。

到了明末清初之时，管子不死子纠的问题更加凸显，引起士人较多的讨论。晚明著名的理学家黄道周[1]对管子不死子纠之事发表评论："夫当管夷吾之时，天下无共主，惟所适鲁、莒分驰先入者为上。春秋虽以子与纠不得不以霸与桓，既以霸与桓，不得不以仁与管仲，使天下一君，生民共主。"黄道周自身为明王朝殉难，也曾高度评价天启、崇祯两朝的仗义死节之臣。他认为"以身殉道"和"以道殉君"之间没有区别，最重要的评价标准是"仁"。（《明文海·两朝忠烈碑》）管子使得周王室和民众得以保全，做到了"仁"的要求，被孔子再叹为"如其仁"。

① 郑晨寅：《依违于仁义与功利之间——论明末大儒黄道周对管仲的接受之变迁》，《管子学刊》2012 年第 3 期，第 22 ~ 25 页。

正是在此基础上，黄道周肯定管子多方面的才能，极其推崇其事功。如《榕坛问业》卷五记载，学生王千里问曰："看管子才极广博，思极精微，只是才思多了。正枘不能量凿，御车不能教钧，管子分别为之，故觉器小。夫子分别看他，故器小愈见，抑是原本处不同也？"黄道周解疑曰："说器便自小了，夫子许他器者，都是要用得他，如夫子做尧舜，用得管氏做稷契皋夔也。"稷、契、皋、夔等为唐尧虞舜时的贤臣，而管子施政涉及经济、政治、法律等治国思想，加上管子任政相齐、富国强兵的功绩，黄道周因此申论孔子"管仲之器小哉"之旨，认为管子亦有"稷契皋夔"之才。

黄道周对管子的功业大力赞扬，曾撰《管仲赞语》云："时不可王，道从其朔。望氏之绪，虽旦不复。为才人君，为文人师。德成智出，万物果得，千世寡匹。"(《黄漳浦集》)此中黄道周将管子不能成就王道归因于时势，并引用《管子·内业》"德成而智出，万物果得"之语赞扬管子之成德，称其可"为才人君，为文人师"，乃至有"千世寡匹"之誉。当时明朝正处于农民起义风起云涌、清人虎视眈眈的内忧外患之中，国家渴求贤才，黄道周对管子的这种高度评价，既与当时局势有关，又基于管子杰出的事功之上。

后来，黄道周辅佐南明抗击清兵被俘，囚禁于南京，期间他作诗《东山偶书》说："管子胶目时，已得礼乐意。宏才不可遇，季路亦其次。孔门道成人，于此无二义。"(《黄漳浦集》)此诗明显演绎了《论语·宪问》中关于管子不死子纠的记载和评价。黄道周认为管子于事齐桓公之时"已得礼乐意"。最终黄道周义不降清，以身殉国，他一生中虽未有管子之事功，而仁义之名则昭示于天下。

明末清初的三大思想家顾炎武、王夫之、黄宗羲大都赞成管子舍死取生的决定，抗拒狭隘的"君臣之义"。这种认知的突破，与他们所处的时代背景及个人际遇有密切关系。① 他们三人都见证了北京沦陷、崇祯自缢、明朝结束等触目惊心事件，并且都加入反清行列，试图协助南明扭转局面，可惜未能如愿。黄、顾、王三人于生死之间经过一番思想上的挣扎，不但都拒绝自杀殉君殉国，并且对管子不死子纠这个古代个案有很深的共鸣。

---

① 罗秉祥：《在泰山与鸿毛之间——儒家存生取死的价值观》，《儒教研究》2009 年集刊，第 41 ~ 46 页。

顾炎武认为,管子之可贵在于他的忠诚并非狭隘地限于忠君,而是忠于天下;效忠于政权虽是一项义务,但更大的义务是效忠于民族及文化。他在《日知录·管仲不死子纠》中曰:“君臣之分,所关者在一身;夷夏之防,所系者在天下。故夫子之于管仲,略其不死子纠之罪,而取其一匡九合之功,盖权衡于大小之间,而以天下为心也。夫以君臣之分,犹不敌夷夏之防,而《春秋》之志可知矣。”

王夫之也为管子辩护,认为他不是只有仁者之功而无仁者之实,而是一个不折不扣的仁者。其所著《读四书大全说》中曰:“春秋之时,诸侯之不相信而唯兵是恃者,已极矣。‘不以兵车’,而能志喻信孚于诸侯,便有合天下为一体,痌痒相知,彼此相忘之气象。此非得于心者有仁之实,而能任此而无忧其不济乎?……管仲是周室衰微后斯世斯民一大关系人。……管仲不死请囚之时,胸中已安排下一个‘一匡天下’底规模,只须此身不死,得中材之主而无不可为。……管仲是仁者,仁之道大,不得以谅不谅论之。”

此处,顾炎武、王夫之二人都坚守儒家伦理的主流价值观:“正其谊而不谋其利,明其道而不计其功。”只不过,他们认为士大夫的节义并不限于君臣之间的小义,而应包括华夷之防的大义。为了履行大义而不惜牺牲小义,仍是仁义的表现,不可与一般的失节之徒混为一谈。因此,他们一方面反对盲目的殉节,而坚持要履行更大的节义;另一方面,他们也反对苟且偷生,认为为了更崇高的节义必要时也需要殉身。

至于黄宗羲,他在论著中并没有直接评论管子不死子纠的做法,但从他对同门陈确所写《死节论》一文的态度可以看出,他也不赞同管子去殉死。有感于明清之间自杀风气泛滥,人动辄以死明志、以死求名的现象,儒生陈确指出,自杀不一定是成仁取义的充分条件,也非其必要条件,于是撰写《死节论》一文以批评当时之死节之风。黄宗羲非常赞同陈确此中的分析,批评当时士人的泛死节风气。

可见,一些明末清初的儒生在诠释管子不死子纠时,并不把儒家看重的“立德”与“立功”对立起来,因为他们也视抵抗蛮夷入侵为道德义务。于是,殉一姓以尽君臣之分与存生进取以保华夷之防的分别,并非是节义和失节的分别,而是尽小节和尽大节、立小德和立大德之间的区别。

除了这些史学家，其他明末清初的学人也对管子不死子纠之事有所关注。如吕留良《四书讲义》卷一七曰：“夫子许管仲之功，别有大义；若仲无此功，即罪莫大矣。”又说：“子路、子贡两章发问，皆责其失节，而夫子两答，皆只称许其功，而未尝出脱其不死之罪，以其罪原无可解也。若有可解，夫子必早辨之，不留待后儒发明矣，总坐不懂夫子大旨，其意终疑立功不足以赎失节之罪，故曲为之说，不知管仲之功，非古今功臣之功所能比也。”吕留良借解读《论语》之机，赞颂管子的功绩，认为管子的功劳，并非是一般称霸中原、自为争逐、无事于尊王攘夷者能够比得了的。在此，吕留良并不讳言管子的罪过。基于管子的这种丰功伟绩，功大罪小，故管子可以不死。

清初大儒颜元在与学生研学问对中谈及这一问题，学生士钧问：“孔子称管仲为仁，而孟子不许，何也?”颜元回答曰：“孔、孟因时立论，所谓时中也。春秋周室卑，荆楚逼，不有管仲，孰有尊攘？至七雄之世，功利夸诈之习成，发政施仁之道息，孟子自不得傍孔子口吻也。后之讲学则不然，虎豹已鞟矣，犹云‘宁质’；邢、卫已亡矣，犹云‘羞管’；虚言已蠹世矣，犹云‘讲读纂修’，而生民之祸烈矣！”颜元生活于明清换代之际，联系春秋时期邢、卫的亡国，颜元对管子“攘夷”的功劳尤为重视，故而主张从“因时立论”的角度来评判管子的功业。[①]

颜元弟子李塨《论语传注》中也曰：“管仲相桓公，北伐山戎，南伐楚，救邢却狄，成周却狄，则远人惩，北修燕政，南服江黄，宋郑陈鲁，皆归和好，迁邢城卫，邢迁如归，卫国忘亡，则中国安，上正天王之位，下赡贫穷，录贤能，招携以礼，怀远以德，使君臣父子之伦，尊主庇民之命，昭然晓布于会盟间，天下洒然改观而易行，其匡天下为何如者。至于孔子之时，百有六七十年矣，而黎民安堵，犹受其赐，向无管仲，则楚横于南，狄侵于北，王室内乱，诸侯纷拏，中华不知所底矣。子贡以相桓公为非仁，不知为相，正其仁之所在也，何必以匹夫匹妇之小信从死而责之哉。”李塨综述了管子的历史功劳，站在孔子评价的立场上，赞许管子。毛奇龄《四书改错》也曰：“夫子许管仲之意，是重事功，尚用世，以民物为怀，以国家天下为己任。”可见毛奇龄持有相

① 陈登原：《颜习斋哲学思想述》，东方出版中心 1989 年版，第 54 页。

同的观点。

从上述分析可知，清人定鼎中原以后，文字狱日渐稠密，禁忌逐渐增多，许多著名的思想家心存故国而不能畅所欲言，把精力放在训诂经书、解释义理方面，以暗寓春秋大义，并往往借助于《论语》中的篇章，抒发种族之思和夷夏之防的理念。明末清初的学者关注于管子不死子纠的历史事件，把儒家的君臣之义和华夷之辨提升到新的理论高度。

清代中期之后，国家渐次安定，清代学人们讨论管子不死子纠的做法，出现多样化倾向。如学者阮元《研经室集・论语论仁论》曰："元谓：此二章论管仲不必以死子纠为仁，而以匡天下为仁。盖管仲不以兵车会诸侯，使天下之民无兵革之灾，保全生民性命极多，仁道以爱人为主，若能保全千万生民，其仁大矣。故孔子极许管仲之仁，而略其不死公子纠之小节也。"阮元依据《论语》的记载指出，在子纠与桓公的夺位斗争中，管仲不殉其主子纠，而相辅桓公，终成霸业，"民到于今受其赐"。孔子把管子的行动称为"仁"，这是孔门仁学的政治诠解。把行仁道置于效愚忠之上，是原始儒家的重要原则。这表示，儒家是视万民忧乐重于一姓兴亡的，孟子由此发展出"民贵君轻"的民本思想。阮元重新诠解了这种民本思想，"仁道以爱人为主"，"若能保全千万生民，其仁大矣"。民本思想的本质是同样的，阮元将这种思想作为社会原理提出，更具有普遍性意义。①

清代学人龚炜则赞同《论语》中子贡、子路对管子的看法。龚炜认为孔子对管子的评价是"以功覆过"，他分析说："谋人之军，师败则死之，管仲不殉笙窦之难，夫子特以功覆过。由、赐之见，未为不是。"(《巢林笔谈》)并明确指出"管仲实杀公子纠"，龚炜的理由如下："予读《管子・大匡》，而知桓公之杀公子纠，管仲杀之也。仲既知国人之憎纠而怜桓，称其惕而有大虑，非己莫容，则其心早已倾注于桓矣，何不竟奉之，而又臣纠？是以子纠为饵也。射桓而中其钩，是阴纵桓也。桓与纠不两立，桓立而子纠必不得生，子纠之死，舍管仲其谁归狱哉？"(《巢林笔谈续编》)龚炜把子纠的死直接推在管子身上，甚至以为管子把子纠作为诱饵来为自身谋利，把箭射小白的偏失

① 王茂等：《清代哲学》，安徽人民出版社 1992 年版，第 749 页。

也说成是背地里放纵小白。这种分析有些牵强，从道理方面说不过去。

明清时期众多学人、思想家对春秋时期管子不死子纠的历史进行分析和点评，从学术立场、人生经历和社会现实需要方面得出不同的结论，可见当时这一历史事件所具有的代表性。管子故事作为一种文化资源，在历史发展的长河中不断焕发生机。

第三节　清代前期学人评论管子

清代的儒学，重视礼制的研究，目的是要矫正礼俗，鼓励风化，主张以礼修身，以礼处事，希望通过制度的重建来恢复国家典制、社会组织、家族伦理、乡党互恤，并以此敦厚人伦风化，重建社会秩序。研究礼学，先秦典籍《管子》不可不关注。清代学者方苞在治礼学时，特别留意于《管子》《荀子》，曾删定两书，作《删定管子》《删定荀子》。在《删定荀子管子序》中，他说："周衰道散，然后诸子各以其学鸣。惟荀氏之书，略述先王之礼教；管氏之书，掇拾近古之政法。"

只是对于《管子》典籍中的"礼"论和管子本人的行径，方苞不甚苟同且多加否定。方苞《读管子》曰："管子之用周礼也，礼式之繁重，一变而为径捷焉。气象之宽平，一变而为严急焉。非故欲为此也，势也。盖周公之时，四海一家，制礼于治定功成之后，故纪纲民物可一循其自然之节，以俟其迟久而成。管子承乱，用区区之齐，将以合势之散，正时之倾，非及其身不能用也，非及其君之身不能用也。而岂可俟哉？惟欲速而苦其难成。故其行之也，亦不得不严且急焉，是管子之不得已也。然周官之作，依乎天理，以尽万物之性。而管子之整齐其民也，则将时用以取所求，是则其根源之异也。"可见方苞认为，《管子》之礼不但"繁重"且"严急"，其目的是"将时用以取所求"，而周公的礼属于道，没有功利性目的，方苞定论说："管氏之书，其本真盖无几，以其学既离道而趋于术。"（《删定荀子管子序》）

对于管子本人，方苞也批判其富有"三归"，在《读子史·又书礼书序后》中，方苞指出："先王不禁其欲，而必以礼为防，所以救民之凋敝也。鲁，秉礼之国也，而僭郊禘；管仲，贤大夫也，而备三归；子夏，圣门之高弟也，而说纷华盛丽。故先王诱进以仁义,束缚以刑罚,犹惧民之逾其防也,况导以淫侈,而不为之制乎?”方苞认为,三代时圣明的国君治理国家,注重礼的引导,限制人们过度的欲望,即仁义与刑罚共用。这是有历史现实佐证的,比如管子,是人们称颂的“贤大夫”,但其生活奢侈,富有“三归”,就多为后世所诟病。

方苞博览群书,除了批判管子缺乏“礼”,他对于史书中记载的管子形象和事迹,也进行了点评,并提出自己的看法。如对于《史记》中管仲传记的记载,方苞分析说:“管仲之功,焜耀史籍,于本传叙列则赘矣。其微时事,则以称鲍叔者见之,此虚实详略之准也。其书不可多载,故揭其指要,其事人所共知,故著其权略。晏子之事,亦人所共见,故本传不复叙列,与管仲同,而总论其为人,即于叙次其显名于诸侯见之,与管仲异,此章法之变化也。于管仲传,举鲍叔能知其贤。于晏子传,举其能知越石父及御者。三归、反坫,正与食不重肉、妾不衣帛反对。观此可知文之义法,无微而不具也。管晏事迹,见于其书及他载籍者,不可胜纪,故独论其轶事。”(《史记评语》)此中,方苞首先肯定了管子的历史功绩,然后分析说,司马迁的传记比较注重其轶事的记载,凸显了管仲与晏婴一些特点的对比。这是因为司马迁所处的年代,许多典籍对管子的记载很是详细,司马迁不需赘言。

至于管子的经济思想,方苞借点评《史记·货殖列传》进行分析:“两举庶民经业之凡,而中别之。前所称农田树畜,乃本富也,后所称贩鬻僦贷,则末富也。上能富国者,太公之教诲,管仲之整齐是也;下能富家者,朱公、子赣、白圭是也。计然则杂用富家之术以施于国,故别言之,而不得侪于太公、管仲也。”(《读子史·又书货殖传后》)方苞认为,使百姓富裕,农耕是根本,是“本富”,而经商是末业,是“末富”。能使全国百姓富裕的,是姜太公、管子治理齐国时推行的各项政策;陶朱公、端木赐、白圭等人从事商业,使自家富可敌国;计然重在用“富家”的方式来治国,这种影响力不能与姜太公、管子相提并论。

管子的人才思想也被方苞看重。方苞在奏折《请矫除积习兴起人材札子》中提及:“闻用人之道,惟知之为难。凡人之智识必叩之而后知;其材勇必试之而后见;其忠邪、诚伪,必久与之习而后得其真。”在使用人才的时候,了解人才是非常难的事情，一个人有无真才实学，必须经过咨询了解、考验审视、长久相处之后才能知晓。这方面齐国的姜太公和管子是成功的事例：“太公望，文王之师也，武王用之，犹反复穷究，相与问答者凡数万言。管夷吾，齐国之望，鲍叔牙所深知也，桓公用之，犹每事咨度，相与问答者凡数万言。”借此方苞希望统治者能够重视人才的选拔，选拔出有真才实学的人才，为治理国家服务。

在经世致用的思想影响下，清初学者刘献廷对《管子》一书和管子思想着力进行评价，他在《广阳杂记》中说：“《管子》虽不全出敬仲之手，而其经世，允为一家之言，自是宇宙间不可少之大章句，三代而后经纶天下者，俱不能出其范围。儒者过信孟轲氏之言，束之高阁，不思仲尼以仁许管仲是何意旨，可叹也。”刘献廷指出，《管子》一书不全是管子一人所著，是世间少有的经世致用之书，对后世影响很大，并指斥孟子对管子的偏激评价。

刘献廷很看重《管子》的经世作用，他在《广阳杂记》中再三强调说：“《管子》虽不纯乎一家言，自是经世奇书。”他的好友紫廷先生（衡州司马茹仪凤）也有相同的看法，并对《管子》进行删定：“紫老深好此书，前与余谈上下千古，至《管子》，语多与余合，紫老惊曰：‘先生亦好读此书耶？’予曰：‘三代而后，欲经纶天下者，非颍上遗言，何从著手？诸葛孔明为千古一人，其学术全从此书出。’紫老洒然异之，出其所删定之者以示余，更惠白文一书，乃照其删定者涂乙之。”刘献廷认为，三代以后若要治理好国家，大多需从《管子》中得到启迪，而三国时期诸葛亮的治国谋略，可谓学习、践行《管子》的典范。而紫廷先生的思想也明显受到《管子》的影响：“紫廷言：‘人君之治天下，惟是非赏罚、喜怒好恶为之枢机。是非赏罚随喜怒好恶则乱，喜怒好恶随是非赏罚则治。’紫老好读《管子》，以为与圣经相表里，此等语皆深有得于管氏者也。”（《广阳杂记》）

可见，明清之际的思想家在面对“天崩地陷”的社会现实和空谈心性的学风时，大多对传统文化进行反思，力图为经世安邦提供借鉴。他们不大顾及正统与异端的划分，毅然回归先秦诸子精神。

清初学者傅山为了改变空疏无用的学风，也以实学经世为目的，认为只有实用功利才能济世。傅山对注重功利的《管子》颇有偏好，曾曰：“老夫近来只是好《管子》,无人能解。朱长春可谓薄有领会,超前人。读是书者万万,尚不能得四五耳。修身经世,无所不备。"(《霜红龛集·杂记五》)傅山借《管子》之书,发挥其注重社会功利的思想。① 傅山甚至认为,《管子》等书在"济世"方面不乏高出儒家之处。他说:"吾以《管子》《庄子》《列子》《楞严》《唯识》《毗婆》诸论约略参同,益知所谓儒者之不济事也。"(《霜红龛集·读管子》)儒学本来以修身治世为务,在傅山看来,儒学与《管子》《庄子》《列子》等书相比,反而有些"不济事"。至于管、韩、申、商等法家之书,傅山指出,其如皂角一样,可以洗除后世的污秽:"申、商、管、韩之书,细读之,诚洗东汉、唐、宋以后之黏,一条好皂角也。《管》犹多道情,前人都不曾与见面。朱长春颇有手眼矣,似在明暗间,故能豹斑时窥。老夫耽嗜此秘,自谓研几,尚与尔句栉字比。"(《傅青主语言拾遗》)这些法家典籍之中,《管子》在治世方面要高出一筹。

清代一些学者肯定先秦诸子中法家的长处,认为法家有助于实用。学人张履曰:"《管子》实致用之书,李悝之平粜,贾谊之积贮,晁错之言兵,诸葛武侯之毋赦,皆本于此。至《度地》一篇,亦后世治河者之所当考也。而余尤爱其《入国》篇,所谓九惠之教,俾老幼孤独疾病穷困皆得其所,诚能如是,民之生其时者,何其幸与!"(《积石文稿·续书管子后》)学人陆陇其说:"言利之臣,君子所不取也,而其事有可法……是故管仲之治齐也,其人不足取也,然其务农贵粟,虽君子不能不法矣。"(《三鱼堂外集·刘晏五事》)

清初学者陈瑚,史书中说他"先生之学博大精深,以经世自任"。他以《管子》中的思想为"理财"方略,分析说:"《管子》富国之法,大约笼山泽之利、操轻重之权,在上不在下,使富商大贾无所牟利;桑、孔之徒师其意,以为均输、平准之法,而不知其合变,可也。管子,霸道也,可施之一国,不可施之天下;苟利吾国,邻国虽害,不恤也。为天下则不然,此有余,彼不足;不足者,亦王士也。此享其利,彼受其弊;弊者,亦王民也。故桑、孔用之汉而耗,王、吕用之宋而亡。"(《清先正事略选》)陈瑚指出,《管子》的富国思想在于轻重,使国家富裕而让富商大贾无利可图,这是管子的霸国之道,可使单个

① 许苏民等:《明清启蒙学术流变》,辽宁教育出版社 1995 年版,第 540 页。

诸侯国富强而不能推行于整个天下。

当然，也有清代学者依然尊经尊孔，重道轻术，依然辨识王霸之术，依然辨其礼法之别，辨其义利之争，故对《管子》评价不高。清初张尔岐认为法家会坏人心，败德业，他说："若《申》《韩》《管》《商》及稗官小说，最坏人心术，败人德业，不可不慎也。"（《蒿庵闲话》）

清代史学大师章学诚强调子与史的关系，他在"六经皆史"的基础上，进一步认为经、子、集皆与史相通，曰："诸子之书，多与史部相为表里。如周官典法，多见于《管子》《吕览》，列国琐事，多见于《晏子》《韩非》。"（《章学诚遗书・论修史籍考要略》）对于战国时期文章、文体和著述的特点，章学诚说："至战国而文章之变尽，至战国而著述之事专，至战国而后世之文体备。"

谈到《管子》的成书，章学诚曰："春秋之时，管子尝有书矣……然载一时之典章政教，则犹周公之有《官礼》也。记管子之言行，则习管氏法者所缀辑，而非管仲所著述也。或谓管仲之书，不当称桓公之谥，阎氏若璩又谓后人所加，非《管子》之本文。皆不知古人并无私自著书之事，皆是后人缀辑，详《诸子》篇。"（《文史通义・诗教上》）章学诚认为，《管子》书不是管仲的著述，而是后世传习管仲思想、学术者编辑而成。

管仲及齐桓公"一箭之仇"的典故在清代仍旧多被提及。清初多尔衮给吴三桂写信拉拢其曰："昔管仲射桓公中钩，桓公用为仲父，以成霸业。伯若率众来归，必封以故土，晋为藩王。国仇可报，身家可保，世世子孙，长享富贵。"（《清史稿・睿忠亲王多尔衮传》）多尔衮表示，虽然吴三桂与他各为其主多次作战，只要吴三桂愿意投降，多尔衮可以像齐桓公重用管子一样不计前嫌，让其福荫子孙，永享富贵。

清代学者还以诗歌的形式吟咏管子事迹及其功绩，清代道光皇帝旻宁把管子、范武子、子产、晏子、子家羁看作历史上的五贤人，其中将管子置于首位，写诗吟诵管子曰："齐桓正不谲，鲍叔荐士公。一言为知己，任用即听从。射钩置弗问，大度何冲冲。夷吾竭才力，五霸论称雄。亲昵不可弃，宴安患无穷。片言得其要，政治昭齐东。菁茅贡不至，成周祭不共。伐楚责大义，问罪宜兴戎。修礼受方物，强弱国皆同。五命推盟主，赞襄德化充。平戎承宠命，执礼何其恭。贤哉管氏子，世祀酬勋庸。"（《五贤咏・管仲》）道光皇帝总括了管子一生的历史和功业,将其定位为“贤”,使其享有世间的祭祀。

清代徐公修作诗《管仲》曰:“轨里连乡百货通,鱼盐东海表雄风。苞茅责贡强邻服,小毂营城采邑丰。知我一生推鲍叔,得君卅载遇桓公。女闾三千兴商业,万古平康祀典隆。”清代田实发作诗《管仲》曰:“槛车不数尺,乃容天下才。时无鲍叔牙,霸术终焉埋。射钩弃旧怨,度量何远哉。人生贵知遇,安用悲蒿莱。”清代诗人连横作《咏史诗》132 首,其中也有关于管子的,曰:“管子天下才,霸齐犹其小。尊王又攘夷,功利国之要。”孔门女诗人孔祥淑撰有《读史》多首,其中一首是关于齐国历史、桓管君臣的,曰:“先民询刍荛,故能成其大。管子天下才,改容谢少艾。齐桓勤求士,宁戚歌诡怪。奉迎忧不知,妾倩适逢会。白水识贤心,修宫速反旆。佐齐国以治,赖此一夕话。人无忽于微,虚己超物外。”

清代一些诗人关注管子“官山海”的策略,彭桂作《扬州鹾署为董江都故居,署后有祠,遗井尚在,丁巳秋瞻谒感赋》曰:“管子霸者佐,思以富强骋。官海始熬波,国用因不窘。后世桑孔辈,锱铢收几尽。淮南百万租,设使俾专领。”毛先舒则借助评价三国时期的孔融来指斥管子的“器小”,作诗《孔北海融述志》曰:“历观古俊民,功成道何微。子牙尚阴谋,管仲器小哉!人生履国步,周道自我夷。”

第四节　清代后期学者的管子研究

1840 年以后,中国的国门被迫打开,清政府在与列强的斗争中处于劣势。许多学者痛心于国家和民族的危难和窘迫,注重经世致用,纷纷从先秦典籍《管子》中寻求救国之道,以期发挥其富国强兵的历史功效。

一、张佩纶与管子研究

张佩纶(1848—1903),直隶丰润人,晚清名臣,学问渊博,早年在京城与李鸿藻、潘祖荫等同为“清流”,以弹劾大臣而闻名,在中法战争中主战,擅长奏议。光绪十一年(1885),因中法战争福建战事失利,张佩纶被遣戍到张家口等地。其间,张佩纶开始研究《管子》,此后倾其后半生精力著成《管子学》等著作。《管子学》不分卷,宣统年间以原稿影印本行世,共计12册。

《管子》篇目淆乱,不易阅读,历代屡有学者试图诠释作注。到了清代,一些学者继续研究此书,戴望就在尹知章注的基础上,写成《管子校正》一书。他说:"管子文辞古奥,既不易读。而近板数家皆承讹袭谬,杂乱支离,读者至一二卷后,往往厌弃。"张佩纶知难而上,也加入了研究此书的行列,著成《管子学》,说明他有极大的学术勇气和深厚的学术功底。

张佩纶著《管子学》的原因,一是由于清代文字狱的影响,乾嘉以来考据之风甚盛,以辑佚、补写、注疏古籍为时尚,他深受此学风的影响。二是《管子》一书包含诸子百家的思想和天文、地理、农业、经济等知识,向被称为经世之作,与他经世致用的治学思想相通。张佩纶认为,"管子书足以经世,而尹知章据讹本作注,既多抵迕",而且"国初诸儒仅以训诂注疏,精言大义未能条通,良绩成规久且湮晦";所以他"爰据善本,细绎群书,尽取汉、晋、隋、唐、诸子百家之及管子者,博引繁征,详为诠注,而尤以发明其术业,阐扬其治法为宗旨"。(徐世昌《大清畿辅先哲传》)《管子》旧注的谬误、书中治国方略和自然科技的内容,引起了张佩纶的浓厚兴趣。当此国家外患不断、内政不修之际,他希望能从中寻求到治国的方略;在学习西学的时代潮流面前,他将目光转向中国的古代科技、农业,也不为无见。此外,他在戍边期间时间比较充裕,著书也稍能排遣心中之寂寞。①

张佩纶倾注了大量的精力来校勘《管子》。他主要通过搜集各家对《管子》的校勘资料,如房玄龄、尹知章、戴望、高邮王氏等人的校注,对其钩稽推绎,详加考证,认为"善本甚少","伪脱尤多"。因此,在校勘时必须慎选篇目。张佩纶在充分吸收前人校勘成果基础之上,自立一凡例:"凡诸子与管书相同者,均全录其文,以资考证,而不改本书之字。"又指出:"《牧民》见《史记》传赞,乃《管子》书之大名,非篇目也。……此篇微言粹义,历为先秦两汉诸子百家所采撮。司马子长取以为列传,乃管氏之最精者。"(《管子学》)

---

① 耿茹:《张佩纶思想研究》,河北大学2005年硕士论文,第29~30页。

张佩纶治《管子》，在吸取前人成果的基础上又有新发展。一是搜集各家资料进行校勘审视，纠正其谬误，补充其缺失。二是力图发掘其中的治国思想，来为当时社会服务。《管子》包括诸子百家思想，内容庞杂。张佩纶将《管子》中记载的古代科技知识同近代的声、光、化、电等联系起来，穷探理数①，"以明古所以盛，今所以敝。约西法于中法之中，虽不足以说经，庶足为考工明算之一助"（《涧于集·书牍四·复李肃毅师相》）。说明他治《管子》，也是为了经世致用，希望从古代科技中寻求国家富强之道。

学术界对张佩纶的《管子学》褒贬不一。郭沫若认为，《管子学》"甚为庞杂，眉批旁注，添改删削，迄未定稿。其中被删旧说反有可取者……喜谈古韵而乖疏，好立异说而滋曼"②。王叔岷则认为，尽管"《管子》一书，古奥驳杂，向称难读"，但"清乾嘉以来，讨治者渐多……而张佩纶之《管子学》，考证繁富，用力尤勤"。（《管子斠证》小序）民国文人柴小梵提及张佩纶轶事时，特以"平生治《管子》学"为题，曰："张生平精力，萃于《管子》学，其书凡三十卷，字作郭频伽体，远宗黄山谷。与陈制军夔龙所得溧阳姚氏藏本梁山舟学士小楷《文选》，同为人间至宝。"（《梵天庐丛录》）柴小梵认为，张佩纶的书法，与研究成果《管子学》，在当时皆为非常有价值的著作。

此外，张佩纶还有吟诵《管子》的诗歌《读管子》十首，抒发读《管子》时的情感、意念和志向。张佩纶的《读管子》十首具体内容如下：

其一云：制度杂王霸，名论出孝宣。岂伊德升降，良由运推迁。豕韦与大彭，荒眇世不传。古今论霸术，惟仲开其先。桓盛不与子，贰室重耳贤。霸心生桑下，殆感齐姜言。畏威能威民，已得管之全。内政善隐寄，示信在伐原。遂修怙荆功，主盟百余年。微管例微禹，生才非偶然。

其二云：器小设或问，鲁论意未申。善师得由赐，反复称其仁。黜仲自孟始，意非抑齐人。杨朱道塞路，窃管淆其真。焉知降大任，兴政在得民。关市罢正布，荒亡警游巡。道约而言要，颇近七篇醇。实予文不予，吁嗟不

---

① 梁家贵：《张佩纶与梁启超〈管子〉研究之比较》，《安徽理工大学学报（社会科学版）》2014 年第 4 期，第 6～10 页。

② 郭沫若：《引用校释书目提要》，郭沫若著作编辑出版委员会：《郭沫若全集·历史编》第 5 卷《管子集校》，人民出版社 1984 年版，第 29 页。

召臣。

其三云:前功师伊吕,末派近关老。班志列道家,秉执固有道。隋唐史识陋,源流不深考。厕之申商间,牛骥乃同皁。成宣后无才,上中配颠天。兰台岂无征,定论著人表。

其四云:建策官山海,富强及百世。陋哉桑大夫,利竞榷酤细。贤良辨廷中,盐铁固无弊。近来国用薄,独谨牢盆税。形色昧丱人,算学流四裔。出金助蚩尤,兵胜雍狐芮。吾思复铁官,要令器械利。有事简军资,无事效会计。

其五云:量人治军舍,支凑详书涂。片言扼兵要,料敌在察图。颇疑地图篇,一一纪方舆。传者失其本,九地矜阖庐。沛公赤帝子,刘秀赤伏符。论功首萧邓,形势收寰区。千秋一画地,博陆分贤愚。案行武侯垒,藩溷洪规模。俞儿赞右涉,老马为前驱。异说勿夸尚,坐使军谋疏。

其六云:代狐鲁梁绨,作计太琐琐。石壁亦寓言,所谋未必果。轻重师其意,交邻权也可。不忧用在宾,当使利归我。贫者弱之原,猾夏启周祸。大府算钱刀,下农察瓠蓏。我时问市政,深惧术中堕。吴语尔何人,倔强聊江左。

其七云:大庖有不豆,大勇有不斗。垂死论相材,惜哉朋不寿。飞鸿苦参差,郭狗欲狂走。相见君臣间,公诚尽匡救。平生为国诎,堕泪聆遗奏。明允论已苛,吾不取嘉祐。

其八云:谁为齐威偃,犹胜刘玄德。一朝堂阜囚,衅沐治高国。三顾虽频烦,东行慨孝直。临危寄大事,荆亡蜀剪翼。森森军令篇,流恨街亭劾。散关自耀师,渭南终少食。流涕写六韬,不到嗣君侧。试杀杜参青,宛记张俨默。

其九云:牧民有常经,大哉国维四。子厚何偏宕,廉耻属之义。强用后世语,谬解古文字。谓非管子言,四维止于二。得无有激云,礼乐为虚器。时令与断刑,大率皆此类。端明雅耆柳,不以梦得比。太息置斯文,正俗有深意。

其十云:岳岳房梁公,岂屑事章句。谁削博士名,强托文昭注。唯公天下才,帷幄参谋虑。一编疑得此,奚取河汾溯。贞观四部书,学士广论著。

冲远左氏学,士勋谷梁疏。二家颇采撷,箴起宁与预。公亦登瀛洲,了不问训故。徒劳辑晋书,岂若订管误。贤者合识大,吾曹分蟫蠹。(《石遗室诗话》卷六)

清末民初诗人陈衍指出:张佩纶的诗歌,“才笔淹雅,与他人所扶者不同”。又说:“近弢庵出示其遗诗数册,略翻一遍,乃知其用功于经、子两部者甚深,非略知史事、高谈经济者比也。平日有《管子注》之作,故此十诗言之深切有味。末首自表作注之意,第二首能为孟轲氏作调人,觅出左证,第六首、第八首与鄙作《咏史》及《送河濑如侗归日本诗》所见略同。”(《石遗室诗话》卷六)陈衍认为,因为张佩纶有校勘《管子》的经历和著作,《读管子》的诗歌更能体会出作者的用心良苦。

详细分析张佩纶《读管子》十首诗,可以看出张佩纶非常钦佩管子的事功,“古今论霸术,惟仲开其先”,更是感叹《管子》的治世良策,“建策官山海,富强及百世”,同时对于《管子》篇目、版本及其内容存在的讹误,如“杨朱道塞路,窃管淆其真”“隋唐史识陋,源流不深考”等深感忧虑。

要之,张佩纶作为晚清“清流”官员,忧国忧民,在戍边流放之时,对《管子》进行详细校勘,旨在从《管子》中获得“经世致用”的治国良方,也在精神孤寂中对《管子》寄予厚望,希望能够从古代治国经验中获得启迪和借鉴。

二、何如璋与管子研究

何如璋(1838—1891),广东大埔县人,早年学习桐城古文,后来感到学习古文不能满足时世变化的需要,转而潜心时务。李鸿章欣赏何如璋通晓洋务,推荐其于光绪三年(1877)担当首任驻日公使。何如璋驻任日本四年有余,归国后出任福建船政大臣。中法战争爆发时,马尾船厂遭法舰的突袭,以惨败告终。何如璋受牵连而遭革职,贬戍军台三年。贬戍期间,何如璋著有《管子析疑》36 卷。

在序言中,何如璋讲述了《管子析疑》的创造背景和过程。何如璋早就对《管子》加以关注,认为该书“旧本真伪相杂,讹谬相仍,读之令人沉闷”。虽然从唐代开始出现许多校释本,但大多各有缺失。

光绪十一年(1885),因受中法海战失败的牵连,与张佩纶一样,何如璋也被贬戍,得以校释《管子》:“乙酉秋,谪居塞北,杜门不出,乃得详加研究,伪者别之,讹者正之,旧注乖谬者,疏通而证明之。积六阅月,成《管子析疑》三十六卷。”何如璋谦虚地认为,自己并没有领会透彻《管子》典籍的要领和内涵,只是对平时感到疑惑的地方进行辨析。再加及身处塞外,可供参阅的书籍资料较少,难免会有错误出现。

何如璋对《管子》的评价很高:“余尝取《管子》而熟复之,治心曰中和,治身曰恭敬,爱人曰同其好恶,富国曰权其重轻,服远睦邻曰修其德礼。以区区之齐在海滨,因时立制,本周官之法,而会其通,不泥古,不随今,施之一国而有余,放之四海而皆准,即俟之百世而不惑。”对于管子本人,何如璋更是钦佩至极,认为管子是天地之间不可缺少的人物,辅佐齐桓公首霸诸侯。晋国之所以强盛百年,也与效仿管子的政策有直接的关系:“管子承太公之遗,所学出以周礼。迹其相齐四十年,九合诸侯,一匡天下。本生平所规划者,笔之以书。故能综贯百王,不名一家。要厥指归,皆可施以实用,苟得王者之心以行之,虽历世可以无弊。”(《管子析疑序》)

在《管子析疑总论》中,何如璋重在从学术思想演进的角度来阐析《管子》思想,又从齐国历史发展的方面探究《管子》的内容,并对前代学者关于《管子》的观点进行辩驳,提出自己的结论。

何如璋指出,管子思想传承周礼,与《大学》《中庸》思想互为表里,融合道、儒、名、法、阴阳五家的旨要。何如璋详细分析管子思想中蕴含的五家思想:“国准篇桓公曰:‘当今时之王者,立何而可?’管子对曰:‘请兼用五家而勿尽。即此义也。’间尝取本书,综而论之。牧民立政,儒之本也;形势心术,道之原也;权修君臣,则以名课其实也;法禁明法,则以法立其制也;四时五行,则以阴阳序其事也;至于枢言所集,抉五家之精,以明其体;幼官所施,会五家之通,以妙其用。”至于管子的其他思想,如强本尚贤等,也是管子治国思想的重要体现。

何如璋认为,在齐国发展强大的过程中,管子的注重变通周礼的治国理念发挥了重要的作用:“凡治一国,与治天下不同。治一统天下,与治列邦天下不同。治封建天下,与治郡县天下又不同。管子治齐,师周官之法而变通之,则以国与天下、势异也。非变,国不能通,此管子善读周礼也。”管子不是拘泥于周礼的死板规定，而是具有“超然”的特点，并做出重大贡献：“管子生春秋之世，相桓创霸，因时为业。凡所措注，不必尽合周官，而无一非周公立法之意。用能继五帝三王之后，特树九合一匡殊绩，管子不诚伟人哉。”

何如璋指出，管子辅佐治理齐国的时候，善于因势利导，在军事、经济、礼俗、法律、外交等方面都取得不错的成就：“因高国之守，而分三军，则卒伍定矣。因山海之利，而立二官，则盐铁饶矣。苴莱可牧也。因为赀壤，而戎马无赋于民，刑罚可省也。因赎甲兵，而军械自充于府。因贫富之不均，则兴时化以变礼俗也。因商贾之豪夺，则守国衡以饬市政也。举善法而严用之，因旧章而事不扰。择沈乱而先征之，因敌隙而功易成。反邻邦，因正封疆。厚游士资粮，因招豪杰。其所为因应咸宜者，固未易一一数也。”

在何如璋看来，对于管子的思想，历代理解起来有很多误解之处，应该客观、全面地来审视管子的思想。如“世之议管子者，曰杂霸，曰功利，曰权谋术数”，世人说管子的思想杂乱，实际上“管子综百代之要，以酌其宜，参之错之，乃以集王道之全书。所谓允执其中者，此也”。说管子的思想太过功利，更是乖谬。世俗所谓的功利，是一般贪婪聒噪者所为，是不能与王霸大略相提并论的。管子的权谋术数特色，与后世的机巧变诈，有着本质性的区别。管子所用的权谋术数，是顺应时代需要施行仁德，是用来匡天下、正诸侯的。

从思想发展的角度来说，南宋学者黄震认为《管子》受到老、庄思想的影响，何如璋则认为是老、庄思想受到管子的影响。“黄氏东发曰：管子之书，其别有五。心术、内业等篇，影附道家以为高，所言过矣。夫管子之道，乃古圣相传心法，视老子列庄之道有别。谓老庄之徒依托管子则可，谓管子影附道家，固非其实也。……老庄晚出，所称虚静之旨，养生之论，不过得其一端。道其所道，非管子之所谓道也。若云影附，亦道家所为，安得反而加之管子哉！”

另外，对于管子各个篇章的内容和作者，何如璋经过仔细研读，得出自己的结论：“余尝取是书，悉心究之。旧本轻重共十九篇，亡三篇，其《国蓄》一篇，管子所自著。《臣乘马》《乘马》数事语《海王》《山国轨》《山权数》《山至数》七篇，则齐史之文，与《国蓄》篇互相发明。其《地数》《揆度》《国准》《轻重》甲乙丁戊共七篇，乃齐东野人之语。间有词义不谬者，当是前七篇错卷,作伪者故意杂乱,以混其真。卷末《轻重己》一篇专记时令,非《轻重》也。子政校仇不审,误搀入者耳。"(《管子析疑总论》)

近现代粤东、岭南文献学家温廷敬对家乡能臣贤士特别敬重,特意编校《茶阳三家文钞》,选辑清末乡人何如璋、林达泉、邱晋昕三家的文稿,汇成一编。对于何如璋,温廷敬在文前撰写《清詹事府少詹何公传》来描述何如璋的生平及贡献,认为何如璋很好地承袭了管子的"善因祸而为福,转败而为功"的为政方略,曰:"凡公所规划,皆犀烛玉剖,人始惊疑,后则大信,而尤得管子善因之之术。"接着指出,何如璋与张佩纶有相似之处,在因中法战争失败遭到贬戍时,都致力于校勘《管子》书籍:"公遂被严谴,与张同戍军台。在戍,成《管子析疑》三十六卷。"

何如璋与张佩纶有相类似的经历,在官宦生涯受挫后转而寄托精神于校勘古代典籍。因管子攘夷的业绩,及辅助齐国称霸诸侯的强盛,加上经世致用的影响力,二人都致力于对《管子》典籍的校勘和解疑。二人都有从政的实际经历,这对于探究管子的治国思想和《管子》的政策措施,有更多的帮助,这明显有别于纯粹学者的治学风格。

三、王树楠解读管子思想

王树楠(1851—1936),河北新城人,号陶庐老人,近代史学家、方志学家、文学家。历任青神、资阳、铜梁、中卫等县令,后署新疆布政使。任《清史稿》总纂,并撰有多卷史稿,个人著述有《陶庐丛刻》等。

王树楠对管子思想的认识散见于他的著述中,其中引用管子学说多处内容,反映出王树楠受管子思想影响较深。王树楠对管子思想的解读和认识体现在两个方面:一是在其著述中反映出他对管子思想的认知和理解,尤其是在其史学著述中表现更为明显;二是他在西部地区为地方官时进行富国强民的实践。①

对于所处的列强虎视眈眈下的清王朝,王树楠力主变革。王树楠通过对西方历史的探研、考察,看到俄国、日本、德国等实行改革之后国力强盛,

① 刘芹:《王树楠对管子思想的解读和阐发》,《管子学刊》2008 年第 4 期,第 33 ~ 36 页。

与中国管子改革而霸天下相吻合,因而积极寻求变法的理论依据。中国必须进行变法,变法是社会利益的重新分配,而通过最高统治者进行变法减少阻力,能够达到事半功倍的目的。“管子曰:御民之辔,在上之所贵;道民之门,在上之所先。”最高统治者是整个社会的枢纽和焦点所在,变法应该从帝王始,王树楠希望光绪皇帝领导改革变法。

在推行变革时,王树楠推崇管子的富国强兵之术。王树楠从管子改革的实效性出发,认识到欲改变中国积贫积弱的局面唯有兴商,兴商可以富民又可强国,兴商富国是管子强齐之术最重要的举措。“或问:国何以富?先生曰:家与府争货,金与粟争贵。问:国何以治?曰:野与市争民,乡与朝争治,此管仲之所以强齐也。先生曰:法莫备于周公,管仲善变周公之法也,其政简而峻。或问:敢问王霸之异?曰:王者无争,霸者无不争。或曰:强国以商,古有之乎?先生曰:伊尹以商王殷,管仲以商霸齐。”(《陶庐丛刻·蛰叟》)

面对列强的侵略,王树楠认为晚清中国就是一个春秋战国时代,只是列强远非古时之“夷狄”,其实力非常强大。在“攘夷”“制夷”问题上,王树楠倡导实行温和的对外抵制策略,也即商战。这与王树楠的哲学思想有关。王树楠赞同管子的观点,认为世界的本源是水,万物是由水而产生的。“《管子·水地》云:‘是故具者何也,水是也。’……据此则管子盖以水为万物之原。故曰:人皆服之。”(《陶庐丛刻·希腊学案》)王树楠以水的柔弱之性作为其哲学思想方法,倡导实行温和的对外抵制策略。

至于温和的抵御方式商战,王树楠认为中国自古就有商战一说,商代的伊尹、周初的周公、姜太公等都曾实行过商战,管子改革使齐国霸天下更是成功的典范。“窃尝考中国以商战得天下,始于商汤。管子曰:伊尹善通移轻重,开阖决塞,通于高下疾徐之荚。以薄之游女工文绣纂组,一纯得粟百钟于桀之国,卒以七十里之薄,兼桀之天下。成周之时,周公以大圣经营商务,具见于《周官》一书。其商职统于司徒,所谓商教也。其司市、司关、司门诸法,与今泰西各国略同。太公以商开齐国,鱼盐之利,称雄海岱。管子踵其遗术,官山府海,遂霸诸侯。盖商战之事,我中国已有行之者。”(《陶庐丛刻·欧洲族类源流略》)

面对晚清时期中国严重的社会危机,仁人志士王树楠开始积极寻求强国富民良方。基于所受的教育和文化底蕴,管子思想成为其认识、改造世界不可或缺的工具。王树楠结合当时新的时代环境,在“尊王”“攘夷”“兴商”等方面对管子思想重新进行认知和解读,赋予管子思想新的内涵,推动了晚清时期人们对《管子》为代表的子学学术研究的复兴,及富国强兵理想的社会实践。

四、康有为对管子地位的评价

康有为(1858—1927),广东省南海人,人称康南海,中国近代史上政治家、教育家和文学艺术家,资产阶级改良主义的代表人物。

在戊戌政变之前的十多年间,康有为拥有一段相对平静的学术研究时间,专注于考辨中国本土文化的“学术源流”。在此过程中,他将目光聚焦在先秦时期,在阐发先秦诸子思想的同时,对先秦诸子的学术身份和学派归属予以厘定。管子是被康有为关注的先秦诸子之一。

康有为对管子的态度是明确的、肯定的,管子的思想被他多次提及并受到赞扬。康有为对管子的好感溢于言表,对《管子》在文辞方面的卓尔不凡更是不吝溢美之词。例如,对于《管子》文章、用词的优美,他不禁一次又一次地赞叹:“周、秦诸子宜读。各子书,虽《老子》《管子》亦皆战国书……《吕氏春秋》《淮南子》为杂家,诸家之理存焉,尤可穷究。子家皆文章极美,学者因性之所近,熟读而自得之。”(《康有为全集·桂学答问》)又说:“《淮南》《吕览》《管子》《逸周书》,字眼伟丽。”(《康有为全集·万木草堂口说·经策》)康有为折服于《管子》的“文章”“字眼”,并且推崇管子的思想。他说:“窃谓言道当如庄、荀,言治当如管、韩,即《素问》言医,亦成一体。”(《康有为全集·我史》)康有为追求的理想社会为大同社会,在关于大同社会合祠偶像的选择中,他提到对于大同之人的精神崇拜,并以管子的功劳为例证:“前古之教主圣哲,亦以大同之公理品其得失高下,而合祠以崇敬之,亦有限制焉”,“凡其有功于人类、波及于人世大群者乃得列。若其仅有功于一国者,则虽若管仲、诸葛亮之才,摈而不得与也”。(《大同书》)

康有为心仪管子,因为管子言治,裨益于救亡图存,管子的思想对于中国近代的振衰疗弱具有现实意义。康有为曰:“王、霸之辨,辨于其心而已。其心肫肫于为民,而导之以富强者,王道也;其心规规于为私,而导之以富强者,霸术也。……为之君、相,只以为吾民无所利焉,此非迂儒所能识也。昔武侯治蜀,有取于管子、韩非,岂非以治国所当有事耶?且圣人岂能无开塞之术哉!”(《康有为全集·康子内外篇》)

在康有为论述、提及的众多先秦诸子中,管子是为数不多的一再得到赞扬而没有被攻击、批判的人,这实属难得。老子、墨子是康有为攻击的主要对象,老子更是成为他屡屡批判的靶子;作为孔子后学的荀子在与孟子一起被康有为誉为战国孔门“二伯”的同时备受诟病,最终被边缘化;庄子得孔子“择人而传”的大同之道,一再被批评;至于老学嫡传——申不害、韩非遭到的痛斥和贬损更是前所未有,韩非是“最大之蠹”,对此,康有为的愤怒之情发挥到了极致。

康有为对管子有很高的评价,但另一方面,康有为对于管子的身份定位和学派归属是模糊乃至暧昧的,致使管子的学术派别在康有为那里一直悬而未决。康有为认为,法家不是独立学派,不能让法家人物单独组成一派。康有为断言法之严酷是不仁的体现,与民主背道而驰。管子并没有因为被说成是“法家”而归属于法家,甚至没有明确的归属。管子的尴尬处境反映了康有为的矛盾心态,与他考辨“学术源流”旨在论证“百家皆孔子之学”的立言宗旨密切相关。①

第五节　管子思想纳入科举考试范围

科举制度是通过考试选拔人才和官吏的制度。科举制从隋朝开始实行,到清朝光绪三十一年(1905)举行最后一科进士考试为止,经历了约1300年。隋朝时隋文帝废除九品中正制,取消豪门显贵把持的以门第为主的官员任命权,规定人员必须经过考试,才能被录用。大业三年(607),隋炀帝在众多科目中设置“进士科”,以考试策问选拔人才,开启了科举考试的先河。

① 魏义霞:《康有为视界中的管子》,《吉林大学社会科学学报》2014年第5期,第154~160页。

科举制改善了用人制度，使拥有才识的读书人有机会进入各级政府任职，为寒窗苦读的士人提供了进入仕途的机会。科举考试的内容，成为读书人努力的风向标。历朝历代科举考试的科目处在不断变化之中，从各个朝代科举设置的科目和形式的变化，可以看出统治阶层的用人取向，也反映了不同时代的人才需求。如隋文帝时仅有策问，而隋炀帝时开考十科。唐朝考试科目很多，常设科目主要有明经、进士、明法、明字、明算，到明朝只设进士一科。清袭明制，也开过特制，如博学鸿词科、翻译科、经济科等。

八股文是明清时期用于科举考试的特殊文体，题目出处仅限于四书五经。四书指《大学》《论语》《中庸》《孟子》，五经指《诗经》《尚书》《礼记》《易经》《春秋》，主要是儒家的经典书目。而《管子》因其浓厚的经世致用性被统治者关注，逐步纳入到科举考试的范围中。

科举初期的唐代，《管子》尚没有得到官方的认可，但已有人提出将其列入应试者必读书目的建议。唐代宗大历年间（766—779），洋州刺史赵匡对唐代的科举弊端进行过尖锐的批评，共举出唐代科举制的弊病 10 种，还提出了一套具体的改革办法。所著《举人条例》云："其有通《礼记》《尚书》《论语》《孝经》之外，更通《道德》诸经，通《元经》《孟子》《荀卿子》《吕氏春秋》《管子》《墨子》《韩子》，谓之茂才举。达观之士，既知经学，兼有诸子之学，取其所长，舍其偏滞，则于理道，无不该矣。试策问诸书义理，并时务共二十节，仍与之言论，观其通塞。"（《全唐文》卷三五五）赵匡指出，在选拔茂才时，应考察士人对《管子》《墨子》等诸子之学的掌握情况。

到了宋代宋仁宗时期，《管子》一书得到官方认可，终于被列入科举考试的采题范围，成为制科应试的必读书目。元代学者陶宗仪《说郛》中摘录《瑞桂堂暇录》云："老泉携东坡、颍滨谒张文定公。时方入习制科业，将应诏。文定公与语，奇之，馆于斋舍。翌日，文定公忽出六题，令人持与坡、颍，云：'请学士拟试。'文定密于壁间窥之。两公得题，各就坐致思。颍滨于一题有疑，指以示坡。坡不言，但举笔倒敲几上，云：'《管子注》。'颍滨疑而未决也，又指其次。东坡以笔勾去，即拟撰，出以纳。文定阅其文，益喜。勾去一题，乃无出处，文定欲试之也。次日，文定见老泉，云：'皆天才。长者明敏尤可爱，然少者谨重，成就或过之。'所以二公皆爱文定，而颍滨感之尤深。"苏轼、苏辙是仁宗嘉祐年间的进士，文献记载中“时方入习制科业”亦在此时；“拟试”中，二苏遇到与《管子注》有关的题目，说明此时《管子》已被列入制科的范畴。另外，北宋蔡绦《铁围山丛谈》卷二云：“昔东坡公同其季子由入省草试，而坡不得一。方对案长叹，且目子由。子由解意，把笔管一卓，而以口吹之。坡遂寤乃《管子注》也。”两则文献所提及的《管子注》被列为科举制科采题之事大略相同，只是细节处有所差异，不同之处在于私试变为官试，苏辙不解变为苏轼不解。可见至迟在仁宗时，《管子》已得到官方认可，并用来出题取士。

而正史记载中，《宋史·选举》云：“绍兴元年，初复馆职试。凡预召者，学士院试时务策一道，天子亲览焉。然是时校书多不试，而正字或试或否。二年，诏举贤良方正能直言极谏科，一遵旧制，自尚书两省谏议大夫以上、御史中丞、学士、待制各举一人。凡应诏者，先具所著策、论五十篇缴进，两省侍从参考之，分为三等，次优以上，召赴秘阁，试论六首，于《九经》《十七史》《七书》《国语》《荀》《扬》《管子》《文中子》内出题。学士两省官考校，御史监之。”文中提及的是《管子》纳入科举之后的事情，“绍兴”是南宋高宗赵构的年号，材料中提到“复”“一遵旧制”，可知将《管子》列入制科考试并非始于南宋初年，而是更早的时期。① 《管子》被纳入科举考试的范围之中，进一步提升了其影响力，吸引读书人更多地研读《管子》思想，也促进了宋代《管子》刊刻事业的发展。

宋、明、清时期有一些对管子其人或其治国策略评价的策问或科举试题，值得关注。如南宋学者周南所撰《山房集》卷六《池阳月试策问》篇中，有这样一个问题：“昔管仲佐齐尊周，三十年间中国无与加其盛，夷裔莫敢抗其力，周之社稷藉以弗坠，功名懋矣！然孔子褒其仁，而孟子卑其烈，荀卿以为学者所羞道，何耶？”经过一番分析后，周南指出，后世儒生文人之所以贬低管子，其根源在于没有详细阅读其传记，把《管子》一书里记载的管子与历史上的管子等同为一人。明代学者沈德符《万历野获编》之“科场”也记载曰：“至甲午应天乡试，李晋江为主考，出‘管仲之器’首题，冯为南掌院，作

① 耿振东：《〈管子〉研究史（战国至宋代）》，学苑出版社2011年版，第306～308页。

《拟程》一首，为一时脍炙。"民国学者葛虚存《清代名人轶事》中，记有乾隆年间大臣彭文勤督学浙江时所出童生试题，题分四仲，曰"管仲""虞仲""微仲""牧仲"，即以管子这位历史人物为考试内容。

科举考试的最高级别为殿试，即由皇帝亲自出题考试，会试中选者才得参与，这是古代读书人的最高荣誉。在历代殿试中，皇帝的策问与士人的对策，多涉及《管子》典籍或管子本人的治国策略，这在明清时期，尤其是清代出现较多。这反映出管子思想对当时社会有一定的影响。管子辅佐齐桓公使得齐国富国强兵，成为春秋五霸之首。历代统治者都希望兵强国富，殿试正是统治者寻求治国方略、应试者展示治国韬略的重要方式，管子之策频繁出现在殿试中因而成为历史的必然。①

从目前现存的资料来看，唐代、元代保留的殿试对策较少，涉及《管子》的内容较少。宋代存有的对策较多，但少有发现对《管子》的引用。这大概与当时的社会思潮有关，宋代理学主张"存天理，灭人欲"，而《管子》的功利思想正好与这种理论相悖。明清时期殿试对策中出现较多引用《管子》的现象，并且清代出现的频率明显增多。一方面清代出现了众多的社会矛盾，另一方面西方经济思想开始为中国士人所接触，因此《管子》的政治、经济、军事等各方面思想得到了重视。

明清时期殿试中关涉到管子思想的众多内容，从类别方面而言，主要可分为以下几个部分：

（一）轻重理论。轻重理论是《管子》的重要理论，作为齐国的一项经济政策，不仅对齐国的强盛起到了巨大作用，对后世也产生了较大影响。西汉桑弘羊、唐代刘晏、宋代王安石等都受到管子经济思想的影响。明清时期殿试考试中多次提到管子的轻重理论。如嘉庆十四年（1809）、道光二十五年（1845）的策问曰："管子守国守谷之说，李悝籴三、籴二、籴一之论，所言果有当欤？"对于这一提问，嘉庆十四年状元洪莹的对策曰："管子守国守谷之说，李悝籴三、籴二、籴一之论，则平粜可酌者也。"道光二十五年状元萧锦忠对策曰："夫齐得管仲守国守谷之说，以通轻重之权。魏得李悝籴三、籴二、籴

① 张灿贤：《殿试与〈管子〉》，《管子学刊》2005年第3期，第11～14页。

一之论，以定贵贱之准……欲求转输、粜籴、久贮、平价之方，各得其要，亦视所任之各得其人而已。”再如咸丰二年(1852)策问曰：“管仲权有余不足而轻重敛散之，李悝视岁之上中下而贵贱籴粜之。其法亦有合于古欤?”咸丰二年状元章鋆对策曰：“臣思议积储者，管、贾而外莫善于李悝之平粜。大饥发大熟所敛，中饥发中熟所敛，有合于古。”

轻重理论的重要内容是“官山海”，也即政府对渔盐、金属实行专卖制度，政府垄断山海之利。盐铁专卖增加了国家财政收入，对齐国的富强起了重要作用。隆庆二年(1568)状元罗万化在回答策问关于“盐法”问题时，强调曰：“昔管仲之煮山海，刘晏之斡淮盐，彼岂掊诸其民者与？不过总其权于上，而布其利于下耳。”罗万化认为，管子和刘晏的做法，能使国家直接掌握大量资财，左右经济形势，有效抑制大贾贵族囤积居奇，同时给百姓以更多的利益。

到了晚清时期，清王朝已经衰落，西方的新思想开始向中国渗透，士人们在审视《管子》的思想时，不可避免受到时代思潮的影响。光绪二十年(1894)的殿试策问中提到“盐铁”问题：“盐铁之征始于管子。论者谓其尽取民利，而行之数千百年，卒不能废。至汉武帝用孔桑之法，与管子异矣。”要求应试者指出这项政策的利弊。光绪二十年状元张謇作答曰：“制策又以盐铁之征始于管子，行之数千百年卒不能废，而因切究其流弊。臣惟盐铁之弊，若准诸古而穷其阴敚民利之术，虽管子不免为圣王之罪人。”张謇指出不管是管子还是桑弘、孔仅，以及唐代的刘晏等，他们所实行的盐铁专卖弊大于利，是暗中夺取百姓利益的做法，应放开盐铁让市场调节其价格。从中可以看到张謇的市场经济意识。

(二)军事思想。管子军事思想最集中的内容为“作内政而寄军令”。其做法就是把百姓的乡里组织和军队的编制结合起来，寓兵于农，兵民合一。这一方面利用乡里组织中的宗法制成分作为加强团结的纽带，另一方面又通过军队的编制实行由上而下的集权。这样，它既不同于儒家照搬成周宗法制的那种模式，又与法家的那种全是军队编制的社会结构区别开来。

明清时期殿试中对《管子》的军事思想多有关注。嘉庆十六年(1811)策问曰：“周制寓兵于农。管子作内政，而兵农以分。”嘉庆十六年状元蒋立镛对策曰："臣惟古者寓兵于农，蒐苗狝狩，皆于农隙以讲武事。自管子作内政，寄军令，而兵农始分。"光绪六年（1880）策问曰："古者寓兵于农……管仲相齐，参其国而伍其鄙，在国则为军，在鄙则为农。说者谓兵民之分自此始。然欤？"光绪六年状元黄思永对策曰："管仲相齐，行轨里连乡之法，尚不失守望相助之意。至参其国而伍其鄙，在国为军，在鄙为农。虽即古者六乡、六遂之遗，而兵民渐分矣。"

关于管子战略战术的问题，殿试中也有所涉及。如道光十八年（1838）策问曰："《管子》教目、教身、教足、教手、教心之方，《荀子》为将六术、五权、三至之道，能举其说欤？"道光十八年状元钮福保对策曰："《管子》五教之法，《荀子》为将六术、五权、三至之道，诚能讲明而熟究之，庶几有勇知方。如身之使臂，臂之使指，莫不听从。"再如，嘉庆元年（1796）策问曰："要所以奏肤功而成伟绩者，练其技则精而不苶，鼓其气则作而不竭，实其籍则不虞冗且浮，明其赏罚则不至窳且怠。古之善将将者，孰能得此意？"嘉庆元年状元赵文楷对策曰："《管子》曰：缮器械，选练士，为教服，连什伍，遍知天下，审御机数。此兵主之事也。是故稽其籍而实之，选其技而精之，鼓其气而进之，明其赏罚而激励之，古之称善用兵者不越乎此。"

（三）治理国家。管子在辅佐齐桓公治理齐国时，首霸诸侯，取得的功绩令后世瞩目。管子所提出的富国强民、礼仪教化、崇尚节俭、维系治安等治国方略，仍被人们沿用。其中富国富民的策略较多被士人关注，如咸丰十年（1860）策问曰："《周礼》一书，理财者綦详。自是以后，若管仲之于齐，李悝之于魏，商鞅之于秦，皆能致其国于富强。然去三代之治盖远矣。"咸丰十年状元钟骏声对策曰："自是管仲富齐，李悝富魏，商鞅富秦。虽去古浸远，而皆能有裨于国。"

礼仪教化方面，管子的"四维"思想受到重视。道光二十四年（1844）状元孙毓溎对策曰："臣窃谓士为四民之首，欲整民风，先端士习。孔门论士，首重行己有耻。故孟子四端并举，管仲四维是称。"光绪十八年（1892）状元刘福姚对策曰："臣闻管子之言，凡有地牧民者，务在四时，守在仓廪。国多财则远者来，地辟举则民留处，仓廪足则知礼节，衣食足则知荣辱，上服度则六亲固，四维张则君令行。古帝王之治天下必以其道。"

除了由皇帝主持的殿试，在清代的各级科举考试中，管子的治国思想也受到重视，如清代文人姚鼐《惜抱轩文集》中记载有乾隆戊子科(1768)山东乡试的策问题目："民俗美恶，因上治化，王者在上，道德一而风俗同，言治化无弗遍也。……欲保风俗之美者，莫要于去奸民。昔管子治齐，参其国而伍其鄙，使罢士无伍，罢女无家。管仲虽非王道之器，及其治国，实与周礼比伍族闾联相保相受者同意。诸生能举其法之详而识其要欤？今山东东渚巨海，广斥之野，南岨蒙羽，西连湖泽，盗贼匪人或托迹焉。夫列郡举行保甲之法，岂非周公、管子之遗？去奸宜得其要矣。……欲登进其风俗之美，而彰善瘅恶以敦治道，诸生私所议论者谓何？其悉论陈之。"在此策问中，要求科考士子们以管子治理齐国为例，从风俗引导方面考虑，来解决山东当时社会治安的问题。

在治理国家的方略方面，光绪二十九年(1904)癸卯补行辛丑、壬寅恩正并科会试，当时出的考试题目是"管子内政寄军令论"，"汉文帝赐南粤王佗书论"等治国史实。而陕西的考试题目共5个，其中第一个题目即为"管仲霸齐以礼义廉耻为四维论"。与陕西省相类似，癸卯湖北省乡试第一场第一题为"管仲为政，四民不使杂处论"，癸卯广东省乡试第一场第一题为"管仲相桓公通轻重之权论"，癸卯广西省乡试第一场第三题为"晋王导自比管仲，魏崔浩自比张良论"、第四题为"《管子》言军先言政，《孙子》言兵先言将，《商君书》言战先言耕论"，这些科举考题都与管子的治国思想关系密切。(《清秘述闻再续》)

由上述分析可知，在历代科举考试中，管子屡次被纳入考核的范围，引起后世士人对管子思想的关注。作为最高考核等级的殿试，也屡次提及管子的治国方略，以期对当时之世有借鉴启发作用。这可看作管子思想存在的另一种影响状态。

明清时期刻书业非常发达，《管子》典籍得以大量刊刻，这为明清士大夫点评管子思想提供了较好的条件。与当时明王朝代替蒙元政权有密切关系的是，明代士大夫高度评价管子所建立的事功，尤其是其"攘夷"的伟大功绩。鉴于管子思想的经世致用功能，明代政治家善于从管子的政治实践中借鉴经验和教训。受程朱理学和阳明心学的影响，明代士大夫比较关注社会现实,希望从管子的治国方略中获益,以解决当前面临的社会问题。清代时,在经世致用思想的影响下,方苞、刘献廷、傅山等人,也认为管子的治国思想和理念有助于治世,从而对此进行关注和探讨。

鸦片战争以后,一批国学大师继续对《管子》典籍进行校勘,张佩纶、何如璋是其佼佼者。另有知名学者围绕管子的某些思想进行深入探讨,打开了对管子思想的激烈辩论之门。如章太炎为管子的"奢靡"经济思想正名,认为这指的是合理的经济消费(章太炎《读管子书后》)。王国维在学术研究中引用《管子》的相关记载,得出《管子·轻重》篇作于汉代的结论,开启《管子·轻重》篇成书年代问题讨论的先河(王国维《月氏未西徙大夏时故地考》)。这可谓"无心插柳柳成荫"。

明清鼎革之际,管子不死子纠的人生经历,因其鲜明的现实性,再次被多位学者提及。黄道周、顾炎武、王夫之、黄宗羲、吕留良、颜元等学者,从学术立场、人生经历和社会现实需要方面进行讨论,得出不同的结论,从而把儒家的君臣之义和华夷之辨提升到了新的理论高度。管子本身所蕴含的丰富思想内涵,在宋至明清的科举考试中,都被纳入考核的范围,尤其是作为最高考核等级的殿试,也屡次提及管子的治国方略,足见其不可忽视的影响。

第六章　近百年来管子思想研究概观

20世纪初期，清王朝走向末路，历史的车轮进入民国时期。政治上军阀割据，反抗侵略战争与内战频仍，中国处于弱势地位。一些有志之士纷纷从先秦思想中汲取经验和借鉴，尤其关注管子思想的深入研究，其攘夷、富国、四民分业等政策依旧具有时代意义。此外，国内许多知名学者负笈海外，西方学术思想和教育理念也涌入中国，学校教育中纷纷构建起中国自身的哲学思想体系和经济体系。管子思想作为古代思想文化的重要组成部分，学者们不约而同地对之探讨和研究，以期进一步构建和完善国内的教育体系。当然，传统的管子研究依旧进行，一些学者还在继续关于原典校注的工作。

中华人民共和国成立之后，因受政治形势影响，管子研究大致可分为1950—1966年、1967—1976年、1977—1985年、1986年至今几个阶段。粗略统计，1950—1966年，这一时期发表的《管子》研究专论30余篇（部），其中以郭沫若的《管子集校》最有影响力。这一时期管子研究特点，一是分篇（部）研究加强，二是研究其农业思想的居多，三是《管子》的阶级属性问题被重视。1967—1976年，这十年由于政治气候的影响，中国整个学术研究趋于停滞，管子研究也不例外，十年中只见有发表论文11篇，且研究视角偏颇，主要是从法家立场去看待管子。1977—1985年，这期间经济上、政治上、思想上拨乱反正，改革开放给中国学术带来了生机，《管子》研究呈现百家争鸣的景象。共见有发表论文近百篇，内容涉及诸多方面，如《管子》的经济理论、哲学思想、伦理学说、法律思想、教育思想、政治学说、军事外交学说，等等，同时在《管子》的注释、考证及整体结构研究方面也有了新的进展。1986年首届全国《管子》学术讨论会召开，1987年专门的研究刊物《管子学刊》创刊，标志着《管子》研究迈上了一个新台阶。① 1986年以来，学界已发表关涉管子的论文2000多篇，尤其博士、硕士研究生论文纷纷把管子思想作为研究的对象，内容亦涉及各个方面，极大地推动了研究的前进。

第一节　民国时期管子研究的争论

民国时期，虽则清王朝已退出历史舞台，但清代学者研治诸子的学派传承下来，他们的弟子及一些家学渊源深厚的学者，依旧对管子思想的研究兴趣浓厚。而随着西方的自然科学和社会科学被更多地引进中国，经受西方文化熏陶而又回国的早期留学生，学习和采用西方的学科体系，建立了专门的教学和研究机构。兼通中西文化的一批国学大师纷纷依据自身的学识水平，把管子思想的研究推向深入，并围绕着相关问题进行争论。

一、梁启超与管子研究

梁启超(1873—1929)，广东新会人，中国近代思想家、史学家。青年时期和康有为一起倡导变法维新，变法失败后出逃，在海外推动君主立宪。他倡导新文化运动，支持五四运动，曾倡导文体改良的“诗界革命”和“小说界革命”。梁启超晚年在清华学校讲学，著述涉及文、史、哲、经各领域，多有卓远见识，堪称中国文化的大师级人物。

梁启超关注管子，肇端于《新民丛报》的一次征文活动。1903年2月，一篇题为《管子传》的文章刊登在《新民丛报》第25号的新年大附录征文栏目中，该文作者署名“汤学智”，学界历来视其为该报主编梁启超的一个笔名。后经考证，此文实乃梁启超受汤学智来稿启发，并对之大加修改后的合著作品。这是梁启超管子研究的开端。②

此后，梁启超对管子更加关注，并有意抬升管子的形象。1906年，梁启超在《新民丛报》第77、78号发表文稿《中国法理学发达史论》。在讨论法律

① 李霞：《本世纪以来〈管子〉研究简介》，《中国哲学史》1994年第4期，第40~43页。

② 王学斌：《梁启超管子研究之肇端——1903年〈管子传〉考析》，《鲁东大学学报(哲学社会科学版)》2008年第6期，第17~20页。

起源问题时,梁启超以儒、墨、法三家的代表人物荀子、墨子和管子、商鞅、韩非子为例,指出他们的共同点在于,都认为人类因欲望才导致相互残杀,社会动荡。为改变此局面,圣人会出现来制定法律维护秩序。而法律起源又同国家起源紧密相关,《管子》一书对此问题有精到的论述。梁启超指出,国家的建立依赖于智者与民众两个前提条件:“夫虽有智者,苟非假众力而国无由成。盖国家为人类心理之集合体,苟其人民无欲建国之动机,则国终不可得建也。而又非如民约论者流,谓国纯由民众建也。虽有众力,苟无假之以行最高权者,则国亦无由成,两相待而国立焉,制定焉。管子此语,今世欧西鸿哲论国家起源者,无以易之也。”正是从此意义上着眼,梁启超对管子的国家起源论评价很高,称赞管子“实‘国家团体说’之祖也”。

成书于1909年的《管子传》,是梁启超管子研究的代表作。梁启超的《管子传》共分十三章,六万余言。该书从管子出身及时代背景说起,全面评述了管子一生。通观全文,正如梁启超在自述中所言,主要研析了管子的法治思想和经济思想。时值立宪运动升温之际,梁启超撰写《管子传》,“法治主义”自然成为书中最重要的议题。梁启超是从孔子以后,第一个称颂管子为“伟人”,并把他和历史上著名的法家商鞅和政治家王安石并称为“最大的改革家”的学者。

梁启超围绕管子的法治主义展开讨论,涉及关于实施法治的必要性,梳理法治同君主、人民的关系,强调立法的条件和法治的目的。梁启超认为,管子主张法治主义的最终目的是形成一个理想、和谐的美好社会,如此就不能像儒家那样单纯主张德治,而是要厉行法治,德法相辅。①

另外,梁启超对管子的经济思想进行了十分全面的剖析,这鲜明地反映了梁启超在此期间对西方经济理论的吸收情况,以及对中国古代经济思想的看法。梁启超明确指出:“管子之理财,其所注全力以经营者,不在国家财政也,而在国民经济。”“国民经济”是梁启超研究管子经济思想的主题,而其理论渊源来自德国历史学派的代表人物——弗里德里希·李斯特的经济思想。正是以李斯特的“国民经济”思想为理论支撑,梁启超对管子经济思想

① 梁启超:《管子传》,中华书局1943年版,第14~40页。

中关于生产与消费、分配理论和买卖独占政策的论断展开研究。[1]

对于梁启超解读《管子》政治思想和经济思想的结论，后世学者给予了关注。学人朱俊瑞[2]指出，梁启超运用近代经济学观点，在《王荆公》和《管子传》中分析王安石和管子的经济思想和经济政策，政治思想由"开明专制"转回到"君主立宪"。他通过组织"政闻社"，向清廷请愿召开国会，成为资产阶级立宪派的核心人物。此后"政闻社"被查封，梁启超从事著述，对财政学和国计民生问题十分重视，写出了这两部著作。

在《王荆公》和《管子传》中，梁启超对中国传统的国家干涉思想进行肯定，因为这种干涉思想以民众的利益为最终归宿，绝非简单的压制民众。这是中国传统国民经济思想的重要内容，也是中国传统国家干涉思想的重要特点。至于贸易保护政策、垄断商品价格的做法，梁启超认为，管子利用齐国的特长之物去展示国家地位的优势，这一做法是近代中国人并不清楚的道理，而几千年前管子却成功地运用到国家对外经济政策中。

在《管子传》中，梁启超对管子的法治思想和经济思想进行全新的解读，这样做一方面传播了西方新近的政治、经济理论，另一方面也发掘了传统政治、经济学说中的宝贵精华。在梁启超的热情介绍和一番诠释之下，管子俨然成为中国宪政精神的化身与国民经济理论的鼻祖。[3]

除了关注管子的法治思想和经济思想，梁启超的《管子传》还有评述管子教育、外交、军事等章节，其中也有许多好的见解。但梁启超毕竟属旧民主革命时代的人物，他常常把历史上之管子君主立宪化，又未能仔细地把《管子》书中战国稷下学派人物的依托之言与管子本来的思想加以区别，这是他《管子传》中的一种缺失。[4] 也有学者认为，《管子传》中梁启超对管子的评价非常高，对管子从古人提出的立功、立言、立德等方面进行分析，一方面管子确实功绩卓越，见识超群，品德高尚，另一方面是出于强烈的使命感、爱国热情等个人原因，再加上国难当头、世界形势等二人共有的时代难题，

---

① 梁启超：《管子传》，中华书局 1943 年版，第 55～100 页。

② 朱俊瑞：《梁启超经济思想研究》，中国社会科学出版社 2004 年版，第 200～221 页。

③ 王学斌：《梁启超管子研究述论》，《理论学刊》2011 年第 2 期，第 107～110 页。

④ 司马琪主编：《十家论管》，上海人民出版社 2008 年版，第 5 页。

梁启超才与管子产生了强烈的思想共鸣。①

《管子传》代表了梁启超研究管子思想的主要成就，其中许多观点和结论在学界引起了关注和讨论。1919 年胡适出版《中国哲学史大纲》，反对梁启超认为《管子》为管子所作论著的结论。1922 年梁启超看了胡适的批评后，修正了自己的看法。但他对管子的基本评价并没有改变。

随着时间的向前发展，及管子研究成果的不断涌现，进入民国时期，梁启超的管子研究侧重点有所变化，更侧重于《管子》的辨伪与考证，对管子思想则少有新的阐释。在辨伪与考证《管子》的过程中，梁启超首先修正了以往观点，判定《管子》是伪书，《管子》不是管仲本人所作，且其内容庞杂。梁启超认为，《管子》"其中一小部分当为春秋末年传说，其大部分则战国至汉初递为增益，一种无系统的类书而已"（《饮冰室合集·汉书艺文志诸子略考释》）。梁启超还为学人规划了今后管子研究的努力方向。他认为在版本校释方面，清儒已做了卓有成效的工作，"今后若有好学之士，能采集以上各本，更悉心研究补其所未及，别成《管子集解》，庶几本书渐渐可读了"（《饮冰室合集·中国近三百年学术史》）。

有学者对梁启超的管子研究与同时期学者的管子研究进行比较。梁家贵②以梁启超的管子研究与张佩纶的管子研究进行对比，指出张佩纶、梁启超均为晚清治《管子》的著名人物。张佩纶著成《管子学》一书，另有十首《读管子》诗歌，梁启超则重在《管子传》。二人均受过严格而系统的儒家思想的教育熏陶和学术训练，又对管子很感兴趣。张佩纶重在对《管子》的校勘，梁启超重在对《管子》思想的重新解读。两人的研究动机相同，就是充分发挥《管子》的"致用"特点，为现实服务。相比于梁启超的直接步入正题，张佩纶则通过对《管子》的校勘，希望能够"正本清源"，从中找出救国救民的真谛。

可见，对于晚清民国时期的管子研究，梁启超的开拓和创新之功不可埋

① 李军科：《梁启超评管子》，《郧阳师范高等专科学校学报》2011 年第 5 期，第 90 ~ 93 页。

② 梁家贵：《张佩纶与梁启超〈管子〉研究之比较》，《安徽理工大学学报（社会科学版）》2014 年第 4 期，第 6 ~ 10 页。

没,梁启超的管子研究堪称近代学人融汇中西学术的典型。无论是1903年版的文章《管子传》,还是1909年版的论著《管子传》,梁启超都大量采用西方近代政治、法律、经济等理论来发掘与阐发管子思想。这种研究方式虽然不免失之于牵强,却是管子研究领域的一种全新尝试,引领着研究范式新的走向。

另外,梁启超的管子研究体现出他试图从思想史角度诠释管子的努力。《管子》一书古奥难懂,部分篇章至今仍无法完全解读。梁启超并未遵循清儒"以子证经"的路数,而是独辟蹊径,从思想史角度入手,借阐释管子,引介西方新式学说来宣传宪政理论。只不过,他的治学方法偏于思想阐释而忽略篇章考证,致使许多观点经不起时间的考验,体现出过渡性的特点。

值得注意的是,梁启超把管子纳入了法家之谱系。《管子》一书,《汉书·艺文志》把它归入道家,《隋书·经籍志》将其归入法家。清末之前,学界对《管子》的派别归属问题尚无定论。经过梁启超的这次重新解读,《管子》成为法家谱系中非常重要的组成部分。此后,很多学者认同梁启超的观点,如民国学者陈烈在其所列的"法家政治哲学发展系统表"中,认为管子乃"法治主义之滥觞"。[①] 梁启超的管子研究,堪称清末民初管子研究演进历程的真实缩影,也成为后人继续探索的基石。

二、胡适与管子研究

胡适(1891—1962),徽州绩溪人,1910年留学美国,1915年入哥伦比亚大学哲学系,师从约翰·杜威。1922年任职于北京大学,曾任北京大学校长等职。胡适兴趣广泛,著述丰富,在文学、哲学、史学、考据学、教育学、伦理学、红学等诸多领域都有深入的研究。在现代学术方面,胡适较早引入西方方法以研究中国学术,采用西方近代哲学的体系和方法研究中国先秦哲学。

胡适注重对先秦哲学的研究,《管子》被胡适多次关注。胡适对《管子》的研究,始于赴美留学期间,主要针对梁启超的《管子》研究观点提出自己的看法。1916年,胡适写成《读〈管子〉》一文,发表在《留美学生季报》夏季第

① 陈烈:《法家政治哲学》,华通书局1929年版,第3页。

二号上。文中胡适分上下两篇进行论述，上篇论述“《管子》非管子自作，乃战国末年治调和之道家学者所作，而托于管子以自重耳”，下篇则为“驳梁任公《管子》中语”。此后，胡适又撰写《评梁任公〈中国法理学发达史论〉》一文，对梁启超的法理学论文《中国法理学发达史论》进行商榷。在文中，胡适对梁启超所叙述的历史上诸家先后授受之关系提出异议，并列出自己所认可的诸家关系。其中，胡适把管子与韩非并列，说明他有意将历史上的管子与思想史上的管子区别开来，认为《管子》一书的思想应形成于战国后期，大致与韩非同时代。①

1919 年，胡适在博士论文的基础上出版《中国哲学史大纲》，又名《中国古代哲学史》，由蔡元培先生作序。蔡元培说，胡适精通汉学与西洋哲学史，在研究哲学方面有优势和特长。对于《管子》研究，胡适倾注了很多精力。如在《大纲》的导言中，胡适把辨伪的矛头指向《管子》。胡适认为“中国人作史，最不讲究史料”，如果把那些不可靠的材料信为真书，则会导致一些不堪的结果，如失了各家学说的真相，乱了学说先后的次序，乱了学派相承的系统，等等。胡适以《管子》一书为例，指出：《管子》这书定非管子所作，乃是后人把战国末年一些法家的议论和一些儒家的议论，还有许多夹七夹八的话，并作一书；又伪造了一些桓公与管仲问答诸篇，又杂凑了一些记管仲功业的几篇，遂附会为管仲所作。胡适对于《管子》的否定结论比较偏激。

胡适的研究方法和目的，并不在于通过书中有管子身后之事等来考辨后人伪造的篇目或内容，而是根据所谓“学说先后演进的次序”，来认定全书主要是战国末年法、儒、道等诸家的议论，而桓管问答诸篇也是此时“伪造”的。这与历代学者在肯定《管子》一书与管子本人及其思想有关的前提下的辨伪言论，具有本质的区别。

胡适对梁启超的管子研究结论进行质疑，并走上“大胆假设”的路途，极端地认为《管子》书中除了杂凑一些记载管子的历史和传说，不但没有管子的作品，而且与管子本人的思想几乎也没有什么关系了。此种做法虽不免失之偏激，但正因为此种在当时看来石破天惊的言论，对梁启超产生了启

① 胡适：《胡适全集·留学日记》（第 28 卷），安徽教育出版社 2003 年版，第 352 页。

迪，促使他检讨以往观点，并接受了胡适的部分主张。但梁启超又认为胡适疑古太过，把管子思想与《管子》一书内容截然分开的做法显然过于武断。两者之间的相互碰撞，经历了从阐释到辨伪的嬗变过程，修正了过去学者的许多观点，促进了民国时期管子研究的深入发展。

胡适研究《管子》的结论，对曾经关注过管子的梁启超产生了启迪，促使梁启超检讨以往观点，并接受了胡适的部分主张。这体现在梁启超点评胡适编著《中国哲学史大纲》的演讲中。梁启超指出：这书第一个缺点，是把思想的来源抹杀得太过了。胡先生的偏处，在于疑古太过，凡是他所怀疑的书都不征引。但就《管子》这部书而言，梁启超提到："胡先生断定他不是管仲所作，我是完全赞成。若说管仲这个人和后来法家思想没有关系，我便不敢说。胡先生说：'管仲是实行的政治学家，不是法理学家。'请问，难道实行政治家就不许他发明些少法理吗？《管子》书中许多奥衍的法理，我绝对承认是由后人引申放大，但这种引申放大的话，为什么不依托令尹子文？不依托狐偃赵衰？不依托子产？独独依托管仲，便可以推想管仲和这种思想渊源，一定有些瓜葛。"（《饮冰室合集·评胡适之〈中国哲学史大纲〉》）梁启超认为，《管子》中肯定包含着管子本人以及后来法家的不少思想成分，有其必要的学术参考价值，不能一概予以抹杀。

胡适在民国年间对《管子》的研究，已经形成一种范式。胡适的西学研究方法一枝独秀，很快称霸学界，疑古之风与西方学术互相激荡，成为指导管子研究的主要方法，胡适在建构从传统到现代的哲学范式中功不可没。但也应当看到，胡适以西方学术研究中国学问，以新文化批判旧文明，在观念上已经将西方与东方对立起来，显然有失公允和流于片面[①]，对此应予以全面的分析和评价。

刘芳、王学斌[②]对比了梁启超的管子研究与胡适的管子研究，指出梁启超是晚清时期管子研究的代表人物，代表作为《管子传》。而进入民国

① 刘继安：《民国初年管学研究的三种范式与评析》，《安徽省管子研究会2011年年会暨全国第六届管子学术研讨会交流论文集》，第53～58页。

② 刘芳、王学斌：《试论民初管子研究之转向——以梁启超、胡适为中心的考察》，《船山学刊》2010年第1期，第108～110页。

尤其20世纪20年代后,梁启超的管子研究呈现出降温的趋势,对管子的看法散见于多部学术史著作和讲稿中。相比较管子思想研究而言,梁启超更侧重于《管子》一书的辨伪与考证。而综观胡适一生的学术旨趣,管子不是他学术研究的重点,其对于管子的看法,多集中于青年时期。时值胡适赴美留学期间,他勤奋钻研中国学术,对梁启超《管子传》中的一些观点提出质疑。

三、刘师培与管子思想研究

刘师培(1884—1919),江苏仪征人,国学大师。1902年中举,次年在上海结识章太炎,参入反清行列,后政治立场改变,成为端方的幕僚,又投靠袁世凯,为筹安会“六君子”之一。1917年应北京大学校长蔡元培之聘,任北京大学文科教授。

刘师培对《管子》的研究,主要体现在他对国学诸子的研究成果中,如《中国民约精义》《周末学术史序》等,他还曾对《管子》进行校释,即《管子斠补》,于宣统三年(1911)在《国粹学报》上发表。在学术研究的过程中,刘师培善于把近代西方社会科学研究方法和成果吸收到中国传统文化研究中来,开拓了传统文化研究的新境界。

《中国民约精义》写于1903年,其中主要探寻《管子》《论语》等典籍和古代知名哲学家的民主性思想。提及写作背景,刘师培在《序》中提到:“吾国学子知有‘民约’二字者,三年耳。大率据杨氏廷栋所译和本卢骚《民约论》以为言。顾卢氏《民约论》于前世纪欧洲政界,为有力之著作,吾国得此乃仅仅于学界增一新名词,他者无有。而竺旧顽老,且以邪说目之,若以为吾国圣贤从未有倡斯义者。暑天多暇,因搜国籍得前圣曩哲言民约者若干篇,篇加后案,证以卢说,考其得失。阅月书成,都三卷,起上古,讫近世,凡五万余言。”刘师培提到,卢梭的《民约论》对中国学界影响很大,一些人士认为中国缺少“民约”精神,故他特地从典籍中收集相关言论,来与卢梭的言论相印证。《管子》作为中国历史上著名的典籍,反映的民权理念值得关注,刘师培特辟出“管子”一节,把其放入“上古”编中进行分析。

《周末学术史序》写于1905年,是刘师培研究诸子学的代表作,在其学术史论著中最具创意。该书由总序、心理学史序、伦理学史序、论理学史序、社会学史序、宗教学史序、政法学史序、计学史序、兵学史序、教育学史序、理科学史序、哲理学史序、术数学史序、文字学史序、工艺学史序、法律学史序、文章学史序十七篇组成。

在对先秦九流学术的分析中，刘师培把管子纳入法家系统，对其思想肯定最多。他不满于儒家的政法学，同时又认为道家“平等是其所长，而无为亦其所短”，而对管子、商鞅等法家人物评价较高：“管子以法家而兼儒家。以德为本，而不以法为末；以法为重，而不以德为轻。合管子之意观之，则正德利用者，政治之本源也；以法治国者，政治之作用也。举君臣上下，同受制于法律之中。虽以主权归君，然亦不偏于专制。特法制森严，以法律为一国所共守耳。”

另外，刘师培还以近代经济观念肯定法家代表管子的经济思想：“管子持国家主义，亦以利民为先，以正德之本，在于利用厚生。故富贵之法约有三端：一曰改圜法，二曰兴盐铁，三曰谋蓄积。而理财之法亦与列国迥殊，有所谓贷国债者矣，有所谓税矿山者矣，又有所谓选举富商者矣。”

刘师培对纷繁复杂的先秦诸子学术做扼要的评价，对诸子学形成的地理分布进行考察。刘师培认识到地理环境对学术分布的重要影响，管子思想即与齐国所处地理位置密切相关：“齐国背山临海，与大秦同。故管子、田骈之学，以法家之实际，而参以道家之虚无；若邹衍之谈瀛海，则又活泼进取之证也。”①

刘师培的学术史体例脱胎于西学，并成功地应用新的学术史体例来研究诸子学，《周末学术史序》就是这种实践的典范，在当时尤其受到了年轻一代的欢迎。著名学者黎锦熙回忆说，年轻时乡居读书，于古代典籍“每苦漫漶，又精涉新籍，谓学宜成科，思分别钞系”，后在《国粹学报》知“刘君已先我而为之矣，所谓《周末学术史序》也，用是大乐，逐篇手钞，镌骨簪为圈点，以上等印油施之行间”。（《左盦外集·刘申叔先生遗书序》）

有学者指出，刘师培的学术研究带有鲜明的特点，一是对传统文化的坚

① 李孝迁：《刘师培与近代诸子学研究》，《福建论坛（人文社会科学版）》2001 年第 4 期，第 90 ~ 95 页。

守，二是对西方文明的吸收。刘师培对《管子》思想的分析，能明确体现出上述特点。1908年以后他考证诸子的重心转向文字校勘。校订群籍是清代学者用力最深、创获最大的学术工作，受到这种学风的影响，刘师培曾校订过《吕氏春秋》等典籍，此后未曾中辍，校释过《周书》《管子》《晏子春秋》《老子》等古籍。比勘异同，定夺是非，与清代著名校雠学家卢文弨、孙诒让相比，自在伯仲之间。[①] 对《管子》的校释就是《管子斠补》，以宋代学者杨忱的版本为底本。

对于刘师培的先秦诸子研究成就，后世历史学家龚书铎主编《中国通史》近代前编时，对其评价很高，认为尤其在《管子》研究方面做出了一定贡献。书中指出："刘师培光绪三十一年（1905）在《国粹学报》上发表了《周末学术史序》，对先秦诸子的学说思想，分别划归伦理学、政法学、理科学、计学、宗教学、逻辑学等加以衡量和讨论，评述诸子各自的优长和不足，对此前研究不够的管子，所论尤有见地。"

民国时期，梁启超、胡适等国学大师依据时代和社会的发展对管子思想进行研究，围绕一些问题进行争辩和讨论，如《管子》的作者和成书问题等，把对问题的关注提升到一个新的台阶，并把辨伪的考证方式带到教学课堂中来，引发更多人的注意。其他民国学者，如刘师培、谢无量[②]、罗焌[③]等，也把管子思想当作诸子思想的组成部分进行深入研究。这些民国时期的国学大师为管子思想的研究做出了突出贡献。

除了上述学者对管子思想进行研究，其他一些知名学者及其论著，如颜昌峣的《管子校释》（1924）、支伟成的《管子通释》（1924）、罗根泽的《管子探源》（1931）、戴濬的《管子学案》（1949），等等，也推动了管子研究向纵深方向发展。

---

① 刘跃进：《回归中国的超越：文学史研究的多种可能性》，凤凰出版社2011年版，第108～109页。

② 谢无量：《中国哲学史》，中华书局1976年版，第170～176页。此书最早由中华书局出版于民国六年（1917）。

③ 罗焌：《诸子学述》，商务印书馆1935年版，第237～247页。

第二节　民国时期管子经济思想研究

除了哲学领域，因受西方经济学思想的影响，民国时期国内学者还着眼于对中国经济发展史进行建构，在高校中纷纷开设中国经济史课程，在构建独立的经济学课程体系的过程中，加强对管子经济思想的讨论和研究。

中国经济思想史研究最先是从古代部分开始的。在近代，西方经济学及其分支学科先后输入中国，中国一些学者发现西方经济学所研究的某些内容和概念，中国古人也在一定程度上探讨过。以此为动因，许多近代有识之士在强烈的民族自尊心的激发下，逐渐将目光转到了中国古代经济思想之上。①

管子经济思想是中国古代经济思想史的重要组成部分，梁启超较早对管子经济思想进行了关注，在1909年出版的《管子传》中，特意列出《管子之经济政策》的章节，评析了管子的经济思想。较早把管子经济思想纳入课程体系的，当属李大钊。在1920年的"北大讲义"中，李大钊有篇未写完的论文《中国古代经济思想之特点》②，开篇提到东、西方经济思想的差异，接着介绍了老子、儒家、管子、韩非子、墨子的经济学说和荀子的经济论。对于各家经济思想，只是摘录部分原文，没有进行详细的解释。对待管子的经济思想，也是简单摘录有代表性的原文。而对受教者而言，李大钊对管子经济思想的关注有引导之功。

一、甘乃光与管子经济思想研究

国内中国古代经济思想史的专门研究，一般认为实际上始于甘乃光1926年出版的《先秦经济思想史》。该书简略地评介了先秦各学派代表人物的经济思想。该书缺陷很多，但其开创之功不可埋没。甘乃光（1897—

---

① 程霖：《20世纪的中国经济思想史研究——以学术著作为主的考察》，《中国经济史研究》2004年第4期，第139～148页。

② 中国李大钊研究会编注：《李大钊全集》（3），人民出版社2013年版，第286～293页。

1956),广西岑溪人。1922 年毕业于广州岭南大学经济系,留校任教。1929 年被开除国民党党籍后在上海潜心著书译述,因其著有《先秦经济思想史》而成为中国研究经济思想史的第一人。

《先秦经济思想史》是根据甘乃光在岭南大学讲授中国经济思想史的一部分讲义编写而成,商务印书馆于 1926 年初版发行。全书共列九章,"导论""结论"外,分别论述老子、孔子、墨子、孟子、庄子、荀子、管子等先秦思想家的经济思想。该书字数不足六万,分量似乎很轻,却是研究中国经济思想史的第一部专著。内容安排方面,甘乃光《先秦经济思想史》①第八章的主题为"管子",重点阐述了《管子》中的国民经济观念、重农主义、分配政策等七个部分。

在论著中,甘乃光提及关注《管子》经济思想的原因:"《管子》本来是一部假书,但多数学者断定他为周末的思想,故我们不可当为他的思想的记载,但又不能不取出来代表周末的经济思潮,因伪书二字可以对于著作者而言,可以对时代上发生真假问题,但时代定了,则我们仍可取出来用,这是我述《管子》的经济思想的理由。"

对于《管子》思想的评价,甘乃光引入近代化的理念与之相类比。甘乃光说:"管子的经济学说,近于国家社会主义,略带些保育政策的色彩,和孟子大略相同。"而管子经济思想的重要特点之一,即为重农之外也重视商业:"管子之财政政策尚有一妙用,即利用商业政策以吸收国际贸易之赢余,以为国用。管子虽然一方面重农,但亦一方面重商。"在消费观方面,管子提出简单的生活标准:"立身于中,养有节。"其哲学与实施均受到道家与墨家之影响,更可证明《管子》这一部书是战国时期的作品。从《管子》内容方面分析,并以此为佐证,甘乃光认为,《管子》是成于战国时期的作品。

甘乃光编著《先秦经济思想史》,把中国古代经济史的范围重点限定在先秦,是有其用意的。在自序中,甘乃光说出有些愤激的话语:"何以现在只编出先秦一个时期呢?实在来讲,我国经济思想除了先秦以外,汉后的思想家实不能越先秦思想家的雷池一步,汉后的经济思想,不过延先秦的余绪罢

---

① 甘乃光:《先秦经济思想史》,商务印书馆 1929 年版。

了。”这种观点的得出，是因为作者认为：“这里最重要的原因，就是汉后我国经济界无多大变动，二千余年仍依旧滞落在农业手工业时期，故汉后只有些经济政策聊以应付环境而已。”这也间接肯定了管子的经济思想。

《先秦经济思想史》当初出版时，著名教育家马君武曾为这位老乡写序，对之评价很高：“同乡甘君乃光研究国民生计学，湛然学者。近著《先秦经济思想史》，据近世发展之生计学说，以解剖我国先哲所有关于此方面之思想，诚整理国故中一宗大事，甘君乃于短时期中成就之，其敏锐尤足异也。”而该书的价值，不仅体现在开风气之先，更体现在一贯的“学以致用”的学术取向。甘乃光在其所处的特定时代里，面对民生凋敝、国力积久不振的现状，以其所受过的经济学专业训练的眼光，上溯至先秦经典，希望从中可以发现若干能够有裨于当时经济革新的思想观念，因此爬梳排比，提要钩玄，成此经济论著。

二、李权时与管子经济思想研究

李权时（1895—1982），浙江镇海人，1918 年毕业于清华学堂，后获芝加哥大学经济学硕士、哥伦比亚大学财政学博士学位，1922 年回国，历任上海商科大学、复旦大学、中国公学、暨南大学、交通大学等学校的教授。从 1927 年开始，李权时陆续把自己的讲义和研究撰写成书，最早为人所知的论著即《中国经济思想小史》。①

《中国经济思想小史》1927 年由世界书局出版，仅约 3 万字，且以引文为主，属于作者的研究和讨论很少。全书分为四章内容，分别为中国历来经济思想之关于经济制度及分配者、中国历来经济思想之关于欲望及消费者、中国历来经济思想之关于生产人口及租税者、中国历来经济思想之关于交易货币及唯物史观者。其中第一章《中国历来经济思想之关于经济制度及分配者》按涉及的经济思想归纳为八个主义，所提及的古代人物以先秦时期为主。这八种主义分别是：无政府主义、均产主义、富国主义、共产主义、国家社会主义、资本制度改良主义、新均产主义、民生主义。这种分类方法明显

① 李权时：《中国经济思想小史》，世界书局 1927 年版。

受到当时社会思潮的影响。

李权时把管子的经济思想归类为第三种,即富国主义,同时归属此类型的还有李悝和商鞅。李权时指出:“我国古代主张富国主义者为法家。法家中有主张重农者,有主张重商者,然而其主要目的无不在富国强兵以行霸也。此种国家主义之流弊为对外的帝国主义。我们可以节录李悝、商鞅和管仲的言论来代表我国古代的富国主义。”李权时先简单介绍了李悝和商鞅的相关经济思想,接着介绍管子的经济思想。

李权时介绍管子经济思想的篇幅不长,约 1000 字左右,且大多是引文。李权时指出:“齐之管仲则主张以重商政策来达到富国之目的,他主张商业国营和资本国有。”下引《管子·国蓄》篇的记载作为例证。李权时还指出:“管子又主张盐铁两种工业悉归国有,以增加国家收入。”并以《管子·海王》篇为例佐证此种观点。关于管子的经济思想,李权时仅提及这两点。接着李权时总结说:“法家富国主义的流弊为帝国侵略主义,观《管子·轻重戊》篇的一段故事可知。”然后全文引用“管仲治鲁梁之谋”的故事。

李权时对中国古代经济思想的研究,太过于套用当时流行的经济主义论调,其任意给古人戴帽子的做法让人难以接受。但在管子经济思想的教材书写和介绍方面,算是一个阶段之代表。

三、熊梦与管子经济思想研究

随后的 1930 年,熊梦的《晚周诸子经济思想史》出版,该书着重评介了道、儒、墨、法诸家的经济思想。《晚周诸子经济思想史》的出版,推动了人物经济思想专题研究的开展。熊梦(1902—1983),湖南邵东人,自幼聪慧过人,尽通经史百家。后入北京朝阳大学经济系,毕业后转入北京大学国学研究所。1929 年,熊梦负责编审全国大专院校有关社会科学教科书。在此期间,他编辑出版了《晚周诸子经济思想史》,对《管子》经济思想重点介绍。

如同甘乃光对先秦时期经济思想的看重一样,熊梦对此也有类似的认识,在《晚周诸子经济思想史》“导言”中,熊梦提及:“晚周诸子为中土经济思想之重镇,前此之鳞爪,不过为诸子之驱除;后此之饰绎,不过为诸子之追随。”熊梦后来又曾著《中国经济思想史》60 万言,分二卷,上起神农,下讫韩非,《晚周诸子经济思想史》为上卷之一部分,对晚周诸子思想产生的历史背景进行了探讨,从大的社会发展趋势中探讨经济思想产生的根源,然后以诸子学派为研究对象,分别对道家、儒家、墨家与法家各派主要代表人物的经济思想,在大量引用史料的基础上进行介绍,对各学派内部的不同经济思想分别研究。

在《晚周诸子经济思想史》中,熊梦把管子经济思想放在"第六章:法家思想"中进行分析。[①] 熊梦把管子放在法家思想的第一位进行阐述,只是在论著中通篇摘抄梁启超《管子传》中的《管子之经济政策》。对此,作者特地在文中附言声明:"梁卓如曩著《管子传》,于管子经济政策颇多发明。愚研此尤力,已撰《集解》一书。兹为省时计,以下言管子思想者,即用卓如旧文。至其疏漏抵牾处,《集解》已详为商榷,故不赘。阅者如欲深究,可径参照。"熊梦提及自己已经撰写《管子集解》,为节约时间,不再特意对管子经济思想进行分析,而转用梁启超的有关研究成果。学者叶世昌对熊梦这种公然取他人著作为自己著作的做法极力批判,认为有悖于学术规范。[②]

但从另一方面来说,熊梦比较赞同梁启超的观点和研究成果。作为教材,《晚周诸子经济思想史》把管子经济思想看作中国古代经济思想的组成部分,借用知名学者梁启超的研究成果,以此来引导学生学习和关注。熊梦在《晚周诸子经济思想史》中,选取梁启超的管子经济思想研究成果,先以《史记》为基础,对管子的生平进行介绍,然后介绍在内政方面,管子理财、治兵、教育的三大纲领。教材主要分析了管子国民经济之观念、奖励生产的政策、均节消费之政策、理财政策和国际经济政策,并把此与西方经济思想相对比,还针对古代学者提出的一些观点进行辩驳。

可见,在熊梦的古代经济体系当中,管子的经济思想归属于法家的思想。管子思想系统而全面,涵盖了后世最有影响力的欧美经济理论,时间上远远走在世界前列。熊梦认同梁启超的观点,对管子的经济思想评价很高,重申管子的经济思想影响深远:"以当时并世之人,无一人能解此理,无一人能操此术,而惟管子以宏达之识、密察之才,其于百物之情状,视之洞若观

① 熊梦:《晚周诸子经济思想史》,商务印书馆 1930 年版,第 89 ~ 144 页。
② 叶世昌:《中国经济史学论集》,商务印书馆 2008 年版,第 117 页。

火，而躬管其机以开阖之，安得不举天下而为之役哉。”

四、唐庆增与管子经济思想研究

中华人民共和国成立前中国古代经济思想史研究的集大成之作，是1936年出版的唐庆增《中国经济思想史》上卷（先秦部分），该书篇幅和质量都大大超过了前期的相关成果。唐庆增（1902—1972），江苏无锡人，1920年留学美国密歇根大学，获学士学位，后又获美国哈佛大学硕士学位，曾加入美国经济学社。回国后在各大高校任教，长期从事经济学教学和科研工作。

1928年，唐庆增在上海交大开设中国经济思想史课，此时即着手编写《中国经济思想史》，又先后在上海和南京各大高校开设这门课程30余遍，在教学中完善学科体系，书稿于1935年完成，1936年初正式出版，前后用去了7年的时间。唐庆增的国学功底扎实，西方经济思想史的训练也相当出色，这使他研究起中国经济思想史来得心应手。《中国经济思想史》中整理和运用的史料丰富，撰著篇幅多，结构体系严谨。其中关于经济学的理论建树尤为重要，这主要体现在对该学科的界定，基础理论与研究方法的规范，基本观点与论述较为客观、合理等方面。

在构建中国古代经济体系时，唐庆增把中国经济思想史分为三个时期，第一是胚胎时期，包括原始社会至秦末，属于上古经济思想史；第二是实施时期，自西汉初至明末，属于中世经济思想史；第三是发展时期，包括清初至当时，属于近代经济思想史。唐庆增认为先秦诸子重在经济理论，汉后则偏重各种实施。在经济类学派方面，唐庆增梳理了儒、道、墨、法、农诸家经济思想的大致脉络，把儒家归为“中庸派”、墨家为“实利派”、法家为“功利派”、农家为“力行派”，这四派是中国经济思想史的四大潮流，成为全书的研究脉络。唐庆增对法家尤为推崇，对道家则过于苛责。①

唐庆增把管子的经济思想归为法家学派，认为管子是法家的鼻祖，盛赞管子是中国经济思想史中的革命者，“不特于经济事物上具有卓见”。他的政治论点也是功垂史册，为后人所称许，“与前之周公旦，后之王安石互相辉

① 叶坦：《“欲创造适合我国之经济科学”的唐庆增其人其书》，《中华读书报》2011年11月9日版。

映”,为我国过去的经济思想史增添了无数的光荣。唐庆增认为管子的思想理论比较纯粹和详尽,指出管子是纯粹的经济学家,是周秦诸子中的翘楚,他的思想很有详细研究的必要。

《中国经济思想史》中,唐庆增把管子经济思想列入法家第一位,从管子传略、《管子》书之研究、造成管子经济思想之要素、唯物观念、消耗论、重农政策、货币学说、重商政策、财政学说、经济杂论、结论等方面对管子经济思想进行分析。① 唐庆增认为,管子主张富国富民,仓廪实则知礼节,衣食足则知荣辱,这一唯物思想观念构成管子经济思想观念的理论基础。管子理财,以“轻重之术”驾驭天下,实乃周秦诸子中的翘楚。管子的富民论与孔子的富民论二者经济思想之立场完全一致,孔子主张自由放任,管子主张国家干涉。管子主张发山海之利,施行盐铁和矿业国有政策,实开我国经济史上国家专利之先声。②

唐庆增研究古代经济史时,比较注重原典资料的使用,他指出,管子是先秦的经济学家,研究管子必须参考《史记·管晏列传》《国语》《左传》《论语》等。管子的经济思想主要体现为重农、重商和工业国有等。唐庆增认为,管子的经济思想,是以国家观念为基础的,是法家的重要代表。

20 世纪 20—30 年代是中国经济思想史学科系统研究发端的中心时期,时值中国社会大变革的历史时刻,也是学术思想大发展的重要阶段。增强国力抵御外侮和建设国家发展经济的现实需求,推动和促进了实业发展与理论探索;西方经济学的传入和马克思主义的传播,为中国经济研究的发展提供了学术参照;掌握西学理论又致力于献身本国发展的一批留学生归国,成为探索本国经济学的中坚,中国经济思想史作为经济学独立分支学科就是在这样的时代背景和学术基础上发其端的。③ 甘乃光、熊梦、唐庆增等人的努力,为中国经济学科的形成和发展奠定了基础,也为后世学者了解和深入研究管子经济思想提供了指引。

---

① 唐庆增:《中国经济思想史》,上海书店出版社 1989 年版,第 199 ~ 250 页。

② 马涛:《唐庆增与其〈中国经济思想史〉》,《经济思想史评论》2006 年第 1 期,第 268 ~ 269 页。

③ 叶坦:《中国经济学术史的重点考察——中国经济思想史学科创始与发展优势论析》,《中国经济史研究》2003 年第 4 期,第 134 页。

民国时期以管子为研究主题的专门人物经济思想论著，影响大者当属黄汉《管子经济思想》①。这部管子经济学论著，内容主要包括绪论、《管子》为战国时代作品考、管子经济思想之基础、货币学说、财政政策、工业政策、商业政策、农业政策、分配与消费、结论——管子经济思想在中国经济思想史中所占之地位等，后面详细列述参考书目。就黄汉研究管子经济思想的特点而言，一是利用西方近代经济理论学说对《管子》进行分析，又运用中国古籍中的文献资料进行论证，将两者有机结合融为一体。二是较早运用唯物主义理论研究中国经济思想史。三是理论研究与社会现实相结合。黄汉《管子经济思想》的贡献，把《管子》经济思想研究推进到新的高度。②

再则，俞寰澄的《管子之统制经济》③，也是管子经济思想研究的专门论著。全书重在分析《管子》一书的经济理论，如"轻重"货币之运用，土地、政令之实施，大夫与商贾，社会制度，盐铁专卖，军备与用兵等，以评述《管子·轻重》的统制思想为主线，其他篇章的经济思想则掺入相关章节当中。有学者评价说，俞寰澄的《管子之统制经济》抓住"统制经济"做文章，是符合第二次世界大战时期的国内外潮流的。

在研究论文方面④，民国时期关于管子经济思想研究的论文有 30 多篇，主要就管子的财政思想、财富主义、重农政策、国家经济等国家统治的经济思想各抒见解，表现出封建专制经济思想向西方经济思想的演化。

第三节　中华人民共和国成立以来部分学者对管子思想的研究

中华人民共和国成立以来，除了"文革"时期受政治环境的影响，学者们对管子思想的研究依旧持续，并涌现出一批研究管子思想的知名学者。他们在民国时期已有的管子研究基础上，在《管子》版本、经济理论、哲学思想

---

① 黄汉：《管子经济思想》，商务印书馆 1936 年版。

② 李春博：《黄汉的〈管子经济思想〉》，司马琪主编：《十家论管》，上海人民出版社 2008 年版，第 163～165 页。

③ 俞寰澄：《管子之统制经济》，温州：中华铸制字版印刷厂，1944 年。

④ 翟建宏：《管子经济思想研究》，郑州大学 2005 届博士论文，第 7～8 页。

等研究方面颇有成就，郭沫若、马非百、胡寄窗、巫宝三等是其杰出代表。

一、郭沫若与管子思想研究

郭沫若(1892—1978)，著名文学家、历史学家，曾任中国科学院哲学社会科学部主任、历史研究所第一任所长等职。

郭沫若对管子思想的研究，集中体现在1956年成书的《管子集校》中。[①]《管子集校》一书为许维遹着手纂集，原名《管子校释》，分19册，约40万字。其中三分之一经过闻一多参校，另有部分经孙毓棠参校。郭沫若在诸人校勘的基础上复加用功，整整用了两年的时间，终成定本，共130余万字。郭沫若非常看重《管子》典籍的历史地位，对管子研究的一些问题提出自己的看法。如成书问题，他说："《管子》一书乃战国、秦、汉文字总汇，秦、汉之际诸家学说尤多汇集于此。例如《明法篇》乃韩非后学所为，《水地篇》成于西楚霸王时，《侈靡篇》乃吕后称制时作品，《轻重》诸篇成于汉文、景之世，皆确凿有据。故欲研究秦汉之际之学说思想，《管子》实为一重要源泉。"[②]

《管子集校》所辑录的《管子》版本最为详备，至今少有《管子》版本出其右者。《管子集校》主要依据宋明时期17种《管子》版本，每种版本都做了详细说明，记录其刊刻年代、所出母本、优劣特征等。郭沫若指出，《管子》诸多版本可以分为五种版本、两大系统，宋末杨忱本、明万历十年赵用贤《管韩合刻》为一系统，辽人刘绩《补注》本、十行无注古本、明万历七年朱东光《中都四子》为另一系统。郭沫若在校勘《管子》过程中，采此五本为主要版本，此外又采有十余种宋明版本为参校，还引用其他有关《管子》的校样书目四十余种。《管子集校》是各家版本及校注的集大成者，是现代研究《管子》必备的工具书。

在《管子集校》中，郭沫若除了引用别家的校注，也提出自己的看法。依照对校、本校、他校、理校等方法进行校对。根据有关统计，《管子集校》中"沫若案"条数有2000余条，字数不少于20万字，其特点为：以校为主，校注

---

① 郭沫若、闻一多、许维遹：《管子集校》，科学出版社1956年版。

② 郭沫若：《校毕书后》，《郭沫若全集·历史编》第8卷，人民出版社1985年版，第467页。

一体;注重校对字、句、节、篇;善于扬弃旧说,勇于创新立解;广泛运用甲、金、隶、草等新旧文字材料进行校释;力图运用现代经济学等科学思想进行校释;能够把校释与辨伪、断代结合起来。[①]

当然,《管子集校》也存在一些缺失之处,比如《管子集校》并非《管子》全文,自《问乘马》至《轻重庚》共17篇无校勘。另外,《管子集校》没有附列原文,没有写出定本,没有通体施注,有些地方则改动原文太大。马非百指出:郭沫若在改动《管子》原文时,"大多数都是不应该改的,有些则可改可不改,甚至有些则是很明显的改错了"。[②] 但瑕不掩瑜,郭沫若对《管子》的校勘成果,功劳甚大。

郭沫若编著《管子集校》,一方面是为了继承闻一多先生的遗志[③],一方面是自己早就关注管子思想的研究。早在20世纪40年代,郭沫若就已关注《管子》研究,就《管子》成书年代问题进行研究,著有《宋钘尹文遗著考》一文,认为《管子》书中的《心术》《内业》《白心》《枢言》是宋钘、尹文遗著,由此把先秦诸子中一个重要的学派发掘了出来。

而在整理《管子集校》的过程中,郭沫若把资料的梳理与研究紧密结合,又有了新的突破,即《侈靡篇》的研究。《侈靡篇》本是《管子》一书中最难读的,郭沫若吸收历代关于《侈靡篇》的优秀成果,经过细致校对和反复研究,"把错简整理了一番,把重要的错字错句也尽可能地加以校正",使"全篇文字在基本上勉强恢复了它的原状"。在此基础上,郭沫若写出长达数万字的《〈侈靡篇〉的研究》[④]论文,从"制作时代""特异性""政法文教等主张""军事国防上的见解""作者的阶级立场与思想背境""对作者的进一步推测"等六个方面进行了全面、详细的分析。郭沫若指出,《侈靡》篇必作于公元前190年左右吕后专政时代,"作者可能就是李斯的门人或门下客"。郭沫若

① 林甘泉、黄烈主编:《郭沫若与中国史学》,中国社会科学出版社1992年版,第590页。

② 马非百:《对〈管子集校〉及所引各家注释中关于轻重诸篇若干问题之商榷》,《郑州大学学报(哲学社会科学版)》1979年第2期,第75页。

③ 王锦厚:《郭沫若和这几个"文学大师"》,四川大学出版社2011年版,第116～125页。

④ 郭沫若:《〈侈靡篇〉的研究》,《历史研究》1954年第3期,第27～62页。

这种结论过于自信，但也足以成为一家之言。

郭沫若研究管子思想的论断出版后，引起了学术界的关注和争论。对于《管子集校》所记录版本的基本情况介绍，王欣夫提出了商榷意见。如《管子》宋刻杨忱本的版本问题，郭沫若依据张嵲《读管子》的记载内含亡国之痛及尊王攘夷之意，推测此本成书时间为元世祖至元二十一年（1284）。王欣夫在详细分析前人记载的基础之上，依据书中刻工姓名等资料，进行缜密推断，认为刊刻时间为南宋初年即绍兴壬申年（1152）左右。① 对于《心术》《内业》等篇章的研究，关锋曾详细分析宋钘、尹文学派的学术思想，其依据的就是郭沫若在《管子集校》中编订的这些章节内容。② 对于《侈靡篇》的研究，庄春波指出，《侈靡篇》作于汉代初期证据不足，应作成于齐愍王晚期，具体来说是齐愍王十二年（前 289），《侈靡篇》的作者应为苏秦。③

总之，《管子集校》的出版，大大推动了人们对《管子》的研究，里面提出的一些问题，使得管子研究往纵深方向发展。《管子集校》是郭沫若集全国力量编订出的典籍，是《管子》研究者打开《管子》这座宝库大门的钥匙。《管子集校》的面世，使《管子》这部素称难读的历史文献基本上可以通读，大大方便了《管子》的研究者。

二、马非百与管子思想研究

马非百，原名马元材，研究先秦史的知名学者，1896 年出生于湖南省永固镇，1919 年考取北京大学文科，1926 年担任黄埔中央军事政治学校历史教官，之后到河南中山大学任教，讲授《中国经济史》《世界经济史》等课程。

作为著名的历史学家，马非百对《管子》情有独钟。早在 20 世纪 40 年代时，他就开始研究《管子》。马非百曾写成《关于〈管子·轻重篇〉的著作

---

① 王欣夫：《郭沫若先生"管子集校叙录"之商榷》，《学术月刊》1957 年第 6 期，第 56～68 页。

② 关锋：《论宋尹学派》，《哲学研究》1959 年第 5 期，第 30～47 页。

③ 庄春波：《〈侈靡〉篇时代与作者蠡测》，《管子学刊》1990 年第 3 期，第 56～61 页；相类似的观点也见于庄春波：《〈侈靡〉篇新探》，《历史研究》1991 年第 6 期，第 24～35 页。

年代问题》一文，公开发表在《历史研究》上①，认定《轻重篇》的著作年代为西汉末年王莽时期。该文发表后，在学术界产生了很大影响，引发了激烈争论。

这其中尤以中国科学院哲学研究所容肇祖的反应较为强烈。容肇祖是著名中国哲学史研究专家，在抗战时期，他就关注《管子》的思想研究，曾在《大公报》发表论文，认为《管子》思想与韩非子法家思想之间关系密切。马非百《管子・轻重篇》作于王莽时期的观点发表后，容肇祖撰文《驳马非百〈关于管子轻重篇的著作年代问题〉》②，主要从历史发展的角度，及对文献记载的理解出发，列出十条论据进行批驳。容肇祖认为，马非百对《轻重》篇的考证太过粗疏，《轻重》的成书年代应为战国末期以至汉初。

1979年，马非百的《管子轻重篇新诠》在中华书局出版。从1943年起，马非百开始写作《管子轻重篇新诠》，书中除了对《轻重》各篇的文字进行考释，还在相关部分阐发了《轻重》作于王莽时代的观点。马非百认为，《轻重》篇是一部独立的著作，与《管子》其他各篇不属同一思想体系，它是西汉末年王莽时代的人所作。《管子轻重篇新诠》收入《新编诸子集成》，这使马非百"王莽说"有了更广泛的影响。

马非百为确立《轻重》"王莽说"，花费了很大一番力气。在收入《管子轻重篇新诠》的《关于〈管子・轻重〉的著作年代》一文中，他提出需要进攻的"四个据点"，又从包括20多个证据在内的六个方面进行"全面围攻"，而以"两个最后堡垒的突破"结束。虽然马非百为确立"王莽说"举出了很多证据，论证也非常仔细，用力很多，但其论说依然难以令人信服。正如郭沫若所说，"马氏认为此十六篇乃王莽时作品，证据薄弱，说难成立"。③

马非百关于《管子・轻重》著作年代的研究，态度十分认真。他倾力研究《管子・轻重》数十年，对其内容烂熟于心，对《史记》《汉书》《盐铁论》等

---

① 马非百:《关于"管子""轻重"篇的著作年代问题》，《历史研究》1956年第12期，第29～60页。

② 容肇祖:《驳马非百"关于管子轻重篇的著作年代问题"》，《历史研究》1958年第1期，第29～40页。

③ 郭沫若:《管子集校》，《郭沫若全集・历史编》第8卷，人民出版社1985年版，第272页。

文献及汉代的历史也非常熟悉。他注重从《轻重》内部找证据，对《轻重》篇中与其他汉代文献和汉代历史有关联的材料，进行了仔细的梳理排比。虽然由于指导思想和论证方法的偏颇，马非百得出的结论不能令人满意，但他付出的劳动，为《轻重》著作年代问题研究的深入展开产生了积极的推动作用；他提供的材料，也为进一步研究提供了宝贵的线索。[①]

无论“王莽论”的结论是否得到其他学者的认同，马非百对《管子》的研究引起了极大的重视，取得了很大贡献，把《管子》研究往纵深推进。一些学者在肯定《管子轻重篇新诠》取得训诂学重大成就的同时，也为该著作的瑕疵进行辨正，以期让这项研究更加符合历史的事实。如周乾溁撰文，为《管子轻重篇新诠》补正[②]，重新分析了“山国轨”“山权数”“山至数”“揆度”等词的解读与含义，认为这样的解释更顺理成章，更加符合当时的历史实际情况和政策。

由于在《管子》研究方面做出的重要贡献及带来的影响力，马非百于1984年去世后，研究管子思想的专门刊物《管子学刊》，特意发表马非百先生的遗著，以示致敬。主要有《〈管子·内业〉篇之精神学说及其他》《〈管子·内业〉篇集注》《〈管子·内业〉篇集注续》，展示了马非百在《管子》经济领域轻重理论之外，对《内业》篇哲学领域研究的突出成就。

马非百作为著名的先秦史、秦汉史研究学者，把《管子》典籍看成是秦汉文化的重要构成部分，倾注几十年的心血进行详细研究。其中，马非百尤其注重对《管子·轻重》篇的研究，他从人性好利论出发，分析了市场对治国的影响和作用，指出这是《管子·轻重》思想长期受到重视的原因所在。

三、胡寄窗与管子经济思想研究

胡寄窗，中国著名经济学家，1926年毕业于北平大学法学院，1938年获英国伦敦大学经济科学硕士学位。中华人民共和国成立前在大学一直承担

---

① 巩曰国：《百年来〈管子·轻重〉年代问题研究述评》，《齐鲁文化研究》2005年，第238～245页。

② 周乾溁：《〈管子轻重篇新诠〉补》，《古籍整理研究学刊》1992年第1期，第1～8页。

西洋经济思想史的课程教学，中华人民共和国成立后改教政治经济学，逐渐对中国经济思想史产生浓厚兴趣。[①] 讲课之余开始编写教材，撰写论著，内容涉及《管子》经济思想颇多。

因工作于高校的关系，加之中国经济思想史研究与西方经济思想史研究相比而尤显落后，鉴于中国古代经济思想史教材的缺失，胡寄窗于 20 世纪 60 年代初编写了《中国经济思想史》（上、中册），成为有史以来中国经济思想史较为系统的研究专著。[②] 胡寄窗个人也认为："三千年经济思想遗产的整理工作，由个人独立开拓。"[③]

以马克思主义的唯物史观和政治经济学原理为指导，胡寄窗在整理中国古代经济思想史体系中，上册重在分析"先秦经济思想"，管子本人及《管子》论著的经济思想被分列出来，其中第二部分"公元前八世纪—前五世纪封建诸侯割据初期（春秋）的经济思想"，第三章提及的是"春秋时代政治家的经济思想"，阐述了"管仲的四民分业定居论"。而在第三部分"封建领主割据向封建中央集权过渡期（战国）的经济思想"中，第十章详细列述了"管子经济学说"，分别包括唯经济的政治伦理观点、财富与劳动观念、自利观念、分工与分配观念、消费论、轻重理论、货币学说、价格与贸易、财政思想、其他经济政策等部分。

胡寄窗的《中国经济思想史》（上册）一经出版，立即在经济学界引起强烈关注。有些学者对胡寄窗《管子》经济学的研究结论不甚赞同，从而在学术界引起辩驳和讨论。讨论的重点之一是"《管子》代表什么样的阶级"？胡寄窗强调《管子》代表商人的利益，石世奇则对《管子》代表商人说表示怀疑[④]，认为《管子》一书的经济思想虽然比较丰富，但胡寄窗也并没有能够提出有力的论证，来证明它是出于商人阶级的思想家之手。

叶世昌则认为《管子》代表的是封建国家的利益，并发文与胡寄窗切磋

---

① 胡寄窗：《胡寄窗文集》，中国财政经济出版社 1995 年版，第 409 页。

② 叶坦：《中国经济学术史的重点考察——中国经济思想史学科创始与发展优势论析》，《中国经济史研究》2003 年第 4 期，第 131 ~ 141 页。

③ 胡寄窗：《中国经济思想史简编》，"前言"，中国社会科学出版社 1981 年版。

④ 石世奇：《简评〈中国经济思想史〉上册》，《经济研究》1962 年第 10 期，第 69 页。

探讨。[①] 胡寄窗随即撰文反驳[②]，针对叶世昌提出来的“阶级观点与阶级利益是两回事”的观点，胡寄窗认为阶级观点和阶级利益不能截然分开，重申《管子》代表的是新兴商人阶级的观点。姚家华也质疑胡寄窗的观点，发文支持叶世昌的结论。[③] 1963 年 7 月 9 日的《文汇报》对《管子》代表的阶级讨论发了“学术讨论综述”稿。现在看来，《管子》代表封建国家的利益已是多数《管子》研究者的共识。[④]

同时，石世奇还认为[⑤]，《中国经济思想史》这部书中不恰当地以西方经济学说的流派来比附中国古代的经济思想。比如认为《管子》经济思想如自利观念、侈靡论、轻重理论、货币数量说、价格概念、市场概念、财政上扩大经济收入等，特别是其中与商品流通有较密切关系部分的理解，大都接近了初期资产阶级古典经济学的水平，甚至某些地方还有它的独到见解。

胡寄窗的《中国经济思想史》在经济学界引起的这番讨论，进一步奠定了当时在本学科的筚路蓝缕之功。在《管子》经济思想方面，有学者指出[⑥]，胡寄窗对其有精辟剖析，首次对其进行了系统整理和分析。尤其值得关注的是对《管子》轻重理论的研究。他力排众议，认定该理论成于战国中后期，而对该理论的内容从研究对象、轻重规律及其运用等方面做了明白晓畅的分析，同时独树一帜地指出：轻重理论的实质是封建王权与商业精神的混合物。

“文革”以后，胡寄窗更加勤奋地在中国古代经济思想史领域进行研究，把《管子》经济思想研究引向深入，成果丰硕。先是编辑出版《中国经济思想史简编》，此是在《中国经济思想史》上册、中册的基础上缩编而成的。这部

---

① 叶世昌：《〈管子〉的经济思想代表什么阶级的利益——与胡寄窗先生商榷》，《学术月刊》1963 年第 2 期，第 59 ~ 61 页。

② 胡寄窗：《〈管子〉代表的阶级观点与阶级利益——答叶世昌同志》，《学术月刊》1963 年第 4 期，第 42 ~ 45 页。

③ 姚家华：《〈管子〉究竟代表什么阶级的利益——与胡寄窗先生商榷》，《学术月刊》1963 年第 6 期，第 49 ~ 53 页。

④ 叶世昌：《我和〈管子〉研究》，《学术研究》1994 年第 7 期，第 113 页。

⑤ 石世奇：《简评〈中国经济思想史〉上册》，《经济研究》1962 年第 10 期，第 68 页。

⑥ 程霖、刘甲朋：《胡寄窗中国经济思想史研究的学术思想》，《财经研究》2003 年第 10 期，第 67 ~ 72 页。

著作最初是在上海财经学院举办的一期中国经济思想史教师进修班上作为教材,后来扩展为许多高校开设经济思想史课程的教材。① 在该论著的体例上,《管子》所占的比重与在《中国经济思想史》中相比而言,依旧十分重要。内容方面,仍是分为“管仲的四民分业定居论”和“管子的经济思想”两部分,对《管子》评价很高,并把它与国际经济理论相对比。

经过20世纪60年代中期经济学界关于《管子》代表阶级的讨论,胡寄窗修正性地坚持认为:《管子》的思想体系集中地显示了新兴商人阶级的观点,惟在某种程度上也体现了新兴地主阶级和小生产阶层的经济要求,原因是这些阶级在那时候还同处在被统治的地位。②

与此同时,胡寄窗把中国古代经济理论放置到世界经济发展的大潮当中进行定位和评价,此即《中国古代经济思想的光辉成就》。③ 其中《管子》中的经济思想,能够与西方经济学术理论、概念相对比的,包括有《管子》的“侈靡的消费观”、《管子》中的市场价格均衡运动、《管子》中的差别价格概念等内容。④ 可见,《管子》经济理论在世界经济研究领域带有先进性。

基于对中国经济思想史的详细掌握,及对西方经济学史的充分了解,胡寄窗编著了《政治经济学前史》,这是在世界范围内第一次将中国经济思想成就列入世界古代经济思想的专著。对于管子的政治经济学,胡寄窗将之放在第一部分“公元前6世纪及以前的经济思想”中“古代中国的经济思想”进行介绍,主要是管仲的“四民分业定居思想”。到了春秋末年和战国时期,也即第二部分“公元前5世纪到前3世纪末期的经济思想”,胡寄窗介绍了《管子》,并认为,它大约出现在与商鞅同时代,讨论了财富与分配,价值、货币与价格,轻重理论,财政思想等经济问题。⑤

---

① 胡寄窗:《中国经济思想史简编》,“前言”,中国社会科学出版社1981年版。

② 胡寄窗:《中国经济思想史简编》,中国社会科学出版社1981年版,第167页。

③ 胡寄窗:《中国古代经济思想的光辉成就》,“前言”,中国社会科学出版社1981年版。

④ 胡寄窗:《中国古代经济思想的光辉成就》,中国社会科学出版社1981年版,第25~30页。

⑤ 胡寄窗:《政治经济学前史》,辽宁人民出版社1988年版,第144~184页。

胡寄窗除了将中国古代经济思想史系统化，还对经济研究领域进行细化分析，这方面重点分析了中国古代的财政思想。在《中国财政思想史》中，胡寄窗把《管子》的财政思想纳入其中。在第一部分“先秦财政思想”中，第二章“春秋时代的财政思想”列出“管仲的相地而衰征”的内容；第六章“《管子》的财政思想”分别详细阐述了《管子》基本财政方针、租税思想、强调经济收入的财政观点、其他公共收入、国用原则等内容①，把管仲在春秋时期具体实践的财政政策与《管子》书中提出的财政政策区分开来。

20世纪80年代初期，胡寄窗再次加入到了《管子·轻重》的成书年代问题的讨论中来。他不赞同马非百的“新莽说”，力主《轻重》篇成书于战国时期。正是基于对《管子·轻重》成书于战国时期这一理念，胡寄窗在创建自身的中国古代经济思想史体系时，总是把管仲的经济思想和《管子》的经济思想放在春秋战国时期进行分析阐述。

可知，胡寄窗依据独有的经济思想史观念，结合自己的从教经验和认识，把《管子》经济思想放在世界经济发展的浪潮中去定位和评价，进行中西方经济文化的对比。这种方式很是新颖，让人们清楚了解了《管子》经济思想的世界地位和影响力。

四、巫宝三与管子经济思想研究

巫宝三，1932年毕业于清华大学，1936—1938年被派往美国哈佛大学学习，回国后任职于社科院经济所。中华人民共和国成立后，历任中国科学院经济研究所研究员、经济思想史研究室主任。

巫宝三前期重在中国农业经济问题和西方经济学术及国民所得的研究，20世纪50年代以后则主要致力于中国经济思想史的研究。“十年动乱”结束后，随着学术机构的恢复和重建，巫宝三与胡寄窗、赵靖等经过精心筹划，于1980年组建成立了中国经济思想史学会，而后每两年举行一次全国性的学术会议。巫宝三认为，在中国经济思想史发展的过程中，《管子》的经济思想占据重要地位，应给予其相应的重视和研究。

---

① 胡寄窗、谈敏：《中国财政思想史》，中国财政经济出版社1989年版，第140~173页。

在中国经济思想史的研究中,巫宝三强调要从编辑经济思想资料入手。鉴于我国古代书籍浩繁,其中经济思想与哲学思想和政治思想互有交叉,查阅颇非易事,1978—1981 年巫宝三等人致力于《中国经济思想史资料选辑(先秦部分)》上、下两册书的编订。在该资料选辑中,《管子》书中因包含有丰富而系统的古代经济思想,被收集进去,分两部分进行了解读。因内容繁多,占据的篇幅比较多,大概占据 1/3[①],顺序则是放在"《慎子》"与"商鞅和《商君书》"之间,由此可窥著者对《管子》成书年代的大致界定。

在自己的学术研究中,巫宝三比较重视对《管子》经济思想的研究,也不可避免地参与到《管子》成书年代的讨论中来,尤其对《轻重》《侈靡》等篇的思想提出了自己的观点。巫宝三发表的相关论文主要有:《〈侈靡篇〉的经济思想和写作时代》[②],《论〈管子·轻重〉各篇的经济思想体系问题》(上、下)[③],《试论〈管子〉中〈度地〉〈地员〉二篇农学论文对于发展农业生产力的意义及其农学思想渊源》[④],《〈管子〉研究小识》[⑤],《管仲"相地而衰征"的历史意义与理论贡献》[⑥]等。

其中较早的《〈侈靡篇〉的经济思想和写作时代》一文,巫宝三分析了《管子》的"侈靡"思想,并从典籍记载的"论"和"史"之对照来看,认为可以推断出《侈靡篇》的论述是以战国中后期的齐国为背景的。而从文中的问答语气和全篇思想内容来说,《侈靡篇》应该是代表齐国封建统治阶级利益和要求的作品。所提出的一些经济主张,同战国中后期齐国封建主对外积极从事兼并战争、对内巩固封建统治的要求相适合。

---

① 巫宝三主编:《中国经济思想史资料选辑(先秦部分)》,中国社会科学出版社 1985 年版,第 98~267 页。

② 巫宝三:《〈侈靡篇〉的经济思想和写作时代》,《中国社会科学》1980 年第 5 期,第 175~189 页。

③ 巫宝三:《论〈管子·轻重〉各篇的经济思想体系问题》(上、下),《经济科学》1983 年第 2、3 期,第 62~69,54~58 页。

④ 巫宝三:《试论〈管子〉中〈度地〉〈地员〉二篇农学论文对于发展农业生产力的意义及其农学思想渊源》,《中国经济史研究》1986 年第 1 期,第 147~158 页。

⑤ 巫宝三:《〈管子〉研究小识》,《管子学刊》1987 年第 1 期,第 9~10 页。

⑥ 巫宝三:《管仲"相地而衰征"的历史意义与理论贡献》,《河南师范大学学报(哲学社会科学版)》1993 年第 3 期,第 1~4 页。

巫宝三大力提倡对《管子》经济思想研究工作的开展，也回顾了自身研究《管子》经济思想的一些体会和感受。应《管子学刊》创刊号的邀请，巫宝三撰写《〈管子〉研究小识》，指出学术界对《管子》一书的时代和作者一直有争论。通过众多研究，学者们现在大都认为《管子》是以齐国为背景、以管仲思想和功业为指导，主要是由战国时期稷下学士们从哲学、政治、经济、阴阳五行、兵学、农学等方面所撰写的论文集。

巫宝三认为，当代研究《管子》的现实意义非常重大。《管子》是我国古代文化遗产的珍品，要认识和研究它在学术思想上的贡献和在实践中所起的作用。《管子》的学术思想有其时代性，《管子》如同其他古代思想家的学术思想一样，有其精华部分，到现在仍有借鉴的意义。

1989 年，在全国深入研究《管子》思想的良好氛围中，巫宝三把自己撰写的关于《管子》经济思想的论文集结成集，名为《管子经济思想研究》。① 该书由 10 篇论文组成，大部分先后在各期刊上发表过，也有新近完成和尚未发表的。《管子经济思想研究》可谓巫宝三研究《管子》经济思想的集大成者，有书评介绍说："作者以其对古文字的高深素养和经济史学的雄厚基础，善于从原作的字里行间见微知著，质疑解难，理出了《管子》经济思想的基本脉络，这就为后学者研究《管子》展现了更加广阔的视野。"②

巫宝三认为，《管子》一书的特点，就在于非成书于一时一人之手，而是战国秦汉多家多方面思想的总汇。其经济思想的产生，一是源于管仲治国功业及其政策思想，二是源于春秋战国时代社会经济变革所产生的思潮。为了真实地反映和理解《管子》的经济思想，巫宝三将《管子》一书的经济思想内容归纳为九个方面③，包括务本论、富国论、欲利论、务本饬末论、分民说、土地制度、发展农业生产力、赋税论、商品货币关系论和侈俭论等。

虽重在研究《管子》的经济思想，巫宝三也注意到了个体与整体的紧密联系性，把《管子》经济思想看作中国古代经济思想的有机组成部分。秉持

---

① 巫宝三：《管子经济思想研究》，中国社会科学出版社 1989 年版。

② 殷衷：《集当代〈管子〉经济思想研究之大成——巫宝山先生的〈管子经济思想研究〉简介》，《管子学刊》1987 年第 2 期，第 96 页。

③ 朱家桢：《编者的话》，巫宝三：《巫宝三集》，中国社会科学院科研局组织编选，中国社会科学出版社 2003 年版，第 11 ~ 14 页。

这种经济学研究的理念，巫宝三在《先秦经济思想史》中，把《管子》的经济思想作为中国先秦时期重要的经济思想吸收进来。在先秦经济思想体系中，巫宝三认为《管子》是法家学派的代表，从时间上来说，应归为战国时期，出现的年代在李悝和商鞅生活的时期之间。[①]

除了上述这些学者对管子思想进行研究，其他一些知名学者如叶世昌、赵守正、牛力达、胡家聪等在研究管子思想方面，也是成果斐然，引人注目。

而近三十年来，一些学者对管子思想的整体或某一方面进行研究，或使用新出土材料进行研究，比较有代表性的有：王德敏的《管子十日谈》[②]，战化军的《管仲评传》[③]，池万兴的《〈管子〉研究》[④]和《管子》[⑤]、《先秦文化和〈管子〉研究》[⑥]，张固也的《〈管子〉研究》[⑦]，张力的《管仲评传》[⑧]，陈升的《管仲评传：中国改革第一人》[⑨]，陈书仪的《管子大传》[⑩]，乐爱国的《管子的科技思想》[⑪]，张连伟的《〈管子〉哲学思想研究》[⑫]，苏畅的《〈管子〉城市思想研究》[⑬]，郭丽的《〈管子〉文献学研究》[⑭]和《简帛文献与〈管子〉研究》[⑮]等。其他的论著成果和期刊论文在《齐鲁文化研究论著目录(1901—2000)》[⑯]中有详细目录索引，可供参考。

---

① 巫宝三主编：《先秦经济思想史》，中国社会科学出版社1996年版，第551～591页。

② 王德敏、刘斌：《管子十日谈》，安徽文艺出版社1997年版。

③ 战化军：《管仲评传》，齐鲁书社2001年版。

④ 池万兴：《〈管子〉研究》，高等教育出版社2004年版。

⑤ 池万兴：《管子》，云南教育出版社2009年版。

⑥ 池万兴：《先秦文化和〈管子〉研究》，人民出版社2015年版。

⑦ 张固也：《〈管子〉研究》，齐鲁书社2006年版。

⑧ 张力：《管仲评传》，四川大学出版社2005年版。

⑨ 陈升：《管仲评传：中国改革第一人》，广西教育出版社1997年版。

⑩ 陈书仪：《管子大传》，齐鲁书社2008年版。

⑪ 乐爱国：《管子的科技思想》，科学出版社2004年版。

⑫ 张连伟：《〈管子〉哲学思想研究》，巴蜀书社2008年版。

⑬ 苏畅：《〈管子〉城市思想研究》，中国建筑工业出版社2010年版。

⑭ 郭丽：《〈管子〉文献学研究》，中国海洋大学出版社2007年版。

⑮ 郭丽：《简帛文献与〈管子〉研究》，方志出版社2015年版。

⑯ 山东师范大学齐鲁文化研究中心编：《齐鲁文化研究论著目录(1901—2000)》(上)(下)，中国社会科学出版社2003年版。

第四节　管子思想的“古为今用”

鉴于《管子》典籍与管子本人在民众中的知名度逐渐提升，加及优秀传统文化的宣传力度不断加强，《管子》思想的研究不再局限于严谨的学术探析，而是与当下人们的精神需求、解决面临问题的需求相结合，以一种“古为今用”的方式进行解读，其影响力也不容忽视，可看作管子思想的影响方面之一。

在这方面比较有代表性的论著，如徐明天编著的《管子的经济智慧》，由海天出版社2009年出版。徐明天将管子经济方面的内容进行整理，主要以现代经济学的框架进行归纳梳理，从而发现，管子对经济学的方方面面大都已经进行过思考或在实践中涉及了。在行文中，徐明天注意把西方经济学家的观点与管子的经济学相对照，也注意与当前经济危机中遇到的难题相结合，从而提升了管子经济学说的现实价值。

在《管子的经济智慧》一书中，徐明天认为：“当今西方的金融战、粮食战、石油战、贸易战，都出自2700年前中国管仲的谋略。”而在书籍宣传语中也写道：“他写出人类第一部经济学著作，他发起有史记载的世界第一次大型改革，他缔造了春秋首霸和与古雅典相媲美的社会文明，他开创农业税、盐铁专营、粮食储备、戍边军垦等多项经济制度。”徐明天从现代经济角度分析，把管子经济思想和制度放置于现代经济发展的历程中来进行对比，凸显管子经济思想的影响力。

徐明天从以下方面对管子经济思想进行阐述和分析，包括最早的农业生产责任制、“相地衰征”开创中国农业税制度、“官山海”国家垄断盐铁业、大农业产业观、制造业发达“冠带衣履天下”、轰轰烈烈招商引资、建立粮食储备制度、价格杠杆制天下、“九惠之教”的社会福利制度、奢侈消费的惊人见解，等等，强调管子经济思想的经世致用性。①

《管子的经济智慧》面世后，获得不错的读者反响。在对管子长期钻研

① 徐明天编著：《管子的经济智慧》，海天出版社2009年版。

的基础上,徐明天把《管子》中所体现出来的管理思想,用简洁通俗的语言加以阐释,编著成《〈管子〉管理日志》①,这是一本从现代视角来探究企业管理的读本。

为迎合图书市场的经世致用需求,徐明天再接再厉,又出版《大国策:对话人类首位经济学家管子》一书,重点以《管子》经济思想为借鉴,指引中国超级大国之路的方向,并从经济学的论述中检讨现实中国经济的得失。在《大国策》中,徐明天列述了管子的各种经济思想,并以"今鉴之策"进行古今的对照,紧密联系现实。其中主要内容涉及:均地分力与民分货,与现实联系的是"耕者有其田是基本的社会公平";地者政之本,与现实联系的是"通过税收调控房地产";货财行于国法制毁于官,与现实相联系的是"建立官员财产申报制度";有革而不能革不可服,与现实相联系的是"改革是国家强盛的唯一出路",等等。②

徐明天的这些关于《管子》经济思想的论著,与学术研究的论述截然不同,没有就《管子》典籍的版本、经济思想等内容进行深入探讨,而是用现代性的话语和思维,使得管子治理思想更加普及,让普通民众对管子的思想进行简单了解。这可看作管子思想推广的另一种途径。

与徐明天关注管子经济思想的现代影响不同,李任飞的《向管仲学管理》③,重在对管子的管理思想进行透彻分析。这部论著是在中华管子文化促进会的支持下编辑出版的。李任飞是管子管理学研究者,他运用管子2700年前"九合诸侯,一匡天下"的治国思想辅导了众多企业。

在《向管仲学管理》一书中,李任飞指出,春秋时期的齐国,在管子的治理下有一套卓越的管理系统,而管子就是这卓越系统的总设计师,管子的最大价值在于管理。李任飞把现代的管理方式与管子管理齐国的方式进行类比,包括一系列的系统法则,分别为目标产生动力、价值赢得人心、信息创造活力、规划统合运营、结构决定功能、规范简化操作、教化推动复制、督导保证效果、人才就是财富等。最后趣味性地提出总结:"管理就是管仲之理?"

---

① 徐明天编著:《〈管子〉管理日志》,浙江大学出版社2011年版。

② 徐明天编著:《大国策:对话人类首位经济学家管子》,海天出版社2012年版。

③ 李任飞:《向管仲学管理》,阳光出版社2011年版。

这里面涉及管子的尊王攘夷、人才思想、经济思想、治国方略等内容。作者用现代性的管理方略重新解读管子的治国思想，给人耳目一新的感觉。

而邓中好《大国之路：管子是如何治理齐国的》①，则重在从治国效果方面解析管子政策的时代性。邓中好，哲学博士，人民日报出版社副社长，长期从事理论工作，对中国文化有浓厚兴趣。《大国之路：管子是如何治理齐国的》比较系统地考察了春秋时期著名政治家管子治理和发展齐国的思想和实践，勾勒了齐国成为大国、强国的路线图。作者指出，中国几千年从政者必读《管子》，管子是制度管理的精神宗师。管子治国理念包括：以人为本、依法治国、民主决策、富民强兵、整顿改革、发展经济、倡导和谐、和平外交等。管子执政措施包括：以法制推行法治，保持稳定谋发展，规范行政职能，听取群众意见，鼓励消费，增加就业，宏观调控，盐铁专卖，从日常习惯中加强道德教育，实行"远者以理，近者以体"的外交政策等。论著中作者详解管子关于内政、外交、军事、人事工作的核心理念和实施方法，为当代中国从政者提供了有益的借鉴，为中国实现大国崛起提供了历史的参考。

邓中好系统阐述了管子推行的和平友好外交策略。管子认识到，真正的霸主应当使各诸侯国心悦诚服，而不能靠武力征服。管子坚决推行和平友好的外交策略，并明确指出，国与国之间应当"竞于德，而非竞于兵"。管子通过各种方式与各诸侯国密切沟通，广交朋友，并努力帮助弱小国家。正是由于管子治国有方，经过 40 多年的努力，贫穷混乱的齐国终于变成了大国强国。

另有潘焱编著的《大国推手——向管仲学顶层设计》②，重点探讨管子的治国思想和为官方略。在《大国推手——向管仲学顶层设计》中，潘焱主要描述了春秋时期管仲的为官心得，再现了文武权臣在历史上的真实事例，力争向管仲学习如何治理国家，看管仲如何做国家的顶层设计。春秋时期这些文武权臣的谋略智慧和人生得失，能为企业经营管理者和职场人士的日常工作带来很多实用性的参考和启示。

由此可知，进入民国以来，文化学者由于经受了西方自然科学和社会科

---

① 邓中好：《大国之路：管子是如何治理齐国的》，北京联合出版公司 2012 年版。

② 潘焱：《大国推手——向管仲学顶层设计》，广东旅游出版社 2014 年版。

学的熏陶，加及自身具有深厚的国学底蕴，成为兼通中西文化的学者，他们在相应的学术领域内对管子思想进行深入探讨，梁启超、胡适等是其杰出代表。早年梁启超著有《管子传》，全面勾勒了管子的一生，对管子的政治思想和经济思想进行密切结合西方文化的全新解读。后来胡适引入西方学科理论，在重新构建中国哲学史框架时，就《管子》成书问题与梁启超展开辩论。这些知名学者一般在高校任教，把自己对管子的研究成果纳入到教学体系中，揭示出管子思想在中国哲学史上的地位和影响。

民国时期，管子的经济思想是国内学者构架中国经济发展史的重要内容。受西方经济学思想的影响，国内学人在高校中纷纷开设中国经济史课程，加强对管子经济问题的讨论和研究，甘乃光、熊梦、唐庆增等是重要代表。此时还出现了专门研究管子经济思想的论著，如黄汉的《管子经济思想》、俞寰澄的《管子之统制经济》等。在西风东渐学术思潮的影响下，新的研究术语和新式研究方法不断运用，管子研究更多融入“攘夷”、革新、治世等为时代急需的文化内涵。

中华人民共和国成立以后，顾颉刚、冯友兰等知名学者纷纷把管子思想研究纳入自己的研究范畴和体系。尤其是冯友兰，在修订的《中国哲学史新编》中，指出《管子》这部书必定和齐国有关，力图通过分析春秋时期齐国历史发展来解析管子思想，把其放在春秋时期“礼”“法”之争的范畴内进行讨论。1956 年郭沫若编著的《管子集校》出版，此乃各家版本及校注的集大成者，是现代研究《管子》必备的重要工具书，大大推动了学人对管子思想的研究。

出于经济发展的需要，很多学者对管子的经济思想进行研究，尤其是管子的轻重思想。学者马非百认为《管子·轻重》成书于王莽时代，这比罗根泽的“武昭说”往后推了近百年，引起学者胡寄窗等人的坚决反对。胡寄窗著《中国经济思想史》把《管子》列入战国时代，而巫宝三认为此篇很可能成书于战国末至秦初的韩非子学派之手。学者们依据对管子经济思想的熟知，展开激烈辩论。胡寄窗提出管子代表的阶级属性，同样在学术界引起激烈讨论。叶世昌、赵守正、牛力达、胡家聪等学者在研究管子思想方面，也是成果丰硕。

结束语

作为春秋时期著名的政治家和思想家，管子的事功初始就受到史学家和诸子学派的关注与重视。管子与春秋时期齐国的发展密切相关，也对春秋时期的文化框架和走势造成影响，《左传》《国语》等的相关记载，与后来的《管子》记载内容互为补充，相互印证，是后人研究这段历史的重要凭证。而司马迁《史记·管晏列传》中专门为管子列述传记，是后世探讨管子事功和影响的不可忽视的史料。

反映管子主要思想的专著《管子》在战国时期已广泛流传。《韩非子·五蠹》曰："藏商管之法者家有之。"西汉时期的思想家贾谊、晁错、《淮南子》的诸位作者、桑弘羊、司马迁等，都曾阅读过《管子》，只是他们看到的《管子》可能不是足本，而是散乱的不成篇章的本子。到了西汉末期，学者刘向收集《管子》的众多本子，删复存异，86 篇的《管子》最终定型，成为后世研究管子思想的主要依据。

鉴于先秦时期战乱频仍、文献记载遗失和传播中口耳相传的限制，史料流传时错谬的情况时有发生，记载的失真极为可能。作为有影响力的历史名人，管子的言行举止被世人津津乐道，在其身上附会些遗闻轶事也在所难免。先秦诸子论著中，如《论语》《孟子》《荀子》《晏子春秋》《庄子》《韩非子》《吕氏春秋》等记载的管子事迹和思想，不一定全是史实。而儒、道、法、杂等各派学者，常以这些管子故事作为阐述自身治世主张的依据，这从另一个侧面反映出管子思想的内容及价值所在。

由于管子思想价值的深远影响力，"百家争鸣"时期先秦诸子纷纷以管子为例证，来佐证自己论辩的观点。值得关注的是，诸子学派对于管子行为和思想的认识，同一事实出现了多元的解释或尖锐的争论。如"管子临终论相”这个故事,赋予管子思想更多的内涵和文化底蕴,也展示出管子思想的生命力和延续性,包含着丰富的思想内容。

因后世儒家思想占据主导地位,孔子对于管子的评价成为后世士大夫定位管子的初始探讨点。在《论语》中,作为比管子生活年代稍晚的一位思想家,孔子对管子进行评论。就个人性格和生活作风而言,孔子认为管子“器小”“不俭”“不知礼”;对于“管子不死公子纠”的事实,孔子从历史发展的角度进行评价,称管子为“仁”,“民到于今受其赐”。基于此,尤其宋代以后,理学思想成为社会主要思潮,人们注重品德的修养;而明清鼎革,文人面临“易主而侍”与“从一而终”的困境,管子不死子纠的做法成为文人讨论的重要话题。

经过秦朝短暂的统一,汉朝进入安定时期,文献典籍的整理成为可以操作的事情,也是治世借鉴的需要,刘向即当时整理社会上存有文献的领军人物。对于管子的相关文献,刘向除了删定86篇的《管子》,在编校的《管子叙录》中还列述了西汉末期各处藏书的《管子》篇章数,指出《管子》一书的内容在于“富国安民”。刘向编订的其他典籍,如《新序》《说苑》《列女传》等,也对管子故事进行多方面收集整理。

唐朝是历史上的盛世,经济发达,文化开放自由,也是史学的繁荣时期,专门成立史馆对前代历史进行编撰。对于管子思想的重视,与此前对《管子》典籍有针对性地引用原句有所不同,唐代大型政书、类书如魏征的《群书治要》、杜佑的《通典》、马总的《意林》、张说的《初学记》等,对《管子》文句做了大量的辑录,后世常据此对《管子》版本进行考订。唐朝还出现《管子》的最早注本,即尹知章的《管子注》,以注释形式对《管子》作训释,后世著述多是以尹注为基础。

唐朝之所以兴旺强盛,在于国君的圣明贤能,很多唐朝国君对管子“富国安民”的治国方略进行借鉴。唐太宗、武则天、唐玄宗、唐宪宗、唐文宗等对管子的相关治国政策进行关注,以资世用。与国君重视管子思想相应和,唐代科举考试中出现以《管子》为必读书目的建议。唐代文人也重视管子思想,运用诗歌、论赋的文学体裁专门对管子本人或其治国理念进行点评,如“四维论”“害霸论”等,这进一步凸显了管子思想在唐代的影响。

自唐代中期起,管子被纳入国家祭祀系统。管子主要是作为被尊为武成王的姜太公之配祀,而得到朝廷的供奉。宋代管子的陪祀地位有所上升,到明代初期,管子祭祀随武成王庙祭祀的废除而终止。全国各地如山东临淄、安徽颍上等,把管子作为名宦和乡贤来进行祭祀。上行下效,管子在民间信仰中作为盐业、娼妓业行业神而香火旺盛。

宋朝时,统治者重文轻武,内忧外患应接不暇,尤其在外交关系处理中,大宋王朝在保边战争中接连失利,对辽、西夏、金等少数民族政权屈辱求和,这引起一大批仁人志士的激愤与忧虑。宋朝文人大力赞美管子尊王攘夷之功,把他看作保卫华夏民族精神与捍卫天子尊严正统观念的代表,力图从管子治国谋略中寻找救世之法,这其中当以苏洵、苏辙、苏轼“三苏”为代表。“三苏”充分肯定管子相齐的功劳,客观地指出管子治国方面的不足,这是为了借古讽今,劝诫当朝统治者。尤其苏轼重点分析了管子在齐国的军旅编制,苏辙尝试对《管子》辨伪,以管子思想为标准对《管子》的真伪加以区分,开启了南宋叶适、黄震等人的辨伪取向,这在学术发展历程中属独特见解。

随着程朱理学思想的兴起,宋代士大夫常用儒家虚悬的“王道”标准来评价管子的事功和道德。与汉唐时期文人对管子的高度赞扬不同,宋元一些文人对管子思想的评价,带有明显的贬斥和批评色彩,如陈襄、高似孙、袁燮、吴海等人,着重讥讽管子辅佐齐桓公一匡天下功业之后的追逐功利之风。这很大程度上根源于文人们把《管子》典籍的记载等同于管子本人的治国思想。

另外,《管子》典籍受到官方重视,成为士子们科举考试的必读书目。随着需求的增多,及宋代印刷术的推广,《管子》刻本应时出现,留存于世的主要有杨忱本和蔡潜道墨宝堂刊本,这为管子思想更为广泛的传播提供了前提条件。而明清时期,古代文化发展已高度成熟,因受文字狱的影响,在古学风气的推动下,古书刊刻的数量大大超过前代,进入兴盛时期。《管子》典籍也不例外。

明朝取代蒙元少数民族政权,汉族重新执政,士大夫对管子“尊王室”“攘夷狄”的功绩高度赞扬。鉴于管子思想的经世致用性,明清学者一致认为管子的治国谋略和理念有助于治世，对之比较关注。管子的经济政策、人才思想、军事谋略等，受到王世贞、方苞、刘献廷、傅山等人的重视，他们从管子的政治实践中借鉴经验和教训。

管子不死子纠的人生经历，因关涉到对管子的品性评价，自孔子时即对此进行点评。又因其具有代表性和说服力，宋代理学大师程颐和朱熹分析了管子不死子纠的动机和理由，最大限度地维护而不是伤害忠义原则。明清政权更替之际，黄道周、顾炎武、王夫之、黄宗羲、吕留良、颜元等知名学者，又对此事进行评价，全方位多角度分析，把儒家的君臣之义和华夷之辨提升到新的理论高度。

鸦片战争以后，在管子思想研究方面，学者们依旧有传统的训诂考据研究，张佩纶《管子学》、何如璋《管子析疑》是其代表。在管子思想内容的定位和评价方面，近代国学大师的探讨和结论引起后世的辩论与深入研究，不经意间开启“争鸣”之门，如章太炎提及管子的“奢靡”属于合理的经济消费，王国维认为《管子·轻重》篇作于汉代等，促使管子研究走向细腻化和系统化。

科举考试是文人努力学习的风向标，自宋代开始，《管子》被列入科举考试的采题范围，成为制科应试的必读书目。在宋、明、清时期策问中，常有一些对管子人物或治国策略的评价。作为科举考试最高级别的殿试，皇帝的策问与士人的对策，也涉及《管子》典籍或管子本人的治国策略，这尤其以清代中后期为最。

进入20世纪，民国三十余年的时间内，西学东渐的风气在学界的影响已非常明显。受西方学术构架的影响，一些文化学者把管子思想纳入到哲学和经济学体系之中，使其成为高校分科教学的分支。梁启超、胡适、罗根泽、甘乃光、熊梦、唐庆增、黄汉等是重要的代表。此间关于管子思想研究，学界融入许多时代急需的精神内涵，如革新、“攘夷”、治世等，且新的研究术语和新式研究方法不断运用，新的研究成果载体如期刊较多涌现。

中华人民共和国成立后，在前期管子研究成果丰硕的基础之上，郭沫若编著集各家版本及校注之大成的《管子集校》，把能收集到的国内外《管子》版本收录其中，是现当代研究《管子》的必备工具书。当然，郭沫若也在其中对管子进行深入研究。冯友兰的管子研究成果①也不可忽视，他认为《管子》这部典籍与齐国历史发展密切相关，明确提出应通过分析春秋时期“礼”“法”之争，及齐国当时境况来解读管子思想，把管子与齐文化结合起来进行研究。

为适应当时经济快速发展的需要，很多学者对管子的经济思想进行全面而深入的研究。除了对管子经济思想和政策有悉数介绍，学者们还针对某些问题进行商榷和辩驳，如《管子·轻重》的成书年代、《管子》所代表的阶级性问题等。这在整个学术界引起探讨和关注，使得管子研究走向多元化和整体化。

改革开放之后，管子思想的时代价值更加明显，学界研究的步伐也日趋加快。内容涉及管子思想内涵的方方面面，成果形式除学术论著、期刊论文外，高校学子也把管子思想内容作为研究对象，这是不可忽视的管子研究新生力量与后续主力。在条件成熟的情况下，全国各地纷纷成立管子思想的研究机构，集多人多地研究之力，多出成果，出好成果，以启迪世人，为治世之借鉴。

纵观两千多年来的历史，管子本人在齐国历史发展中的功业，及体现管子学派理念的《管子》一书，对后世产生了深远的影响。管子辅佐齐桓公治理齐国，在政治、经济、军事、外交等领域推行改革，施行“叁其国而伍其鄙”“相地而衰征”“作内政而寄军令”“轻其币而重其礼”“尊王攘夷”等策略，尤其“官山海”盐铁专卖的践行，使得齐国国富民强，最终创立“九合诸侯，一匡天下”的春秋霸业，为后人留下了宝贵的治国理政经验。

《管子》一书集管子学派的丰富思想，是经数百年相传而成的智慧结晶，被认为是经邦治国百科全书式的巨著。《管子》一书的特色，在于其思想的融通性，它积极吸收和融合了其他各家学说的优秀成果，儒家的礼义思想、道家的顺应民心思想、法家的依法治国思想、墨家的非攻言论、农家对地利的筹划、兵家的战事计谋，等等，都在这部书中体现出来。尤为优秀者，如“水是万物之本”的哲学理念，“政之所兴，在顺民心”的政治准则，“仓廪实

① 冯友兰:《中国哲学史新编》(第一册殷周至战国)，人民出版社 1962 年版，第 180 ~ 190 页。

则知礼节，衣食足则知荣辱”的道德原理，“量能而授官”的人才思想，“百年树人”的教育目标，“治国之道，必先富民”的民生主义，“服人以义而不以兵”的用兵主张，首创并实践应用的“商利战”，等等，对养民生息、发展生产、理财经商有精辟见解。

《管子》突破了诸子百家以宣扬自己的学说为目的、仅囿于己说的限制，秉承着既保留古代制度与文化的精华，又因时因地制宜的原则，较好地处理了春秋战国时期困扰诸子百家的有关古代制度与文化的继承、发展的问题。这种原则，能够为齐国统治者富国强兵所采用，又能够为后世诸多朝代的统治者提供治国借鉴。

中华优秀传统文化是习近平总书记“十八大”以来治国理念的重要来源。习近平总书记多次强调中华优秀传统文化的历史影响和重要意义，赋予其新的时代内涵。这反映出中央对文化建设的高度重视，彰显其以文化复兴助推民族复兴的坚定决心。

在2015年召开的第22届国际历史科学大会开幕式上，山东省省长郭树清在致辞中明确指出齐文化的重要历史地位，他说：“距今2500年左右的齐国首都临淄曾经是东方最繁华的城市。正是在这个城市，国王设立了与古希腊雅典学院同期的稷下学宫，鼓励独立思考和自由交流，学者最多时达到数千人，学派先后有近百个。诸子百家激荡融汇，生成了中华文化的基因。卓越的思想家、政治家管仲，很早就提出‘以人为本、礼法并用’的主张，与他齐名的晏婴则提出了‘和而不同’的思想。”管子思想文化作为齐文化的重要组成部分，曾经在历史上发挥过不可忽视的经世之功用。

2017年伊始，中共中央办公厅、国务院办公厅印发《关于实施中华优秀传统文化传承发展工程的意见》，指出：“文化是民族的血脉，是人民的精神家园。文化自信是更基本、更深层、更持久的力量。中华文化独一无二的理念、智慧、气度、神韵，增添了中国人民和中华民族内心深处的自信和自豪。”并为全国实施中华优秀传统文化传承发展工程提出系列可行性意见。而在习近平同志代表第十八届中央委员会向中国共产党第十九次全国代表大会所作报告中，也明确提出：“深入挖掘中华优秀传统文化蕴含的思想观念、人文精神、道德规范，结合时代要求继承创新，让中华文化展现出永久魅力和时代风采。”

管子思想与《管子》典籍，均是中华优秀传统文化的重要组成部分。管子思想在后代流传的过程中，与时代发展的特征相结合，汉代对之史料汇总，唐代对之高度颂扬，宋代对之理学性批判，明清重之经世致用，近代以来对之全方位、多角度深入研究，使其所包含的历史文化底蕴更加丰富。所有这些，均属管子思想的精华，是中国优秀传统文化的精粹，更是中华民族宝贵的文化遗产和重要的文化软实力资源，此足以证明管子思想博大精深，管学研究经世致用，管派论述万古流芳。

在管子思想研究的过程中，不可避免还有些问题没有定论，如“三归”的含义、《管子》的作者、《轻重》篇的成书年代等，这些问题，尚期待新材料或新研究理论的进一步补充完善。围绕管子思想所挖掘出来的宝贵治国思想和治世理念，将在现今社会发挥越来越重要的作用。

参考文献

(一)著作类

严可均校辑:《全上古三代秦汉三国六朝文》,中华书局1958年版。
彭定求等:《全唐诗》,上海古籍出版社1986年版。
董诰等:《全唐文》,中华书局1983年版。
傅璇琮等主编:《全宋诗》,北京大学出版社1993年版。
曾枣庄,刘琳主编:《全宋文》,上海辞书出版社2006年版。
黄宗羲:《明文海》,中华书局1987年版。
王树楠:《陶庐丛刻》,光绪至民国间刻本。
康有为:《康有为全集》,中国人民大学出版社2007年版。
章太炎:《国学概论》,中华书局2009年版。
梁启超:《饮冰室合集》,中华书局1989年版。
胡适:《胡适全集》,安徽教育出版社2003年版。
刘师培:《中国民约精义》,岳麓书社2013年版。
谢无量:《中国哲学史》,中华书局1976年版。
罗焌:《诸子学述》,商务印书馆1935年版。
甘乃光:《先秦经济思想史》,商务印书馆1929年版。
李权时:《中国经济思想小史》,世界书局1927年版。
熊梦:《晚周诸子经济思想史》,商务印书馆1930年版。
黄汉:《管子经济思想》,商务印书馆1936年版。
俞寰澄:《管子之统制经济》,中华铸制字版印刷厂1944年版。
郭沫若、闻一多、许维遹:《管子集校》,科学出版社1956年版。

冯友兰:《中国哲学史新编》,人民出版社1962年版。
戴濬:《管子学案》,学林出版社1994年版。
陈书仪:《管子大传》,齐鲁书社2008年版。
胡新生:《管子志》,山东人民出版社2009年版。
耿振东:《〈管子〉研究史(战国至宋代)》,学苑出版社2011年版。
胡家聪:《管子新探》,中国社会科学出版社1995年版。
巫宝三:《管子经济思想研究》,中国社会科学出版社1989年版。
司马琪主编:《十家论管》,上海人民出版社2008年版。
王德敏、刘斌:《管子十日谈》,安徽文艺出版社1997年版。
徐复观:《两汉思想史》,华东师范大学出版社2001年版。
周斌:《〈长短经〉校证与研究》,巴蜀书社2003年版。
胡楚生:《清代学术史研究》,台湾学生书局1982年版。
袁行霈:《中国文学史》,高等教育出版社2003年版。
胡寄窗:《中国经济思想史简编》,中国社会科学出版社1981年版。
战化军:《管仲评传》,齐鲁书社2001年版。
池万兴:《〈管子〉研究》,高等教育出版社2004年版。
池万兴:《管子》,云南教育出版社2009年版。
池万兴:《先秦文化和〈管子〉研究》,人民出版社2015年版。
张固也:《〈管子〉研究》,齐鲁书社2006年版。
张力:《管仲评传》,四川大学出版社2005年版。
陈升:《管仲评传:中国改革第一人》,广西教育出版社1997年版。
乐爱国:《管子的科技思想》,科学出版社2004年版。
张连伟:《〈管子〉哲学思想研究》,巴蜀书社2008年版。
苏畅:《〈管子〉城市思想研究》,中国建筑工业出版社2010年版。
郭丽:《〈管子〉文献学研究》,中国海洋大学出版社2007年版。
郭丽:《简帛文献与〈管子〉研究》,方志出版社2015年版。
郝继东:《清代管学文献研究》,中国社会科学出版社2014年版。
巩曰国:《〈管子〉版本研究》,齐鲁书社2016年版。
徐明天编著:《管子的经济智慧》,海天出版社2009年版。

徐明天编著:《〈管子〉管理日志》,浙江大学出版社 2011 年版。

徐明天编著:《大国策:对话人类首位经济学家管子》,海天出版社 2012 年版。

李任飞:《向管仲学管理》,阳光出版社 2011 年版。

邓中好:《大国之路:管子是如何治理齐国的》,北京联合出版公司 2012 年版。

潘焱:《大国推手——向管仲学顶层设计》,广东旅游出版社 2014 年版。

(二)论文类

李学勤:《〈齐语〉与〈小匡〉》,《清华大学学报(哲学社会科学版)》1986 年第 2 期。

李卫军:《从〈左传〉所载管仲行实看其仁者气象》,《商丘师范学院学报》2009 年第 8 期。

于孔宝:《论孔子对管仲的评价》,《社会科学辑刊》1990 年第 4 期。

冯浩菲:《关于孔子论管仲的争议》,《文史哲》2006 年第 2 期。

谭延庚:《论孔子称管仲以"仁"——"思想史事件"视野下的分析》,《管子学刊》2016 年第 3 期。

干春松:《儒家王道政治秩序的构建及其遇到的困境——以"管仲之器小哉"的诠释为例》,《哲学研究》2011 年第 4 期。

沈素珍、钱耕森:《孟子"王道"视阈下的管子》,《管子学刊》2012 年第 4 期。

于孔宝:《管仲对荀子的影响》,《齐鲁学刊》1991 年第 5 期。

赵东玉:《先秦诸子管仲论述略》,《管子学刊》1994 年第 4 期。

高旭:《〈淮南子〉论管仲及其思想内蕴》,《江汉学术》2013 年第 6 期。

丁原明:《〈淮南子〉对〈管子〉四篇哲学思想的继承和发展》,《管子学刊》1995 年第 3 期。

沈素珍:《司马迁论管仲之解读》,《阜阳师范学院学报(社会科学版)》2012 年第 5 期。

李方擎:《西汉史学家笔下的管仲探微》,《哈尔滨职业技术学院学报》

2015 年第 2 期。

宣兆琦、孟明宪:《〈管子〉与〈齐民要术〉对读偶得》,《管子学刊》2007 年第 2 期。

赵伟:《浅论〈通典〉对〈管子〉的继承》,《阜阳师范学院学报(社会科学版)》2011 年第 1 期。

于年湖:《从用典角度看唐代诗人对管仲的接受》,《宁夏师范学院学报(社会科学)》2016 年第 1 期。

耿振东:《柳宗元对〈管子〉四维论的解读》,《管子学刊》2011 年第 3 期。

干春松:《王道政治构想的"虚置"——朱熹的管仲论说》,《中国社会科学报》2010 年 11 月 2 日版。

石红晓:《论宋代对〈史记〉中管仲形象的接受》,《西南农业大学学报(社会科学版)》2008 年第 4 期。

赵文坦:《宋金元人论管仲》,《管子学刊》2008 年第 4 期。

巩曰国:《宋代学者论"轻重"》,《管子学刊》2011 年第 4 期。

蓝慧敏、孙清涌:《三苏论管仲的异同及形成原因》,《管子学刊》2008 年第 4 期。

胡文宁:《礼制与政治:宋代武成王庙中管仲陪祀地位探析》,《科学社会经济》2013 年第 2 期。

罗秉祥:《在泰山与鸿毛之间——儒家存生取死的价值观》,《儒教研究》2009 年集刊。

许家星:《生而利还是死而义?——从孔、孟、程、朱、王夫之的管仲之评看儒家的生死义利观》,《北京师范大学学报(社会科学版)》2007 年第 3 期。

郑晨寅:《依违于仁义与功利之间——论明末大儒黄道周对管仲的接受之变迁》,《管子学刊》2012 年第 3 期。

刘芹:《王树楠对管子思想的解读和阐发》,《管子学刊》2008 年第 4 期。

魏义霞:《康有为视界中的管子》,《吉林大学社会科学学报》2014 年第 5 期。

王学斌:《梁启超管子研究述论》,《理论学刊》2011 年第 2 期。

张灿贤:《殿试与〈管子〉》,《管子学刊》2005 年第 3 期。

马非百:《关于“管子”“轻重”篇的著作年代问题》,《历史研究》1956 年第 12 期。

容肇祖:《驳马非百“关于管子轻重篇的著作年代问题”》,《历史研究》1958 年第 1 期。

巫宝三:《〈管子〉研究小识》,《管子学刊》1987 年第 1 期。

李霞:《本世纪以来〈管子〉研究简介》,《中国哲学史》1994 年第 4 期。

后 记

本书是山东省齐文化研究基地、山东理工大学齐文化研究院2014年重点项目“齐鲁优秀传统文化传承创新工程”第一批重点项目“管子通论”的一部分。项目进行期间，得到“管子通论”项目负责人王京龙教授的帮助和支持，谨表示诚挚的感谢。

我于2004年进入山东理工大学齐文化研究院工作。入职后，结合齐文化研究院的工作要求，在院领导和同事们的指导下，确立了对管子思想后世影响方面的学习和研究目标。十余年的时间里，相继参与了齐文化和管子研究的相关课题，陆续发表论文数十篇。这些学术经历，为从事该项目研究提供了前提条件。

管子是春秋时期著名的思想家、政治家，他的生平经历、治国思想、功劳贡献等受到后世学人的诸多关注。学界也有许多对管子思想后世评价的研究成果，本书仅是对管子思想后世研究的简单梳理。因受学识限制，加及精力和时间的影响，书中提及的一些问题没有论述全面，也没有深入下去，期待以后有机会对这个课题持续进行研究。在行文的过程中，不可避免地会出现一些疏漏甚至错误之处，恳请各位师长不吝赐教。

张艳丽

2018年4月2日

图书在版编目(CIP)数据

管子思想研究概要／张艳丽著. —济南：齐鲁书社，2019.6
（管子通论）
ISBN 978-7-5333-4085-8

Ⅰ.①管… Ⅱ.①张… Ⅲ.①管仲（？—前645）—哲学思想—研究 Ⅳ.①B226.15

中国版本图书馆 CIP 数据核字(2019)第 001510 号

“管子通论”丛书
王京龙 等著

管子思想研究概要
GUANZI SIXIANG YANJIU GAIYAO
张艳丽 著

主管单位 山东出版传媒股份有限公司
出版发行 齐鲁书社
社　　址 济南市英雄山路 189 号
邮　　编 250002
网　　址 www.qlss.com.cn
电子邮箱 qilupress@126.com
营销中心 (0531)82098521　82098519
印　　刷 山东新华印务有限责任公司
开　　本 720mm×1020mm　1/16
印　　张 14.5
插　　页 2
字　　数 220 千
版　　次 2019 年 6 月第 1 版
印　　次 2019 年 6 月第 1 次印刷
印　　数 1—1000
标准书号 ISBN 978-7-5333-4085-8
定　　价 **56.00 元**